B&E 管理学系列

资本运营理论与实务（第2版）

车正红　李华　冯英娟　主编

CAPITAL OPERATION

清华大学出版社
北　京

内 容 简 介

资本运营作为一门广泛吸收多学科知识的新兴管理学科，已经成为高校和企业关注的热点，急需总结经验，指导实践活动。本书系统介绍资本运营的基本知识和基本原理，结合国内外资本运营的现状，研究资本运营的环境、资本运营的风险与防范、资本筹措、并购、反并购、管理层收购、战略联盟、买壳上市、境外上市、资产剥离、公司分立、分拆上市、股份回购、托管经营、资产证券化等资本运营的最新理论和实务。本书具有较强的理论性和实际应用价值，为学生及企业管理者系统学习和研究资本运营知识提供了实用工具。

本书适合高等院校师生、企业管理者、从事经济工作的公务员、社会职业培训等多层次读者使用。

图书在版编目(CIP)数据

资本运营理论与实务 / 车正红，李华，冯英娟主编. —2版. —北京：清华大学出版社，2013(2018.2重印)
(B&E管理学系列)
ISBN 978-7-302-33277-0

Ⅰ. ①资…　Ⅱ. ①车…　②李…　③冯…　Ⅲ. ①资本经营　Ⅳ. ①F270

中国版本图书馆CIP数据核字(2013)第165796号

责任编辑： 高晓蔚
封面设计： 汉风唐韵
责任校对： 宋玉莲
责任印制： 宋　林
出版发行： 清华大学出版社
　　网　　址： http://www.tup.com.cn，http://www.wqbook.com
　　地　　址： 北京清华大学学研大厦A座　　**邮　　编：** 100084
　　社 总 机： 010-62770175　　**邮　　购：** 010-62786544
　　投稿与读者服务： 010-62776969，c-service@tup.tsinghua.edu.cn
　　质量反馈： 010-62772015，zhiliang@tup.tsinghua.edu.cn
印 刷 者： 清华大学印刷厂
装 订 者： 三河市溧源装订厂
经　　销： 全国新华书店
开　　本： 185mm×230mm　**印　张：** 16.5　**插　页：** 1　**字　数：** 344千字
版　　次： 2010年6月第1版　2013年8月第2版　**印次：** 2018年2月第8次印刷
印　　数： 18501～20500
定　　价： 32.00元

产品编号：052303-01

B&E

前言（第2版）

本次修订是在《资本运营理论与实务》第1版（车正红、李华主编，清华大学出版社2010年版）的基础上进行的，修订的内容主要包括：

第一，充实了《资本运营理论与实务》教材体系，补充了反兼并、管理层收购、买壳上市、境外上市、资产证券化等资本运营的最新理论和实务。

第二，更换了书中的部分案例。本次修订选择了近年的新案例，使全书的案例更具典型性和说服力。

第三，扩大了作者队伍。为满足教学管理体制和课程建设的需要，我们发挥课程组整体优势，培养与锻炼教学团队，吸收了课程组主要成员参加编写。

《资本运营理论与实务》（第2版）作者分工如下：第一、二、六、十三章由车正红撰稿；第三、七、十一章由李华撰稿；第五、九、十一章由冯英娟撰稿；第四章由齐殿伟撰稿；第八章由宋传联撰写；第十二章由冯春华、马丹红撰写。

由于作者水平有限，书中难免有缺点和错误，恳请读者批评指正。

编　者

2013年5月

B&E

前言（第1版）

随着全球经济一体化的加深和中国经济国际化的推进，我国企业在分享经济一体化机遇的同时，也经受着经济一体化动荡带来的挑战。不少前期完成资本积累、产业运作较为成功的企业，在达到一定规模以后遇到了新的问题：资本短缺成了普遍性的问题，如何整合内外资源，实现低成本扩张？最终，资本运营是其必需的选择。资本运营虽能使企业以小博大，快速突破，获得超常规发展，但往往因企业原有的经验、知识结构缺少系统性、连贯性和专业性，因此浪费许多快速发展的机会。本书作者根据多年的理论教学与实践研究，系统介绍资本运营最新理论与实务知识，很好解决了企业资本运营过程中的困惑，为学生及企业管理者系统学习和研究资本运营知识提供了实用工具，具有较强的学术价值及实用性。

进入21世纪后，我国的资本运营逐步成熟起来，资本运营在促进企业优化资源配置、盘活存量资本、提高企业核心竞争力、完成我国产业结构调整和升级方面都发挥着越来越重要的作用。资本运营作为一门广泛吸收多学科知识的新兴管理学科，已经成为高校和企业关注的热点，急需总结经验，指导实践活动。本书系统介绍资本运营最新理论与运作过程，具有较强的理论性和实际应用价值，填补了资本运营教材缺乏的空白。

《资本运营理论与实务》一书系统介绍资本运营的基本知识和基本原理，结合国内外资本运营的现状，研究资本运营的环境、资本运营的风险与防范、资本筹措、并购、战略联盟、资产剥离、企业分立、分拆上市、股份回购、托管经营、企业重组等资本运营的最新理论和实务。本书作者分工如下：第一、五、六、十章由车正红撰稿；第二、四、七章由李华撰稿；第三、九章由齐殿伟撰稿；第八章由付聪撰稿。由于作者水平有限，书中难免有缺点和错误，恳请读者批评指正。

编　者

2010年5月

B&E

目录

B&E

第一章 资本运营概述

第一节　资本运营的概念

资本运营是市场经济发展到一定阶段的必然要求，是实现资本有效配置和提高资本运行效率的重要方式。资本运营的实践活动在西方资本主义国家有几百年的历史，但是在西方经济学中没有这一概念。资本运营的概念最早是在20世纪90年代在我国出现，由我国著名的经济学家蒋一苇、唐丰义在《经济研究》1991年第2期发表的论文《论国有资产的价值化管理》中首次提出。"资本运营"是形成于中国的一个经济学新名词，它兴起于20世纪90年代，流行至今20多年，蔚然而成社会热潮。

一、资本的内涵及特点

资本这一概念由来已久，是经济学以及企业财务的一个基本概念，西方经济学和马克思经济学都对资本作过深入研究。理解资本运营的内涵，首先要理解资本的含义。

（一）西方经济学家的观点

萨伊认为，形成资本的不是物质，而是这个物质的价值。

西斯蒙第认为，资本是永久的总自行增大的价值。

奥地利经济学家庞巴维克认为："一般来说，我们把那些用来作为获得财货手段的产品叫做资本。"

苏格兰经济学家麦克鲁德在《信用的理论》一书中写道："资本是用于增值目的的经济量，任何经济量均可用为资本。凡可以获取利润之物都是资本。"他所说的经济量，是指其价值可以用货币计量并可用于买卖交换之物。

格林沃尔德认为，资本是用于生产其他商品，包括厂房和机器在内的所有商品的名称。它是生产的三要素之一，其他两要素是土地和劳动。

萨缪尔森认为，资本是一种不同形式的生产要素，一种本身是经济的产出的耐用投入品。

综上所述，从西方经济学的角度，资本更多地被理解为一种生产要素。从这些基本概念可以看出，西方经济学家对资本的认识离不开“生产要素”和“获得将来的财货”，只言资本的自然属性，而讳言资本的社会属性。资本就其表现的最基本形式来看，有资本和资本品两种形式，资本是一种价值形态，资本品是资本的实物形态。

（二）马克思的观点

正确认识资本的属性应当从马克思对资本研究谈起，对于资本论述最充分的是马克思，马克思花费了四十余年写下的《资本论》，对资本的形式、内涵、特点、运行方式进行了充分的揭示。按照马克思主义政治经济学的观点，资本是一种可以带来剩余价值的价值，它在资本主义生产关系中是一个特定的政治经济范畴，它体现了资本家对工人的剥削关系，因此，资本并不完全是一个存量的概念。马克思从资本的社会属性和自然属性两个方面给资本下定义。一方面，他把资本作为一种社会关系下定义，从而把资本当作用来剥削雇佣劳动者，榨取剩余价值的一种价值。另一方面，马克思也系统揭示了资本的一般性质（资本的自然属性），他从资本的价值性、增值性、运动性、积累性等方面进行考察，并得出资本的一般结论：资本是一种价值物或有价物；资本的本能在于实现价值增值；资本的生命在于运动，离开运动，资本的生命亦将停止。

马克思认为：资本是能够带来剩余价值的价值，它反映了资本家对工人的剥削关系。马克思对资本的定义深刻揭示出了资本的一般本质，资本是使价值增值的价值。在资本主义条件下，资本体现了资本家对工人的剥削关系。

因此，资本具有两重属性，即自然属性和社会属性。资本的自然属性，即资本一般，是指资本本身表现出来的实现价值增值的属性；资本的社会属性，即资本特殊性，是指资本的所有制形式问题。在社会主义公有制条件下，资本仍然具有价值增值的特征，但资本所产生的价值增值，最终归广大劳动者共同占有和使用。因此，在社会主义经济制度下，资本成为推动国民经济和社会发展的原动力。

（三）我国对资本的再认识

今天我们在单独研究宏观经济存量核算时，“资本”泛指一切投入再生产过程的有形资本、无形资本、金融资本和人力资本。从投资活动的角度看，资本与流量核算相联系，而作为投资活动的沉淀或者累计结果，资本又与存量核算相联系。

在社会主义市场经济中，“资本”范畴存在的客观性主要在于社会主义经济仍然遵循着发达的商品生产或市场经济的一切内在的、基本的本质规定：一是存在着多元利益主体，并且各种利益主体均以自身利益最大化为其行为准则；二是货币是社会财富的一般形式，获取货币是利益主体追逐其自身经济利益的基本手段；三是社会主义市场关系仍然是一种各占有主体之间为增进各自的经济利益而自由地、平等地交换各自占有对象或产品的经济关系。因此，价值关系、价值形式及其运动仍然是社会经济活动的主体内容，而价值增值则是这一社会经济活动的内在要求。以上列举的社会主义市场经济的三个基本规定使得资本关系由潜在变为现实，由扭曲的形式变为直观的形式。所以说，资本作为能够带来价值增值的价值仍然是社会主义市场经济的客观经济范畴。

在社会主义市场经济条件下，资本的表现形式是多种多样的，但不论以什么形态出现，它的内涵都是共同的：其一是以营利为目的；其二是必须按照市场的规则进行；其三是受竞争规律的支配。资本的重要特点是运动，一定要投入社会经济生活中的各种产业中去，包括金融业、证券业、工商业、房地产业、旅游业、信息产业等，通过产业循环运动才能称其为资本。同时资本又是以营利为目的，什么产业或产品能够赚更多的钱，资本就要流动到什么产业或产品上去。这是市场经济的一般规律，也是资本的本性。

（四）资本的特点

在现实生活中，资本总是表现为一定的物，如货币、机器、厂房、原料、商品等，但资本的本质不是物，而是体现在物上的生产关系。

资本一般具有下列特点：

1. 增值性。资本在运动中能够产生大于自身的价值，这是资本的目的所在。
2. 流动性。资本在运动中不断地改变形态，资本增值只能在运动中实现。
3. 风险性。由于外部环境变幻莫测，因而使资本增值具有不确定性。
4. 多样性。资本具有货币资本、实物资本和无形资本等多种形态。

二、资本运营的含义

资本运营的解释应该包括狭义和广义两种：狭义的资本运营是指通过投融资、资产重组和产权交易等手段，对资本实行优化配置和有效使用，以实现资本赢利最大化的经营活动；广义的资本运营是指在社会经济活动中为使资本保值和增值并获得产权收益所进行的经营管理活动。

资本概念提出以后，经济工作者和经济理论界对资本运营的研究和探讨逐步形成一股热潮，目前呈方兴未艾之势。但资本运营目前在提法上、含义上、形式上都没有统一起来，常见的提法有以下几种：

第一种观点认为，资本运营是企业在资本市场上的经营活动，比如不少上市公司把离开主业经营，去从事证券投资或金融投机称为资本运营活动。

第二种观点认为，企业资本运营就是企业外部交易型战略的运用，兼并收购与重组是企业外部交易型战略最复杂、最普通的运作形式，也是资本运营的核心。

第三种观点认为，资本运营是企业的股份制改造和上市融资，把企业通过资本市场的融资行为称为资本运营活动。

第四种观点认为,资本运营是指以资本增值最大化为根本目的,以价值管理为特征,通过企业全部资本和生产要素的优化配置和产业结构的动态调整,对企业的全部资本进行综合有效运营的一种经营方式。

第五种观点认为,资本运营是指利用市场法则,通过资本本身的技巧性运作或资本的科学运动,实现价值增值、效益增长的一种经营方式。说到底,资本运营就是一种以小变大、以无生有的诀窍和手段。

上述五种观点中,前三种观点属于狭义的资本运营理论范畴,其基本特征是把资本运营作为一种外部扩张战略,以自有资本,通过上市与非上市、整体收购与部分收购等多种途径迅速扩充企业规模。后两种观点属于广义资本运营的理论范畴,资本运营的内容和方式大大拓展。这里面不仅涵盖了狭义的横向资本运营内容与方式,而且认为企业内部资产价值化管理,投资、生产、流通、分配等多个纵向环节,为实现资本赢利最大化而开展活动都是资本运营的方式。上述两类观点的共同特点是将形式等同于内容,将资本增值重点放在外部扩张上。忽视了资本增值的实质是以物力资本为依托实现活劳动的优化配置,创造出“1+1>2”的剩余价值,忽视了人力资本是资本运营的核心。

根据以上分析,可对资本运营概念定义如下:资本运营是以追求最大利润或资本最大增值为目的,把企业所拥有的一切有形的和无形的资源和生产要素都看作可以经营的价值资本,通过流通、收购、兼并、战略联盟、股份回购、企业分立、资产剥离等多种途径,对企业资本进行有效运作,实现增值的一种经营管理模式。

三、资本运营与商品经营的联系与区别

(一)资本运营与商品经营的联系

1. 目的一致。资本运营和商品经营最初是合一的,随着企业制度的变迁、所有权与经营权的分离以及资本市场和产权市场的发展,两者逐渐分离。资本运营和商品经营都是以资本增值为目的的经营活动。

2. 相互依存。资本运营并不排斥商品经营,资本运营和商品经营是密不可分的。通过商品经营实现利润最大化,是资本保值与增值的基本途径,商品经营是资本运营的基础,而资本运营的成功运作,又会有力地推动商品经营的发展。

3. 相互渗透。企业进行商品经营的过程,就是资本循环周转的过程,如果企业商品经营过程供产销各环节脱节,资本循环周转就会中断,如果企业的设备闲置,应收账款与存货等流动资产质量不高,商品销售不畅,必然使资本效率和效益低下。企业通过直接的资本运作,盘活存量资产,提高资源利用效率,使资本运营和商品经营又在更高的层次上联系在一起。

（二）资本运营与商品经营的区别

1. 经营对象不同。资本运营的对象是企业的资本以及运动，侧重的是企业经营过程的价值方面，追求价值的增值；而商品经营的对象则是产品以及生产销售过程，经营的基础是厂房、机器设备、产品设计等，侧重的是企业经营过程的使用价值方面。

2. 经营领域不同。资本运营主要在资本市场上运作（资本市场包括证券市场和非证券的产权交易市场等）；而企业的商品经营涉及的领域主要是产品的生产技术、原材料的采购和产品的销售，主要是在生产资料市场、劳动力市场、技术市场和商品市场上运作。

3. 经营方式和目的不同。商品经营的方式和目的是通过商品销售或提供劳务，实现利润的最大化；资本运营的方式和目的是通过产权的流动和重组，提高资本运营效率和效益。

4. 经营导向不同。商品经营较多地受价格信号的控制；资本运营主要受资本市场的制约和资本回报率的限制。

5.经营风险不同。商品经营的企业生存和发展维系在一个或多个产品上，如市场需求发生变化，则会直接影响企业的生存和发展；资本运营的企业则把生存和发展建立在一个或多个产业上，并不断发现新的经济增长点，及时退出风险大的产业，规避风险。

6. 企业的发展方式不同。商品经营的企业主要依赖企业自身的积累，通过创造更多的利润并使之转化为资本，增加生产要素和生产能力而获得发展；而资本运营不但注重企业自身的内部积累，更重要的是通过资本外部扩张的方式，使企业快速扩张，发展壮大。

资本运营和商品经营是企业经营相辅相成的两个方面，应当有机地结合起来。商品经营始终是企业运作的基本形式，也是资本运营的基础；资本运营并不能取代商品经营，它通过对生产要素的有效配置，能够扩大企业市场份额，产生规模效益，拓宽经营领域，降低经营风险。

四、资本运营与资产经营的关系

研究资产经营与资本运营的关系，应从两者的区别角度或在这个前提条件下进行。它们之间的区别主要表现在：

1. 资本与资产的概念区别。资本，是企业购置从事生产经营活动所需的资产的资金来源；资产，是企业用于从事生产经营活动以便为投资者带来未来经济利益的经济资源。

2. 经营目的不同。资本运营是以资本所有者在既定风险水平上实现投资期望收益最大化为目的；资产经营是以企业价值最大化为目的。

3. 活动的方式不同。资本运营是投资于有关项目和企业的活动，是经营行为；资产经营是对具体的资产进行管理、配置和运用的活动，是管理行为。

4. 活动的主体不同。资本运营主体是资本的所有者，即通常意义的“资本家”；而资产经营的主体是资本的支配者和使用者，即通常意义的“企业家”。

5. 主体所需的能力素质不同。资本运营者需要具备对风险和收益关系良好的判断能力；而资产经营者需要具备对具体生产要素的协调整合资源能力，以及对市场的了解和预测能力。

五、资本运营的作用

1. 扩张企业规模

资本运营要求最大限度地支配和使用资本，以较少的资本调动支配更多的社会资本，企业不仅运用内部资源，通过企业内部资源的优化组合达到资本增值的目的，而且运用兼并、收购、参股、控股等方式，实行资本的扩张，将企业内部资源与外部资源结合起来进行优化配置，促使资本集中和生产规模扩张，形成规模经济，获取规模经济收益，发展壮大企业实力。

2. 推动企业产品结构的调整

在不断变化的经济发展过程中，产业结构不断由低级向高级，由简单向复杂方向演进，企业在不断变化的经济环境中，面临着巨大的市场风险。为适应经济发展的内在需求，企业必须以市场为导向，不断调整自身的产业结构，以求在千变万化的市场竞争中获取生存权和发展权，增加市场控制力和影响力。资本运营可以使企业借助市场高效率地调整自身生产经营方向，优化产品结构。

3. 优化企业资本结构

一般而言，企业的资本结构是由长期债务资本和权益资本共同组成。企业资本结构的优化取决于长期债务资本和权益资本的比例是否合理。当企业的资本结构过于偏向借入资本，企业资本结构就呈现“劣化”趋势，造成企业负债过重，自有资本严重不足。资本运营则有助于推动企业资本结构由“劣化”向“优化”方向转变。股份制作为资本运营的一种有效方式，作为资本的一种象征与资本的物质载体，将一般的货币持有者变为资本的所有者，将小额的、分散的、闲散的社会资本转化为巨额的、集中的生产资本，将借入资本转化为永久性资本，可以促使企业长期债务资本和权益资本的比例趋于合理，同时也分散投资的风险。

4. 可以帮助企业突破行业进入壁垒，实现多元化发展

当企业重新定位核心业务或需要多元化经营时，收购现成的企业要比单独从头干起好得多，因为可以降低进入新行业和新市场的障碍，更加顺利地达到多元化的战略目标。国际国内此种案例举不胜举，如 20 世纪 30 年代，汉高公司因收购了两家刚刚开始生产合成洗涤剂的厂家，对汉高发展成为德国最大的洗涤剂和清洁剂生产商奠定了基础；再如我国成立于 1938 年的华润集团以商贸为主，其后通过大量收购已先后进入地产、啤酒及食

品加工、电力及燃料、水泥、基础设施、保险、微电子、通信等行业领域。

5. 有利于优化资源配置，调整经济结构

经济结构不合理是制约我国经济增长的主要矛盾。尽管我们一直强调经济结构的调整，但是调整的力度是有限的。其中最重要的原因是：在以往的经济结构调整中没有真正按照市场化的手段去调整。在调整的过程中又存在着种种的障碍，如产权不清晰的障碍、固守单一所有制障碍、资金障碍、技术障碍、利益调整障碍和地方保护主义障碍等，而其中最为重要的障碍就是资本流动的障碍。资本流动的障碍包括存量资本的凝固化和产权不能流动、优势企业不能兼并、劣势企业不能破产重组；增量资本的筹集单一和不开放，等等。实行资本运营，有可能为经济结构、资本结构的调整找到一条新的出路。通过资本市场的运营，如兼并、收购、置换、重组等，使生产要素在流动中向优势企业和优势产业集中，一些集团公司由于掌握了雄厚的资本，就有可能容易投资到一些新兴领域，同时保持原有优势，进而有利于整个国家产业结构的重新调整，实现产业结构的合理分布。

第二节　资本运营的目的和原则

一、资本运营的目的

资本运营的目的，就是实现资本最大限度的增值。资本最大限度增值对于企业来说，可表现为以下几方面。

（一）利润最大化

企业将资本投入生产经营后，将所得收入与耗费相比，如果收入大于耗费，企业实现利润，如果收入小于耗费，则发生亏损。在资本运营中，企业为实现资本最大限度的增值，就必须降低成本，因此，企业在资本运营中不仅要注重增加当期利润，更要注重增加长期利润，不仅要注重增加利润额，同时要注重提高利润率，不仅要考察自有资本利润率，而且要考察全部资本（包括自有资本和借入资本）利润率。

（二）股东权益最大化

股东权益，是指投资者对企业净资产的所有权，包括实收资本、资本公积金、盈余公积金和未分配利润。企业实现的利润越多，从税后利润中提取的盈余公积金和可分配利润就越多。盈余公积金既可用于弥补企业亏损，也可用于转增资本，使投入企业的资本增多。将企业期末股东权益总额与期初股东权益总额对比，如果前者大于后者，则企业的自有资本发生增值。两者之差即为本期股东权益增加额，本期股东权益增加额除以期初股东权益总额，即为本期股东权益增加率。

（三）企业价值最大化

企业在资本运营过程中，不仅要注重利润和股东权益的最大化，更要重视企业价值的最大化。企业价值的评估，是指企业在连续经营的情况下，将未来经营期间每年的预期收益，用适当的折现率折现、累加得出某一估值，据以估算出企业价值。如果企业价值大于企业全部资产的账面价值，那么企业资本增值，反之，企业就贬值了。将企业价值减去企业负债后得出的数值与企业股东权益的账面价值相比较，如果前者大于后者，表明企业的自有资本增值。

总之，企业资本运营的三个“最大化”是相辅相成的。只有实现利润最大化，才能实现股东权益最大化，进而实现企业价值最大化。

二、资本运营的原则

（一）低成本扩张与资本收益协调原则

实施资本运营一定要避免单纯为了扩大规模而盲目进行扩张，切忌不顾及产业的关联度，盲目涉足别的行业。经营者误以为这样做可以使企业的经营风险扩散，殊不知，这种过分追求多元化经营的做法，极有可能加大企业的经营风险。因此，企业在资本运营的过程中不可贪多求快，也不要只顾眼前不看长远。资本运营最好是在熟悉的行业内进行，而且开展资本运营时，不但要观察近期效益，还要分析中长期发展趋势。也就是说，必须精确比较和计算投入产出的比例，最大限度地节约单位产品的物化劳动和活劳动，从优质、低耗、效能中，寻求效益的最大化。

（二）资本最优结构原则

资本最优结构原则指企业进行资本运营，就是通过对资本结构的调整使各资本要素发挥最大作用，以实现资本的最大增值，一旦有另一种结构更适合企业的发展，资本可以进行调整，从赢利低的部门退出，畅通地进入赢利性更高的领域，使企业运营的机会成本达到最小。

（三）缩短资本周转周期原则

资本是在不断的流动中实现增值的，在资本确定的条件下，资本的周转速度越快，资本增值就会越快，资本运营应尽可能缩短资本周转的周期，提高流动速度，从而提高投资回报率。资本增值的速度取决于资本流动的快慢，在相等的时间内，资本流动的速度越快，资本周转周期就越短，资本增值的机会也就越大。因此，公司在实施资本运营的过程中，更应该注意不仅仅使资本处在不停的流动转换之中，还应设法加大资本流动的速度，以获取更大的赢利。

（四）资本的最优规模原则

企业的资本运营规模并不是越大越好，经济规模并不等于规模经济，保持与企业相适应的规模，才能既获得规模效益又不会因管理层次的增加而导致信息成本、监督费用的增加，给企业带来成本负担与风险。一个企业在资本运营过程中，只有不断扩大自身的资本积累，在考虑自己偿债能力和资本效益的前提下，方能通过企业购并，借助他人资本来提高经营能力，而不能盲目收购和兼并其他企业，更不能为求规模而不切实际地收购兼并那些与自己核心业务关联度较低或不相关的企业。虽然跨行业发展有一些成功的案例，但是更多的案例告诉我们，绝大多数资本运营成功的企业，其秘诀就在于正确的处理主营业务发展与多元化经营的关系，围绕主营业务进行资本运营。注重内部产业的关联，那么购并的资产能为企业带来跨越式发展的机遇。反之，不但无法从聚集的资本中得到发展的动力，反而可能使本来充满活力的企业走向衰退，甚至破产。在控制规模时，应考虑按照成本和效益相结合的原则，既要获得规模效益，又不能因增加规模而增加信息成本和管理成本。

（五）资本运营与生产经营有机结合原则

资本运营是一个很新的概念，对这一概念的"神奇"有许多过分的渲染，使得一些人误以为资本运营是一种任何企业都可以操作的高级经营形式，只要进行了资本运营，企业就会飞速发展。因此，一些企业不顾自身的实际情况，不注意内外部客观条件的限制，硬性地实现从生产经营向资本运营的转变。在这一转变过程中，忽视了自己的主业，忽视了生产经营管理，在行业内外、甚至地区内外盲目进行资本扩张，结果加大了企业的运行成本和风险系数，不少企业甚至因此而被拖垮。

其实，对于生产性企业而言，资本运营是在企业内部形成的以资本效率和效益为核心的新机制条件下，实现其资本有效增值的一种经营方式。忽视任何一方面，或者过于注视任何一方面，都会给企业带来不利的影响。如果只注重生产经营，则企业规模增长过慢，也不能获得规模效益，企业自身实力更得不到迅速提高；反之，如果忽视生产经营，单纯追求资本运营，企业迅速扩大的规模将缺乏牢固的基础。因此，尽管资本运营可以相对于生产经营而存在，并且可以与生产经营分层运作，但是，资本运营最终必须以生产经营为基础，服从或服务于生产经营。只有将资本运营管理与生产经营管理有机地结合起来，才能真正实现企业规模扩大和效益提高两个目标。否则，只能适得其反。

（六）资本运营风险适度原则

投资风险大小与收益大小一般成正比，投资在风险大小以及收益大小之间应合理搭配，所以在进行整体资本运营规划时，规划的项目既要有风险大收益大的项目，又要有风险小收益小的项目，保持总资本结构能增值保值；既要保证资本运营的安全性，又要保证资本的增值速度。同时,可以通过强化情报信息的精度,提高预测的准确性;集思广益,认真做好可行性分析,做到决策民主化、科学化,以提高资本运营的安全程度。

(七)资本运营的开放原则

资本运营不仅着眼于企业自有的各种资本,还要利用一切融资手段、信用手段扩大可用资本的份额,使企业内部资源与外部资源结合起来进行优化配置,以最小的总预付资本推动最大的经营规模,获得最大的价值增值。

(八)资本系统整合原则

资本系统整合原则指加入企业的每个资本要素、每个运转环节构成一个完整的资本运行系统。资本运营的思想应贯穿于该系统的每一部分,不同的资本运营战略应有不同的措施与之相适应,不能有任何的错位,这样整体功能才能得到最优发挥。

第三节　资本运营的内容与方式

一、资本运营的内容

资本运营内容非常广泛,可从不同的角度进行划分。

(一)按资本运营对企业规模的影响划分

从资本运营对企业规模的影响上看,资本运营可以分为扩张型资本运营、收缩型资本运营和内变型资本运营。

(二)按资本运营的形式划分

从资本运营的形式上看,资本运营可以分为实业资本运营、金融资本运营、产权资本运营以及无形资本运营等。

1. 实业资本运营。实业资本运营是以实业为对象的资本运营活动。实业资本运营涉及企业的厂房、原材料、设备等具体实物的整合与运作,要求企业投入一定的人力、财力和物力,尤其是项目较大的固定资产投资经营活动,往往需要投入巨额的资本。

2. 金融资本运营。金融资本运营是指以金融资本(或称货币资本)为对象而进行的一系列资本运营活动。

3. 产权资本运营。产权资本运营是指以产权为对象的资本运营活动。产权资本运营的主要活动是通过产权交易使资产从实物形态变为货币形态,或者从货币形态转变为实物形态,如企业进入资本市场发行企业债券,进入企业产权交易市场进行兼并、收购、参股、控股、租赁等。

4. 无形资本运营。无形资本运营是以无形资本为对象的资本运营活动。企业可通过无形资本实施资本扩张战略;也可通过对无形资本的所有权或使用权进行转让,盘活企业的无形资本,并且在资本运营过程中,要保护和整合无形资本,防止无形资本受到侵权和流失。

(三)按资本的运动状态来划分

从资本的运动状态来划分,可以将资本运营划分为存量资本运营和增量资本运营。

1. 存量资本运营。存量资本运营指的是投入企业的资本形成资产后,以增值为目标而进行的企业经营活动。

2. 增量资本运营。增量资本运营实质上是企业的投资行为,是对企业的投资活动进行筹划和管理。增量资本运营围绕资本扩张战略,应充分利用外部交易战略,将企业的现有资源与社会资源进行有效整合,发挥资本的乘数功能。

(四)按资本运营的方式划分

从资本运营的方式看,资本运营可以分为外部交易型资本运营和内部运用型资本运营。

1. 外部交易型资本运营。外部交易型资本运营是通过资本市场对资本进行买卖,实现资本增值,包括股票的发行与交易、企业产权交易(例如企业并购)以及企业部分资产买卖等。例如,投资者可以用货币资本去购买某一赢利水平很高的公司的股票,实现控股,参与该公司的经营决策与管理,定期分享该公司的股利。如果投资者预测某公司赢利不断下降,发展前景不好,就可将持有的该公司股票卖出去,实现投资的转移。又例如,有的企业为扩大生产经营规模,提高经济效益,可以通过产权交易兼并某一相关企业;有的企业还可以将不需用的或无效的资产卖出去,获得货币,进行新的投资。

2. 内部运用型资本运营。内部运用型资本运营是通过对资本使用价值的有效运用,实现资本增值,就是在生产经营过程中合理而有效地运用资本,不断地开发新产品,采用新技术,努力降低资本耗费,加速资本周转,提高资本效率和效益,增加资本积累。

(五)按资本运营活动是否跨越本国国界来划分

按资本运营活动是否跨越本国国界来划分,资本运营可以分为国内资本运营和国际资本运营。

1. 国内资本运营。国内资本运营指资本运营活动只是在本国范围之内进行,即企业在本国筹集资本,资本在国内运用,设备和原材料在国内购买,产品在国内销售,收支在国内结算,利润在国内分配,与外国的企业、单位、个人不发生经济和财务联系。

2. 国际资本运营。国际资本运营指资本运营活动跨越本国国界,通过国际资本市场,从国外筹集资本,向境外投资,进行跨国并购,从国外进口设备、技术和原材料,向国外销售产品,从境外投资获得利润,与其他国家的企业、单位、个人发生经济和财务关系。

二、资本运营的方式

资本运营的方式，主要体现在以下六个方面。

（一）资本扩张方式

扩张企业的规模是资本运营的重要目的之一。在企业的扩张过程中，通过资本运营实现扩张的方式有兼并、收购、战略联盟、发盘收购、合并和联营等方式。兼并是指一个企业购买其他企业的产权，并使其他企业失去法人资格的一种经济行为。收购是指一家企业用现金、有价证券等方式购买另一家企业的资产或股权，以获得对该企业控制权的一种经济行为，被收购方被纳入收购方公司框架内。发盘收购是一个公司通过股票市场对另一个公司股东股权的公开收购，并以此取得该公司控制权的交易活动。合并一般是指两个或两个以上公司通过协议重新组成一个新的公司，原来的公司丧失独立法人地位的企业扩张活动。无论是哪一种形式的资本扩张，共同特点是企业可控制的资源增加，企业的经营规模实现了外部扩张。资本扩张是资本自身生存发展的需要，也是资本具有的本质属性。

企业资本扩张经营的根本目的是实现股东价值的最大化，并且使现有管理者的收益更大。这既是现代经营管理目标所决定的，也是企业代理理论所决定的。企业资本扩张的价值来源主要体现在：获取战略机会；产生协同效应；提高管理效率；从目标企业的价值低估中获益；降低交易成本；在联盟中实现共赢等方面。

（二）资本收缩方式

企业在经营中，随着经营战略和条件的变化，会出现一些不适合企业长期战略、没有成长潜力或影响企业整体业务发展的子公司、部门或产品生产线。为了使资源配置更加合理，更好地规避风险，使企业更具有竞争力，企业可以采取资本收缩经营方式。收缩型资本运营是相对于扩张型资本运营而提出的，它是指对公司的股本或资产进行重组从而缩减主营业务范围或缩小公司规模的各种资本运作的技巧和方法。常见的收缩型资本运营技巧主要包括资产剥离、股份回购、股权出售、公司分立、分拆上市和自愿清算等。资本收缩经营并非一定是企业经营失败的标志，企业经常将它与资本扩张方式相配合，通过资本扩张方式进入有发展前途的经营领域，同时从前景不佳的原有经营领域中撤退出来。面对激烈的市场竞争，企业有时采取资本收缩方式，在产业衰退初期就把经营不善的经营单位或业务，通过资本收缩方式进行战略撤退，最大限度地收回投资，降低企业风险，将过剩的资本转移到其他经营领域，使资本获得更有效的配置，提高企业资本利用效率和效益。

（三）资本重组方式

资本重组是指对一定企业重组范围内的资本进行分拆、整合或优化组合的活动，是优化资本结构、达到资源合理配置的资本运营方式，资本重组的实质是对企业资源的重新配置。资本重组的方式主要有股份制改造、资产置换、债务重组、债转股、破产重组等。企业在经营过程中，由于市场竞争日益激烈，各种经济因素变动导致企业经营收益不确定，风险也明显增加，很多企业的现金流入与高负债的资本结构所要求的法定现金流出要求严重不匹配，陷入严重的债务支付危机状态。尽管有些企业通过贷款、高负债进行高风险的资本扩张获得成功，但资产负债率过高引发的财务危机，有可能使企业因资产无法变现，不能及时清偿债务，导致失败甚至破产。为了控制企业财务风险，在资本运营过程中，企业必须根据市场环境的不断变化，经常运用资本重组方式，对企业的各种资源进行重新配置，优化资本结构，提高资源利用效率，保证企业持续发展。

（四）租赁经营和托管经营方式

租赁经营和托管经营都是通过存量资本的流动和重组来实现资本运营的。租赁经营是企业所有者将企业资产的使用权在一定时期内出租给承租方，承租方按合同规定定期交纳租金的一种经营方式。托管经营是将经营不善、管理混乱的企业委托给实力较强的优势企业经营管理的一种经营方式。租赁经营和托管经营的实质是在企业所有权与经营权彻底分离的情况下，通过市场对各种生产要素进行优化配置，提高社会资源的利用效率，实现资本运营的目标。用企业租赁、托管方式取得其他企业的资产经营权，拓宽了企业的筹资方式，可避免一次性大规模投入的困扰和企业产权关系转让中出现的一系列矛盾，达到迅速扩大经营权的效果，是增强企业经济实力的有效手段。放弃资产经营权的企业既可以盘活存量资产，优化资本结构；又可以取得一定的收入，同时还不丧失资本的所有权。

（五）无形资本运营

无形资本运营是指企业对所拥有的各种无形资产如专利权、著作权、土地使用权、非专利技术、商誉等进行的运筹和谋划，用无形资本的价值实现企业的整体价值增值目的的运作方式。无形资本在资本运营活动中发挥着重要的作用，利用无形资本运营，发挥无形资本的经济杠杆作用是实现资本保值、增值、企业价值最大化的有效途径。无形资本运营方式有：

1. 利用无形资本的可转让性进行资本运营。如对专利技术的使用权、专有技术的使用权、商标的使用权、许可证合同、业务经营特许权以及企业品牌、商誉的让渡。即企业可以从外部购入无形资本，也可以以其拥有的无形资本进行对外投资。

2. 利用无形资本进行筹资，开拓融资新渠道。如利用财务上良好的信用，优先取得银行贷款及金融机构提供发行企业股票债券等方便条件，加快筹资速度，拓宽融资渠道；充分利用良好的商业信誉，取得合作伙伴在供应价格、货源占有、结算方式等诸多方面的优惠待遇；利用无形资本吸引外资。当外商选择合作伙伴时，常常考虑企业在长期经营中创造的名牌、销售网络以及在用户中的信誉。

3. 利用无形资本实现资本扩张。名牌企业利用其名牌效应、管理优势、销售网络等无形资产可以盘活有形资产，通过联合、租赁、参股、控股、并购等形式实现资本扩张。要认真积极地组织对企业的知名商标这种无形资产价值进行评估，定出身价，为无形资产获取利润创造前提条件。对那些在企业的生产经营中创造了巨大经济效益和社会效益，而在企业的账表上没有分文效益或账面价值与实际价值相差甚远的知名商标，应尽快确定其真实价值。通过对知名商标价值的评估，在国内外市场中树立中国名牌的高大旗帜。

（六）知识资本运营

狭义的知识资本运营概念，是指在企业资本运营过程中，利用市场机制，转让和引进知识、智力，整合企业内部与外部的知识资本，借助于企业外部的知识资源创造出具有自身竞争优势的经营模式。知识资本运营的主要方式有：在资本运营过程中充分发挥知识资本的作用，建立产学研相结合的学习型组织，吸引国内外高素质技术和经营管理人才加盟，借用“外脑”使企业组织虚拟化，创造知识资本的自由流动机制，建立以顾客为中心的顾客资本运营体制等。在知识经济时代，知识资本对企业的发展具有举足轻重的作用。知识资本的出现使企业的价值不只体现在企业规模的大小，而是越来越体现在拥有知识资本的数量上，它也成为一种商品，其价值在交易中体现出来。随着工业经济时代向知识经济时代的发展，各企业将主要是通过知识而不是金融资本或自然资源等来获取新的竞争优势。企业拥有的内、外知识是无限的，搞好知识资本运营所产生的效益也必将是巨大的。此外，知识资本运营围绕市场组织智力资本和企业其他资本，灵敏度高，适应性强，相对减弱了企业经营的风险性。

课堂案例

亚泰集团资本运营案例分析

资本作为现代化大生产的一种要素，随着市场经济的发展，其重要性越来越被人们认同：提高资源配置效率、实现经济增长方式的转变、提高经济发展速度、促进企业经营机制的转变、建立现代企业制度，等等。而资本运营则是企业实现低成本扩张、跨越式发展的一条必由之路。亚泰集团从成立起，董事会及高级管理层就对资本市场进行了深入的理论分析，并经过多年的实践，充分认识到其重要性，资本运营是亚泰集团前10年持续快速发展的一个重要因素。公司副总裁孙晓峰认为：亚泰集团的几次转折性跨越都是通过资本运营来完成的，产业经营的稳健发展、资本经营的跨越发展成就了亚泰集团的“十年奇迹”。

第一次是1993年借壳上市。亚泰集团的前身是1986年创立的国有区属企业——长春龙达建筑实业公司，拥有数千万资产；而吉林省第一家股份制企业——原辽源茶叶股份公司，具有上市资格，但实力不够，不具备上市条件，正寻找合作伙伴。1993 年双方优势互补，成立了国有控股的亚泰集团。

第二次是 1997 年承担债务式兼并总资产 9.7 亿元、负债 11.4 亿元的国家大型企业双阳水泥厂，将其规范为吉林亚泰水泥有限公司，通过注入机制、资金、管理，很快使其走出困境。以原厂 1993 年建成的“中国第一线”为基础，公司先后投资 8 亿元兴建日产 2 000 吨和日产 2 500 吨两条新型干法窑外水泥熟料生产线，技术装备达到国际先进水平，成为东北地区水泥行业的领跑者。亚泰集团不仅拓展了产业链，产生了新的利润点，而且盘活了国有存量资产，被誉为中国资本市场“小鱼吃大鱼”的经典重组案例。原国家经贸委领导陈清泰评价：为帮助没有资本金的国有大型企业走出困境找到了一条出路。

第三次资本运营是 1998 年。当时企业在发展中暴露出一些问题：一是部分国有股东经济实力较弱，企业增资扩股受到限制，整体资本结构不合理；二是所涉足的产业主要集中在基础产业和第三产业，科技含量偏低、附加值较小。公司将资本运营的重点放在调整、优化资本结构、产业结构和产品结构上，使亚泰集团既注重规模扩张又注重经济质量的提高。1998 年亚泰集团获准 10∶8 高比例配股。公司抓住这一机遇，向长春市、二道区政府提出转换国家股东的申请，长春市国有资产管理局整体接受二道区所有股权，并以长春市热力公司的实物资产认购亚泰集团配股，为此亚泰集团不仅解决了配股的“瓶颈”问题，也吸纳了一块优质资产，组建了亚泰热力公司。同时，亚泰集团从 1998 年开始进军医药产业，经过四年的规模扩张和产业整合，亚泰医药产业迅速崛起，并成为公司最具发展潜力的新兴支柱产业。

十年多来，亚泰集团先后兼并重组了原长春双阳水泥厂、原长春跃进水泥厂、原吉化化钢水泥厂、原吉化明城水泥厂、原北国之春大酒店、原吉林省东生药业公司、吉林大药房等十家企业，而且兼并一个活一个，重组一个火一个，被业内人士称为“亚泰现象”。

（案例资料来源于百赢投资网）

讨论题

结合亚泰集团的案例分析资本运营的作用。

第四节 资本运营的主体和环境

一、资本运营的主体是企业

资本运营主要是对于企业而言的（尽管政府和中介机构也会参与其中，但并不是主流)。资本运营实际上并不神秘,它本来就是经济主体进行价值运营的直接体现,是一种正常的市场行为,客观上反映着产品再生产过程的资本再生产,具有不以人的意志为转移的客观规律性。因此,资本运营的主体是企业。

那么什么是企业?企业是从事生产、流通、服务等经济活动,以生产或服务满足社会需要,实行自主经营、独立核算、依法设立、具有经济法人资格的一种营利性的经济组织。简言之,企业就是指依法设立的以营利为目的、从事商品的生产经营和服务活动的独立核算经济组织。

企业的作用在于:首先,企业作为国民经济的细胞,是市场经济活动的主要参加者;第二,企业是社会生产和流通的直接承担者。第三,企业是推动社会经济技术进步的主要力量。

总之,企业对整个社会经济的发展与进步有着不可替代的作用。从一定意义上讲,企业素质的高低,企业是否适应市场经济发展的要求,直接关系着国民经济状况的好坏和社会的长治久安。

二、资本运营的环境

资本运营是在市场经济环境中实施的,也是市场经济发展的必由之路。资本运营的支撑环境,也就是基础设施,有以下四个方面。

1. 完善规范的资本市场

资本运营必须要有完善规范的资本市场作为前提条件。要完善资本市场,必须明确资本市场的概念。所谓资本市场,是指一年期以上的各种资金交易关系的总和,它既包括证券市场,又包括中长期信贷市场以及非证券化产权交易市场。完善规范的资本市场,可以促进企业进行股份制改造和转换经营机制,有助于企业由外延式为主向内涵式为主的经济增长方式转变,更推动了企业资产的战略性重组。

2. 法律和政策体系

资本运营需要有健全的法制体系做保证。从法律角度来看,它是企业依法通过交易行为取得其他企业经营控制权及全部或部分资产所有权的法律行为。所以,无论是在财产所有权及经营权转移上或者是控制权与产权的交易上,双方都必须遵守国家法律的规定。资本运营实施的政策支持体系主要由两部分组成:一是产业组织政策;二是财政金融政策。产业组织政策制定与实施的目的是为了保证社会资源的有效配置,实质在于鼓励与保护自由竞争,控制与防范垄断。财政金融政策的制定与实施,是为了减少产权市场进入的障碍,对运行效率低下的存量资产进行内部控制,充分释放稀缺资本资源的潜能。

3. 企业的资本运营机制

在市场经济环境中,企业要有效地实施资本运营,除了有明确的产权关系、发育良好的资本市场以外，企业本身必须具备同市场经济相适应的素质，必须具有符合竞争性市场经济体制要求的资本运营机制。企业应当具有实施资本运营的自主决策权，具有追求资本增值和资本价值最大化的内在动力，并且要实行资本运营型战略，还要建立内在的风险规避制度，并且要具有资本运营型的管理者。

4. 社会保障体系

社会保障制度为企业实施资本运营提供坚强的后盾。离开社会保障制度，劳动者的基本生活权利就无法保障，企业的资本运营也就无法实施。社会保障体系包括社会保障、社会福利、优抚安置、社会互助、个人储蓄以及积累保障等，其中失业保险和养老保险问题最为突出。由政府提供一个广义上的安全网，降低工人和居民的风险，有利于资本运营的实施。

【复习思考题】

1. 资本运营与商品经营的联系和区别是什么？
2. 什么是资本？资本有哪些特点？
3. 资本运营有哪些特点？
4. 资本运营有哪些方式？
5. 资本运营有哪些原则？
6. 资本运营包含哪些环境要素？

【案例分析题】

巨头抱团渡难关　辉瑞以680亿美元并购惠氏

辉瑞和惠氏的危机，在于都受到了新产品研发不力、固定成本居高不下等利空因素的影响。在如今赢利药物专利即将到期、仿制药竞争的压力之下，巨头也需要抱团渡过难关。

2009年1月27日辉瑞总部发布声明称，双方达成并购协议，辉瑞将按惠氏当前50.19美元股价对后者以现金加换股方式进行收购，总价值大约680亿美元。两家董事会已经批准这一收购。如此高价体现了辉瑞巩固市场份额的迫切心情，以及通过并购达到降本增效的意愿。辉瑞总部透露，交易的资金来源将包括现金债务和股票。多家银行组成一个财团提供金额达225亿美元的贷款。

双方还约定如果并购失败各需赔付天价违约金。辉瑞违约的代价为45亿美元，惠氏违约金为15亿～20亿美元，足见联姻的忠诚度。惠氏目前也频频遭遇挫折，其治疗抑郁症和心绞痛的最重要两种产品，将于2010年和2011年失去专利保护，但被认为是公司未来希望所在的痴呆症疫苗研制，一些临床实验表现令人失望。

国务院发展研究中心金融问题专家巴曙松表示："此次并购或将引发新一轮的并购潮。"在金融危机大背景下，医药行业统一面临销售回落、赢利下滑的压力。辉瑞和惠氏两家企业有着高度的相似，此时合并可在短时间内起到降低成本的作用。

如果不采取此次并购行动，一两年内辉瑞将很快被葛兰素史克或罗氏超过，让出全球药业老大的宝座。辉瑞目前面临的主要问题在于：随着其拳头产品"立普安"在2011年失去专利保护，这一项占其全年营业额度1/4的收入将大幅缩水。对于许多大型制药公司而言，往往三四种产品的赢利就能占公司利润的一大块。据了解，辉瑞公司在2007年财政的收入为484亿美元，其中127亿左右的贡献来自于降胆固醇药物"立普安"，比排在第二的药物高出3倍多。有美国分析曾预计，加上其他专利将先后到期，到2015年的时候辉瑞2007年营收的来源将缩水超过70%。

辉瑞一直没有找到合适的新药，以消除"立普安"专利失效给公司赢利带来的负面影响。自2007年以来，辉瑞一直不断压缩成本，但都无法从根本上解决问题。辉瑞显然已经看到了单靠两三个拳头产品打天下的弊端。在宣布收购惠氏的声明中，辉瑞特意提到，收购将使公司具备庞大和多样化的全球产品组合，并降低对小分子产品的依赖。新公司无论在短期还是长期，都将更好地实现营收的稳定增长和每股赢利的增长。预计到2012年，任何一种药品的营收占新公司总营收的比重都将低于10%。

辉瑞通过并购实现"逆转"的历史由来已久。2000年时辉瑞以900亿美元收购华纳-兰伯特公司并获得重磅药物"立普安"首次成为全球第一大制药公司。辉瑞收购惠氏，表明其产品研发重心的转移。辉瑞目前的产品线与研发重心多集中在化学药物上。但从目前药品的市场发展趋势和未来的药物需求看，生物制药在未来有很大的市场空间。与主要竞争对手相比，辉瑞在生物科技领域并不擅长。通过买下惠氏药厂，辉瑞可强化在生物科技领域的地位，并取得惠氏众多前景看好的产品，特别是疫苗，以补强辉瑞的弱项。辉瑞在并购声明中特意提到，两家联姻，提供了一个改变行业的有利机会，将创造出世界上头号生物制药公司。

辉瑞与惠氏的合并，同时将它与罗氏等其他药企的竞争摆到了一个白热化的境地。消费者将面临着集中度更高的产业结构和市场结构，行业竞争将更趋激烈。

（案例资料来源：中国经营报，2009年2月9日）

讨论题

1. 分析辉瑞收购惠氏的原因。
2. 辉瑞收购惠氏后对辉瑞有什么影响？

B&E

第二章 资本运营的风险与防范

第一节 资本运营风险概述

一、资本运营风险的内涵

资本运营的风险是在资本运营过程中，由于外部环境的复杂性和变动性以及资本运营主体对环境的认知能力的有限性，从而可能导致的资本运营失败或使资本运营活动未能达到预期目标。资本运营风险是指经营者的投入损失和不能获得预期收益的可能性。在这一定义中至少包含以下几个方面的内容：

1. 资本运营风险产生的主要原因来自运营环境的复杂性和变动性，也就是环境的不确定性，这是客观存在的，不以人们的意志为转移。

2. 资本运营主体由于自身知识结构、决策能力等主观因素的影响，使其对环境认知是有限的，最终导致资本运营风险的产生。

3. 资本运营的风险存在两种后果，一种是由于受到不确定因素的影响，从而导致资本运营活动的终止；另一种是指资本运营活动没能达到预期目标，例如兼并成功以后并不能带来整体业绩的增长或提高。

资本运营意味着资本的投入，包括货币资本、实物资本、知识资本以及无形资本等资本的投入。资本运营的风险通常是相对于具体的经营项目的参与方来讲的。对于一个具体的项目而言，资本运营的具体结果无非三种：一是获得了预期收益；二是投入与产出持平；三是经营结果失败或产出抵不上投入。在具体的资本运营项目中，三种结果出现的可能性都存在，参与者最期望第一种结果出现，而当第三种结果出现时参与者不仅未能获得可观的收益，连具体的投入成本都面临着亏损，这是参与者所最不希望的，但同时也是参与者必须面对的，这就是风险。而对于第二种情况的出现，有时是风险，有时不一定是风险。在具体的资本运营项目中，如果经营收益可以充抵扣息后的投入的成本，可以说投资者没冒什么风险，但当经营收益扣息后不足以抵偿投入的本金时，仍然是投资者面对的风险。投资是有风险的,特别是资本运营所面对的市场环境的不确定性很高,这种风险通常很大。造成市场环境不确定的因素很多,有政治上的,有经济上的,有投资者心理上的,也有一些人为的因素,还有人类无法抗衡的自然灾害等。每一种因素的出现都可能改变投资环境,都可能造成资本运营项目的失败或不能达到预期收益,也就会形成风险损失。

二、资本运营风险与收益的关系

任何投资都有风险,风险与收益通常成正比。收益和风险的基本关系是:收益与风险是相对应的,就是说风险大的项目要求的收益率也高,而收益率低的投资往往风险也比较小,正所谓"高风险,高收益;低风险,低收益"。在股票市场上,如果预期一只股票的价格会涨得很高,通常股票的价格已经不低了,此时作出买入的投资决定,那么在股票价格下跌的情况下就会损失惨重。同样,在股票市场允许做空的时候,如果预期一只股票的价格会跌得很厉害,而股票的价格已经不高了,此时作出卖空的投资决定,那么在股票价格上涨的时候也会损失惨重。这时,股票就具有高风险高收益的特征。资本运营风险与收益是正比例关系,也就是说,风险越大,期望收益越大,大量损失的机会也越多;风险越小,期望收益越小,大量损失的机会也就越少。

在理论上,风险与收益的关系可以用"预期收益率=无风险利率+风险补偿"来表示。无风险利率是指把资金投资于某一没有任何风险的投资对象而能得到的利息率,实际上并不存在无风险的利率。一段时间来我们把银行存款利率当作无风险的利率,现在银行经过商业化改造已成为一个企业或公司,已经不是以国家信用来担保,因此银行存款也是有风险的。相对而言,国家发行的债券尤其是短期的国库券,有国家信用和税收的担保,而且流动性好、风险很低,因此通常把它的利率作为无风险利率。

三、资本运营风险的特点

资本运营风险是由于内外环境各种难以预料或无法预料和控制的因素作用,使资本运营系统运行偏离预期目标而形成的经济损失的机会或可能性。资本运营风险是资本运营活动本身及其环境的复杂性、多样性和资本运营运作人员认识的滞后性、活动条件的局限性的共同结果。企业领导层和经营者以及财会人员,必须树立风险意识,提高防范意识和识别能力,对可能存在的资本运营风险,要研究措施,实施有效控制,密切注意,并加强管理,以减少各种不利因素造成的资本运营风险。资本运营风险有以下特点:

1. 客观性。企业作为一个资本运营主体必然面临资本运营风险,资本运营风险导致企业财务机制不稳定并可能带来财务损失,必须对资本运营风险加以控制;同时企业完全消除资本运营风险是不现实的。因此,企业在确定资本运营风险控制目标时不能一味地追求低风险甚至零风险,而应本着成本效益原则把资本运营风险控制在一个合理的、可接受的范围之内。

2. 广泛性。资本运营风险既贯穿资本运营的全过程,也体现在各种财务关系中,它是资本运营系统各种矛盾的综合反映。

3. 不确定性。风险作为一种现象,其存在是客观的、确定的,然而具体到某一事件,风险是否发生以及程度强弱又是不确定的。由于具体风险的发生和程度受有限因素的影响,如果对具体风险的相关因素充分了解并有效控制,则可以控制具体风险的发生和程度。

4. 损失性。风险是和损失相联系的。由于各种因素的作用和各种条件的限制,资本运营风险影响企业生产、经营活动的连续性,经济效益的稳定性和企业自下而上的安全性,最终威胁企业的效益。

5. 收益性。风险与收益成正比,风险越大,报酬越高;风险越小,报酬越低。资本运营风险在一定程度上能促进企业改善经营管理,提高资本运营运行效率。

第二节 资本运营的风险类别

一、按风险的性质划分

按风险的性质划分可将企业资本运营中的风险分为:

1. 静态风险。静态风险,又称纯粹风险,这种风险只有损失的可能性而无获利的机会。静态风险的变化比较有规律,可利用概率论中的大数法则预测风险频率,它是风险管理的主要对象。

2. 动态风险。动态风险,又称投机风险,指既有损失可能又有获利可能的风险。它所导致的结果包括损失、无损失、获利三种可能。如股票买卖,股票行情变化既能给企业带来赢利,也可能带来损失。动态风险常与经济、政治、科技及社会的运动密切相关,远比静态风险复杂,多为不规则的、多变的运动,很难用大数法则进行预测。

二、按对风险的承受能力划分

1. 可接受的风险。可接受的风险,指企业在对自身承受能力、财务状况进行充分分析研究的基础上,确认能够承受最大损失的限度,凡低于这一限度的风险称为可接受的风险。

2. 不可接受的风险。不可接受的风险,与可接受的风险相对应,是指风险已超过企业在研究自身的承受能力、财务状况的基础上所确认的承受最大损失的限度,这种风险就称为不可接受的风险。

三、按风险对资本运营行为的影响范围分类

根据影响资本运营行为的因素的影响范围划分，资本运营风险可划分为系统风险和非系统风险两大类。

（一）系统风险

系统风险又称不可分散风险，是指由于某种因素对资本市场上的所有资本运营项目都有影响，而给一切投资者都会带来损失的可能性。系统风险的主要特点：

第一，它是由共同因素引起的。经济方面的如利率、现行汇率、通货膨胀、宏观经济政策与货币政策、能源危机、经济周期循环等。政治方面的如政权更迭、战争冲突等。社会方面的如体制变革、所有制改造等。

第二，它对市场上所有资本运营项目都有影响，只不过有些项目比另一些项目的敏感程度高一些而已。如基础性行业、原材料行业的资本运营项目系统风险就可能更高。

第三，它无法通过分散投资来加以消除。由于系统风险是个别企业或行业所不能控制的，是社会、经济、政治大系统内的一些因素所造成的，它影响着绝大多数企业的运营，所以无论如何选择投资组合都无济于事。

系统风险主要有以下几种不同的形式：

1．政策法规风险。政策法规风险是指由于国家宏观政策及法律、法规的调整及变化给企业资本运营所造成的始料不及的负面影响。这种政策调整变化越频繁，力度越强，企业资本运营所面临的风险就越大。在市场经济条件下，企业一切经营行为首先必须合法。以产权资本运营为主的资本运营行为所涉及的政策法规最为广泛，因此企业必须深入研究国家宏观经济政策和法律、法规，并判断其变化趋势。相反，若不明确政策法规现状及未来变化趋势，与之违背，则企业资本运营注定要蒙受巨大的经济损失。政策法规风险是企业资本运营所面临的首要风险。

2．市场风险。市场风险是指那些超过企业自身适应和控制能力，严重影响企业占有市场的失衡和动荡造成的企业所获收益的不可能性、差异性，诸如战争导致市场破坏、经济衰退，金融危机导致的市场波动，有时很难被决策者所预测，几乎不能躲避和预测，因此市场风险很容易给企业造成损失。

3．利率风险。利率风险是指由于资本市场利率水平发生变动而引起的资本运营风险。资本运营过程中有时会涉及大量的资金筹措及业务拓展到金融业，因此不可避免地会涉及利率风险。一般而言，在利率变动幅度相同的情况下，长期资本运作所受风险影响比短期资本运作大得多。

4．购买力风险。企业资本运营名义收益中包括真实收益和通货膨胀补偿两部分，当发生非预期的通货膨胀时，资本运营的收益会有所降低，即资本运营主体实际收益的货币

购买力达不到预期。

5. 汇率风险。汇率与资本运营风险的关系主要体现在两方面：第一，本国货币升值有利于以进口原材料为主从事生产经营的企业，不利于产品主要面向出口的企业。本国货币贬值的效应正好相反。第二，对于货币可以自由兑换的国家来说，汇率变动也可能引起资本的输出与输入，从而影响国内货币资金供求状况进而影响资本的价格。

6. 体制风险。体制风险是指一个国家或地区因政治体制或经济体制形式发生重大变化而给企业带来的风险。由于体制的形式及其改革常常会引起原有经济运行方向的变化，从而影响资本运营的质量。

7. 社会风险。社会风险是指由于社会因素而引起的资本运营风险。所谓社会因素诸如文化、宗教、道德、风俗习惯、心理因素、就业与失业等。因此进行资本运营，尤其涉及跨国公司经营，不能忽略对异域文化习俗、风土人情的了解，要在实际调查的基础上对异域社会因素进行归同整合，避免冲突。

（二）非系统风险

非系统风险又称可分散风险，是指某些个别因素对一些资本运营项目造成损失的可能性。它同系统风险泛指所有投资项目共同的风险不同，是专指个别投资项目所独有并随时变动的风险。这种类型风险的主要特点：

第一，它是由特殊因素引起的，如企业的管理问题、上市公司的劳资问题等。

第二，它只影响某些资本运营项目的收益。它是某一企业或行业特有的那部分风险。如房地产业投资，遇到房地产业不景气时就会出现暴跌。

第三，它可通过分散投资来加以消除。由于非系统风险属于个别风险，是由个别人、个别企业或个别行业等可控因素带来的，因此，可通过投资的多样化来化解非系统风险。

非系统风险的主要形式有以下几种：

1. 经营风险

经营风险是指企业在资本运营过程中由于经营状况的不确定而导致的风险。主要包括：

(1) 经营方向选择不当。在资本运营过程中，正确确定资本的流动方向是至关重要的环节，如果资本运营决策者对市场分析不透，对自身经营能力把握不准或目标选择不恰当，必然会导致经营方向的失误，这是经营风险的主要原因。所以资本运营过程中，应力求使资本流向经营前景光明的朝阳行业，或一般行业中处于成长期的企业。

(2) 经营行为与市场脱节。在市场经济条件下，企业的经营行为受市场运作体系和运行规律的约束，资本运营的行为就是要通过资本的流动使经营行为更适应市场的需求，如果不能准确把握市场需求的变化，即便经营方向选择正确，仍然面临着市场拒绝接受的风险。这种风险是构成经营风险的重要成因。

(3) 不可抗拒的突发事件。如地震、火灾等自然因素引起的破坏事件，由于其存在着不可预测和预防性，一般不能说是经营失误，但一旦发生将会给企业经营活动带来巨大损失，因而必须采取财产保险等方式预先防范，若不加任何防范，应属于经营失误。

(4) 商业信用。在市场中，由于广泛存在着商业信用，不可避免地发生应收账款等债权，这些债权存在收不回的风险，诸如此类的担保行为等都会给企业经营带来风险。

2. 行业风险

行业风险是指资本运营过程中，资本流入的行业高度竞争所带来的风险。市场经济运行机制下，资本总是流向高回报的行业，但正是这种原因常常使资本过于集中某一行业从而使行业竞争剧烈，资本运营会面临利润下降及优胜劣汰的风险。

3. 技术风险

在现代社会中，科学技术的飞速发展，使得高新技术产业及产品层出不穷，科技含量的大小已经成为评价产品功能的主要标准，也是产品竞争能力的重要因素。因而在资本运营过程中必须充分考虑技术因素，尤其是资本流向高科技产业，现有技术可能因新技术的出现或技术泄密而成为明日黄花。技术的落后或消失，必然为企业资本运营带来损失。

4. 财务风险

财务风险是指在资本运营过程中，由于出资方式而导致股东利益损失的风险。在企业资本运营过程中，尤其是产权资本运营，通常都伴随着融资活动，如发行股票或贷款等，进而会改变原有资本结构，并影响到股东利益的变化，如果运营结果使资本增值缩小甚至减值，这就形成了财务风险。财务风险的构成因素主要包括两方面：一是导致股东利益损失的可能性；二是过度负债导致企业破产的可能。比如企业兼并一家负债极高的企业，会导致本身负债率升高，进而加大财务风险。

5. 管理风险

管理风险，是由于企业管理当局本身的原因造成的风险。从某种意义上讲，企业一切经营活动，包括资本运营活动在内，能否达到预期目标，最主要的是管理，而其他因素取决于管理这一因素，因此说管理风险是形成企业经营风险的最基本、最常见的风险。管理风险形成的具体原因是：企业管理当局的素质、资本运营的决策体制及方法、资本运营后对目标企业重整与再造；与目标企业管理当局的协调与交流、对目标企业人才资源处理等诸多因素。

6. 资金风险

资金风险是指企业在资本运营过程中，因资金筹集不足而导致资本运营中断的可能性。企业进行产业资本运营，虽然未必都需支付现金，但一旦支付现金，支付数量可能很大，企业能否达到预期的资金筹集量，如果是未知可否，便构成了资本运营的一种风险。

课堂案例

中海油服公司收购挪威 Awilco Offshore 公司

2008 年 7 月 7 日中海油服发布公告，以自愿现金要约的方式收购挪威 Awilco Offshore 公司，每股定价为 85 挪威克朗（约合人民币 114.65 元），目标公司总股本为 1.494 亿股，整起并购合计金额高达 171 亿元人民币。

中海油服，COSL（中海油田服务股份有限公司）是中国近海最大的综合性油田服务全面解决方案供应商，业务以钻井服务、油田技术服务、船舶服务及物探勘察服务为主，服务贯穿石油及天然气勘探、开发、生产的各个阶段。

作为中国海上最大的油田服务供应商，其服务区域已延伸至南美、北美、中东、澳大利亚、非洲、欧洲、印度尼西亚、缅甸、菲律宾、俄罗斯等国家和地区。

Awilco Offshore：一家注册于挪威的海上钻井公司，成立于 2005 年，目前拥有和正在建造的平台共 13 座。

中海油服公司拟通过公司在挪威设立的间接控股全资子公司 COSL Norwegian AS 以自愿现金要约收购的方式收购注册地为挪威的从事海洋石油钻井业务的 Awilco Offshore ASA。该公司于 2005 年 5 月在挪威奥斯陆交易所上市。COSL Norwegian AS 作为本次收购的要约人，已于 2008 年 7 月 7 日通过挪威奥斯陆交易所公告系统作出要约预告，宣布将对目标公司进行要约收购，并已接受目标公司控股股东作出的承诺。同日，中海油服、挪威 SPV 与目标公司签订要约协议。目标公司董事会向所有目标股东推荐接受该要约的声明于 2008 年 7 月 17 日生效。

2008 年 7 月 18 日，经挪威奥斯陆交易所依据挪威证券交易法第 6～14 条审查并批准后，要约人向目标股东派发了要约文件，就目标公司全部已发行及流通股份提出要约。

2008 年 10 月 30 日，挪威奥斯陆证券交易所作出决定，批准挪威 Awilco Offshore ASA 从挪威奥斯陆证券交易所退市。该公司股票的最后一个交易日为 2008 年 10 月 31 日。

至此，中海油服公司收购挪威 Awilco Offshore ASA 公司股权项目全部实施完毕。

此次收购对公司长远发展有益，但收购时机不佳。一是 2008 年 7 月正逢全球用油高峰，国际油价处于高位运行不利于收购谈判。二是全球股市特别是挪威市场刚刚开始下跌，且标的公司负债率很高，没有理由给出高于同行平均水平的定价。如果能够耐心等待，相信该公司股价会回落到西方行业平均水平。三是标的公司在建项目较多。由于行业特点在建项目一般时间较长，在当前全球通胀的情况下，原材料价格上升较快，欧洲又加息，这些都不利于在建项目，如能等公司在建项目多数完工则更好。

（案例资料整理自新浪财经讯）

讨论题

分析中海油服收购挪威 Awilco Offshore 公司的风险是什么。

第三节　资本运营风险的识别与防范

一、资本运营风险的识别与度量

（一）资本运营风险的识别

资本运营风险识别是整个风险管理工作的基础，不经过识别，风险就无法衡量，无法进行科学管理。识别风险即认识风险的来源与所在。风险管理人员通过对大量来源可靠的信息资料进行系统了解和分析，认清企业存在的各种风险因素，进而确定企业所面临的风险及其性质，使之被完整地辨识出来。不论企业特性如何，识别风险的工作重点有三个：第一，检视经营业务的范围与项目，尤其是正在进行的工作与新的业务项目，如公司正对某公司进行并购。第二，检视运营过程或管理过程的纯熟度。第三，检视人员训练与相关资源是否充足。

有待识别的风险，不仅包括那些比较明显的风险因素，还包括那些潜在的风险因素。一般来说，认识后者要比认识前者更为困难，但常常更为重要。识别风险，一方面通过感性认识和历史经验来判断，其中类推比较是一种有用的方法；另一方面则是通过对各种客观的经营管理资料（如统计、会计、计划、总结等）和风险事故记录进行分析、归纳和整理以及必要时的专家访问，发现各种风险及其损失情况，找出规律。所以，识别风险必须持续、有制度、有系统地进行。持续可以减少不可知风险；有制度、有系统，才可能持续。因此，持续与有制度、有系统是风险识别工作的三个基本要求。

目前，风险识别的方法很多，为了有效地对风险进行识别，企业风险管理人员应综合运用各种风险识别方法。这主要是因为风险往往处于一种不确定状态中，一般不能做到采用一种方法就能评估全部的风险，而且由于风险随时存在，对风险的识别也应做到连续、系统地进行，才能对风险进行全面的识别。常用的识别方法有以下几种：

1. 专家意见法。专家意见法又称德尔菲法，是美国兰德公司在 20 世纪 40 年代创立的一种定性预测方法。它是将所要预测的问题和有关资料，用通信的方式提供给各个专家，征求专家意见，把各种意见收集、归纳、加工和整理，得出初步预测结果。然后将预测结果反馈给各个专家，并进一步征求专家意见，再次把各种意见收集、归纳、加工和整理，得出第二次预测结果。把第二次预测结果再反馈给专家，继续征求专家意见，如此反复多次，直到得出较为满意的预测结果。

2. 故障树法。这是一种广泛使用的分析方法。它利用图解的形式将大的故障分解成各种小故障，或者是对产生故障的原因进行分解，由于分解后的图形呈树枝状而得名。分解的次数越多，树枝就越多。在对风险进行评估时，故障树也是十分有效的，此时的故障树可看成是将财务风险分解为许多细小的风险，可准确找出风险的影响原因。

3. 流程图分析法。所谓流程图分析法，就是对流程的每一阶段、每一环节逐一进行调查分析，从中发现潜在风险，找出导致风险发生的原因，分析风险发生后可能造成的损失以及对整个流程可能造成的不利影响。流程图分析法是一种动态的分析方法，它是将分析对象的全过程按其内在的逻辑联系制成作业流程图，针对流程中的关键环节和薄弱环节调整和分析风险。

（二）资本运营风险度量

资本运营风险度量是在风险识别的基础上，根据对以往案例分析所积累的经验，应用数学方法对资本运营风险发生的概率以及风险规模做出估计。风险度量实质上是对资本运营风险的估值，对资本运营风险估计过高，会失去机会（实质是一种风险）；对资本运营风险估计过低，显然是一种风险。

常用的度量资本运营风险的方法主要包括以下几种：

1. 每股收益分析法。每股收益分析法也属于广义上的风险衡量方法，通过衡量每股收益的预期变化来反映资本运营的财务风险。其计算公式为

$$EPS = [(EBIT - I)(1 - t)]/Q$$

式中，EPS 指企业每股收益，EBIT 指息税前收益，I 指利息支出，t 指加权所得税税率，Q 指发行在外的股票总数。

如果 EPS 大于之前的 EPS，说明企业资本运营行为对原有股东而言是有利的；反之，如果 EPS 小于之前的 EPS，说明企业资本运营行为对原有股东而言是不利的。

2. 杠杆分析法。杠杆分析法是狭义上的风险衡量方法，通过财务杠杆系数来初步识别风险水平的高低。其计算公式为

$$DFL = EBIT/(EBIT - I)$$

DFL 指财务杠杆系数，反映企业的税息前利润（EBIT）增长所引起的每股收益（EPS）的增长幅度。DFL 越大，企业税息前利润 EBIT 的变化所引起的每股收益 EPS 的变化越大，企业的风险越高。

3. 现金存量分析法。现金存量分析法指通过比较企业资本运营前后企业的现金存

量水平，看现金水平是否处于最佳或者安全区域。常用的指标是现金流动资产率和现金总资产率，其计算公式分别为

$$\mathrm{RCCA} = C/B$$

$$\mathrm{RCA} = C/A$$

式中，RCCA 指现金流动资产率；RCA 指现金总资产率；C 指企业广义现金存量，包括库存现金、银行存款和交易性金融资产等；B 指企业的流动资产；A 指企业的总资产。

企业资本运营后的 RCCA 和 RCA 如果低于企业现金存量的最低安全线，说明企业资本运营将使企业面临现金短缺的风险；企业资本运营后的 RCCA 和 RCA 如果高于企业现金存量的最低安全线，说明企业资本运营并不会对现金流产生影响，企业不会面临现金短缺的风险。

4. 股权稀释法。股权稀释法主要比较资本运营前后原股东股权结构的变动情况，属于广义上的风险衡量指标。其计算公式为

$$\mathrm{RIE} = (Q_0 + Q_1)/(Q_0 + Q_1 + Q_2)$$

式中，RIE 指股权稀释率，反映企业原股东所控制的具有表决权的股票数量占总的具有表决权的股票数量的比率；Q_0 指资本运营前企业的原股东所持有的具有表决权的股票数量；Q_1 指企业的原股东所增持的新发行的具有表决权的股票数量；Q_2 指企业资本运营后企业的新股东所持有新发行的具有表决权的股票数量。

如果企业资本运营前后的 RIE 发生强烈变化，说明企业资本运营行为将给企业的原投资者带来巨大的股权稀释的风险。如果发行新股后的 RIE 小于 50%，说明股权稀释的风险较高；反之，说明股权稀释的财务风险较低。

5. 模型分析法。模型分析法是一种借助于统计学原理构建数学模型，从总体上判断企业资本运营风险的方法。最常见的方式是通过建立回归分析模型，识别企业是否面临过高的风险。

$$F_{\mathrm{R}} = a_0 + a_1 X_1 + a_2 X_2 + a_3 X_3 + \cdots + a_n X_n + E$$

式中，F_{R} 指风险水平；$a_0, a_1, a_2, \cdots, a_n$ 指系数值；$X_1, X_2, \cdots, X_n$，指各种财务风险因素；E 指残差。

模型分析法的判断方法是：首先，根据历史数据估计一个风险的标准值 F_{R0}，然后，将企业资本运营后的 F_{R} 与 F_{R0} 进行比较。当企业预期资本运营后的 F_{R} 大于标准值 F_{R0}，说明企业的风险过高；反之，当企业预期资本运营后的 F_{R} 小于标准值 F_{R0}，则说明企业的风险较低。

二、资本运营的风险控制

（一）资本运营的风险控制原则

资本运营风险具有明显的两重性，即它的存在是客观的、绝对的，又是主观的、相对

的;它既是不可完全避免的,又是可以控制的。投资者对资本运营风险的控制就是针对风险的两重性,运用一系列投资策略和技术手段把承受风险的成本降到最低限度。风险控制的目标包括确定风险控制的具体对象(基本因素风险、行业风险、企业风险、市场风险等)和风险控制的程度两层含义。投资者如何确定自己的目标取决于自己的主观投资动机,也决定于经营项目的客观属性。在对风险控制的目标作出选择之后,接下来要做的是确定风险控制的原则。根据人们多年积累的经验,控制风险可以遵循以下原则:

1. 宏观思维原则。资本运营受宏观政策及法律、法规影响很大,因此,企业在资本运营过程中,必须对现在以及将来出台的各项政策进行仔细研究分析,准确把握各项政策,不局限于对政策的一般理解,要提前领会政策的意图,这样才能在资本运营中把握住先机,不至于与政策发生抵触。

2. 以我为本的原则。以我为本的原则是指企业进行资本运营过程中,必须对并购、重组等形成的新公司能起到控制作用,一旦发现新公司发生不利事件而产生风险时,可以通过控制权对其施加影响,以使新公司按资本运营目标发展,防止造成更大损失或发生新的风险。

3. 规模适度原则。资本运营是企业进行资本扩张和资本优化的有效途径,但并非是规模越大越好。应从企业经营能力和水平角度出发,确定适度的资本运营规模,防止资本扩张速度太快而产生负面影响,从而防范管理风险、筹资风险及财务风险等。

4. 风险转移原则。风险转移原则就是要将发生在企业自身的风险转移给他方,以减少自身承担的风险强度的行为。主要有两种方式:一是策略组合。其做法是根据不同的情况,设计不同的资本运营策略方案,形成一个备用的策略方案组合,一旦环境出现风险,就选用与其对应的或接近的方案去实施,从而达到部分转移风险的目的。二是策略调整。即将资本运营策略视为一个随机变化的动态过程,企业的运营主体根据环境条件的变化,不断调整资本运营策略方案使之尽量与环境的要求一致。

5. 风险分散原则。风险分散策略是指分散企业风险承受的压力,减轻企业从事资本运营的负担。比如资本组合实质上就是分散风险的具体表现,它通过资本的多元化经营,使不同形式的资本的非系统风险相互抵消。它包括三种分散形式:一是扩展风险主体。比如企业要收购一家公司,不一定非得购入全部股权,只要达到50%以上就能达到目的,这样被控股公司便由本企业控制,而且企业可以通过控制权获得比其他股东更多的好处。比如借入资金、延期偿付货款等。二是选择合适的资本运营方式。三是扩大资本运营主体的优势覆盖面,即通过不断改善内部条件,加强自身的优势并增加优势覆盖面,从而减少企业在风险面前遭受损失的程度。

(二) 资本运营风险的防范方法

企业在资本运营风险防范上可以采用一些技术方法,主要有以下几种:

1. 转移法。转移法即企业通过某种手段将部分或全部资本运营风险转移给他人承担的方法。例如,在对外投资时,可以采用联营投资方式,将投资风险部分转移给参与投资的其他企业。采用发行股票方式筹资时,选择包销方式发行,可以把发行失败的风险转移给承销商。采用举债方式筹集资金,企业可以与其他单位达成相互担保协议,将部分债务风险转移给担保方;企业还可以通过购买财产保险的方式将财产损失的风险转移给保险公司承担。采用这些方法可以大大降低企业的资本运营风险。

2. 回避法。回避法即企业在保证资本运营目标现实的基础上,选择风险较小的方案,以达到规避资本运营风险的目的。企业在选择债权性投资和股权性投资时要根据企业自身承受风险的能力进行评估、分析。一般而言,股权性投资远大于债权性投资的风险。

3. 分散法。分散法即通过企业之间联营、多种经营及对外投资多元化等方式,分散资本运营风险。企业可以与其他企业共同投资风险较大的投资项目,避免因独家承担投资而产生的资本运营风险。在多种经营方式下,一些产品因滞销而产生的损失,可以被其他产品带来的收益所抵消。企业对外投资多元化是将资金投资到不同的投资品种,以达到分散投资风险的目的。

4. 降低法。降低法即企业面对客观存在的资本运营风险,努力采取措施降低资本运营风险的方法。企业可以建立风险控制系统,配备专门人员对资本运营风险进行预测、分析、监控,以便及时发现及化解风险;也可以建立风险基金,对长期负债建立专项偿债基金,以此降低风险损失对企业正常生产经营活动的影响。

(三)风险防范体系

企业的资本运营是一项充满风险的经营活动,企业无论是从开始筹措资本,还是在运营资本阶段,都伴随着大量的不确定因素,这些不确定因素给企业的整个资本运营行为带来巨大的风险。为此,发现资本运营活动中的潜在风险因素,探讨风险管理对策,对保证企业资本运营活动的正常进行,提高资本运营的效率和效果,增强企业发展的整体实力,无疑有相当重要的意义。

资本运营与商品经营相比较,所面临环境带来的风险威胁更大,操作过程更为复杂。因此建立资本运营操作风险管理程序及机制、制定风险策略、加强防范风险意识,是资本运营的主要内容,直接影响到资本运营目标的实现。由于风险因素的制约和影响,资本运营风险管理过程相对来说较为复杂。风险控制主要是针对不确定性而进行的谋略规划过程,由于考虑了风险因素的制约和影响,控制过程相对来说较复杂,大体上可以用整个流程控制经营风险。一般地,资本运营风险管理包括以下步骤。

1. 界定范围,明确目标。界定控制对象的状态范围,明确控制活动要达到的目标。企业经营者要从资本运营过程中可能遇到的问题出发,根据任务要求建立资本运营风险管理的总目标及各阶段分目标。同时，根据潜在的风险威胁调整目标体系结构，最终建立一套完善的风险控制目标系统。

2. 分析风险成因，识别风险类型。在这一阶段，主要应根据目标要求认真研究资本运营的内外环境状况，找出风险形成的根本原因，并据此划分风险的种类，从而为寻找防范风险的对策提供思路。

3. 判断风险概率及风险强度。风险概率是指风险实际发生的可能性，风险强度则是指风险的影响程度，即风险值。这两个指标都可以通过一定的计量方法计算出来。

4. 风险效用评估。这一阶段的工作主要是根据人们对待风险的态度，确定出各种不同类型的资本运作主体对待风险的效用值。通过风险效用评估确定出资本运营主体的风险收益效用值后，就可以作出相应的防范风险的对策。

5. 风险规避设计。风险规避设计主要由预警、防范、控制、应急等子系统所组成。预警系统的主要功能是监控可能的风险因素，尤其是重点监控风险值较大的关键要素，及时敏锐地发现异常征兆，并准确地预报风险。风险预警一般通过设置临界值来实现，当企业资本运营的内外条件变化处于临界值以内，说明运营过程处于安全状态，当变化超出临界值时，则表明状况异常，应及时发出警报。企业应准备一定的应急措施，以便在发生意外风险的情况下应用，尽量减少风险带来的不良影响。

6. 风险控制效果评价。风险控制的效果一般采用费用一效益比值法进行评价判断，即比值＝效益/费用。效益就是达到风险控制目标后所取得的实际效果，通常用经济效益和社会效益来表示；费用则是指风险控制活动的实际支出，其中又分货币支出和非货币支出两种费用。比值越大，则说明风险控制活动的效果越好；反之亦然。

7. 总结经验，提高水平。在整个风险控制活动结束后，企业经营者应对前一阶段的风险控制运作进行总结，以积累更多的经验，提高企业从事资本运营风险控制的能力和水平。

【复习思考题】

1. 资本运营风险与收益的关系是什么？
2. 资本运营风险有哪些特点？
3. 资本运营的系统风险有哪些？
4. 资本运营的非系统风险有哪些？
5. 资本运营的风险控制有哪些原则？
6. 资本运营风险的防范有哪些方法？

B&E

第三章 资本筹措

第一节 资本筹措概述

资本是企业从事生产经营活动所需要的各种生产经营要素的价值表现形式。资本筹措又称为融资决策，是指企业向外部或内部筹措用于资本运营所需资本的一种活动。资本筹措是企业资本运营的首要任务，是企业资本运营的起点，也是资本运营正常开展的基础。企业资本的筹措，是企业资本活动的起点，也是决定企业资本运动规律和生产经营发展的重要环节。

一、筹资的含义与动机

筹资是企业根据生产经营等活动对资金的需要，通过一定的渠道，采取适当的方式获取所需资金的一种行为。企业筹资的基本目的是为了自身的生存和发展。具体说来，企业的筹资动机有以下几种。

（一）设立性筹资动机

这是企业设立时为取得资本金而产生的筹资动机。资本是公司持续从事生产经营活动的基本条件。创建一个公司，首先要筹集一定数量的资本，才能进行公司的设立、登记、开展正常的生产经营活动。

（二）扩张性筹资动机

这是企业为扩大生产经营规模或增加对外投资而产生的动机。具有良好的前景，处于扩张期的企业一般具有这样的筹资动机。公司在其产品生命周期的成长阶段，往往要筹集大量的资本，尤其是长期资本，用于生产经营规模的扩大，设备更新和技术改造，以利于提高产品的产量和质量，增加新品种，满足不断扩大的市场需要。

（三）调整性筹资动机

这是企业因调整现有资金结构的需要而产生的筹资动机。随着企业经营情况的变

化，需要对资本结构进行相应的调整。资本结构是指公司各种资本的构成及其比例关系，它是由公司采用各种筹资方式及其不同的组合而形成的。当资本结构不合理时，可以采用不同的筹资方式对资本结构进行调整，使之趋于合理。例如当公司的债务资本较高时，公司通过吸收权益资本筹集资本，从而达到调整资本结构的目的。

（四）混合性筹资动机

这是企业为同时实现扩大规模以及调整资金结构等几个目标而产生的筹资动机。

二、筹资原则

企业筹资决策涉及筹资渠道与方式、筹资数量、筹资时机、筹资结构、筹资风险、筹资成本等。其中筹资渠道受到筹资环境的制约，外部的筹资环境和企业的筹资能力共同决定了企业的筹资方式；筹资数量和筹资时机受到企业筹资战略的影响，反映了企业发展的战略目标；筹资结构取决于企业所处的发展阶段，是企业通过控制和利用财务风险来实现企业价值最大化的决策，它和企业的经营风险以及财务风险大小有关。企业筹资应当有利于实现企业顺利健康成长和企业价值最大化。企业筹资制度必须在宏观筹资体制的框架下作出选择，因此受到国家金融制度的约束。

具体说来，企业筹资应遵循以下基本原则。

（一）规模适当原则

企业筹资规模受到注册资本限额、企业债务契约约束、企业规模大小等多方面因素的影响，且不同时期企业的资金需求不断变化。因此，企业财务人员要认真分析企业的经营状况，采用一定的方法，合理确定筹资规模。这样，既能避免因资金筹集不足，影响生产经营的正常进行，又可防止资金筹集过多，造成资金闲置。

（二）筹措及时原则

企业财务人员在筹集资金时必须熟知货币时间价值的原理和计算方法，以便根据资金需求的具体情况，合理安排资金的筹集时间，适时获取所需资金。这样，既能避免过早筹集资金形成资金投放前的闲置，又能防止取得资金的时间滞后，错过资金投放的最佳时间。一般说来，期限越长，手续越复杂的筹款方式，其筹款时效越差。

（三）来源合理原则

资金的来源渠道和资金市场为企业提供了资金的源泉和筹资场所，它反映资金的分布状况和供求关系，决定着筹资的难易程度。不同来源的资金，对企业的收益和成本有不同影响。因此，企业应该认真研究资金来源渠道和资金市场，合理选择资金来源。

（四）方式经济原则

在确定筹资数量、筹资时间、资金来源的基础上，企业在筹资时还必须认真研究各种筹资方式。企业筹集资金必然要付出一定的代价，不同筹资方式条件下的资金成本有高有低。为此，就需要对各种筹资方式进行分析、对比，选择经济、可行的筹资方式。与筹资方式相联系的问题是资金结构问题，企业应确定合理的资金结构，以便降低成本，减少风险。

三、筹资渠道与筹资方式

企业筹资活动需要通过一定的渠道并采用一定的方式来完成。

（一）筹资渠道

筹资渠道是指客观存在的筹措资金的来源方向与通道。认识和了解各筹资渠道及其特点，有助于企业充分拓宽和正确利用筹资渠道。目前，我国企业的筹资渠道主要包括以下方面。

1. 银行信贷资金。间接融资是中国企业最主要的融资方式，而在间接融资中，银行信贷资金又是最重要的方式，因此银行对企业的各种贷款，成为我国目前各类企业最为重要的资金来源。

2. 其他金融机构资金。其他金融机构主要指信托公司、保险公司、租赁公司、证券公司、财务公司等。它们所提供的各种金融服务，既包括信贷资金投放，也包括物资的融通，还包括为企业承销证券等金融服务。

3. 其他企业资金。企业在生产经营过程中，往往形成部分暂时闲置的资金，并为一定的目的而进行相互投资；另外，企业间的购销业务可以通过商业信用方式来完成，从而形成企业间的债权债务关系，形成债务人对债权人的短期信用资金占用。企业间的相互投资和商业信用的存在，使其他企业资金也成为企业资金的重要来源。

4. 居民个人资金。企业职工和居民个人的结余资金，作为游离于银行及非银行金融机构等之外的个人资金，可用于对企业进行投资，形成民间资金来源渠道，从而为企业所用。

5. 国家财政资金。国家对企业的直接投资是国有企业特别是国有独资企业获得资金的主要渠道。现有的国有企业的资金来源中，其资本部分大多是由国家财政以直接拨款方式形成的，除此以外，还有些是国家对企业“税前还贷”或减免各种税款而形成的。不管是何种形式形成的，从产权关系上看，它们都属于国家投入的资金，产权归国家所有。

6. 企业自留资金。它是指企业内部形成的资金，也称企业内部留存，主要包括提取公积金和未分配利润等。这些资金的重要特征之一是它们无须企业通过一定的方式去筹集，而直接由企业内部自动生成或转移。

不同的筹资渠道提供资金的数量和筹资的方便程度不尽相同。有些渠道的资金供应量比较多，如银行信贷资金和非银行金融机构资金等，而有些相对较少，如企业自由资金等。这种资金供应量的多少，在一定程度上取决于财务管理环境的变化，特别是宏观经济体制、银行体制和金融市场发展速度等因素。因此，企业需要根据自身情况以及宏观环境确定适合自身的筹资渠道。

（二）筹资方式

筹资方式是指可供企业在筹措资金时选用的具体筹资形式。筹资管理的重要内容是如何针对客观存在的筹资渠道，选择合理的筹资方式进行筹资，降低筹资成本，提高筹资效益。目前我国企业筹资方式主要有以下几种。

1. 吸收直接投资。吸收直接投资指企业通过协议等形式吸收投资者直接投入资金的筹资方式。

2. 发行股票。发行股票指股份公司通过股票发行筹措资金的一种筹资方式。

3. 发行债券。发行债券指企业按照债券发行协议通过发售债券直接筹资，形成企业债务资金的一种筹资方式。

4. 银行借款。银行借款是指企业按照借款合同从银行等金融机构贷款而获得债务资金的一种筹资方式。

5. 商业信用。商业信用是企业通过赊购商品、预收货款等商品交易行为获得债务资金的一种筹资方式。

6. 融资租赁。融资租赁是指企业按照租赁合同租入资产从而筹措资金的特殊筹资方式。

利用以上前两种方式筹措的资金为权益资金；利用后四种方式筹措的资金为债务资金。

四、筹资类型

（一）按资本使用期限的长短分类

按资本使用期限的长短，分为短期资本与长期资本。

1. 短期资本是指一年以内使用的资本。主要投资于现金、应收账款、存货等，常利用商业信用和取得银行流动资本借款等方式筹集。

2. 长期资本是指一年以上使用的资本。主要投资于新产品的开发和推广，生产规模的扩大等，一般需要几年甚至几十年才能收回。通常采用吸收投资、发行股票、发行公司债券、取得长期借款、融资租赁和内部积累等方式来筹集。

（二）按资本的来源渠道分类

按资本的来源渠道，分为所有者权益和负债两大类。

1. 所有者权益是指投资人对公司净资产的所有权，包括资本公积金、盈余公积金和未分配利润等,通过发行股票、吸收直接投资、内部积累等方式筹集。

2. 负债是公司所承担的能以货币计量、需以资产或劳务偿付的债务,包括应付账款、长期借款、应付债券等,通过发行债券、银行借款、融资租赁等方式筹集。

(三)直接筹资与间接筹资

企业筹资活动,按是否通过金融机构可以划分为直接筹资与间接筹资两类。

1. 直接筹资。直接筹资是指企业不通过金融机构而是直接面对资金供应者进行的筹资活动。一般是通过吸收直接投资、发行股票、发行债券等方式进行筹集。随着金融法规的逐渐健全、证券市场的不断完善,我国居民、企业参与直接融资的机会大大增加,参与方式也日趋多样化。所以,直接筹资的范围会越来越广。

2. 间接筹资。间接筹资是企业通过金融媒介进行的筹资活动,一般是通过银行或其他金融机构完成。这种筹资具有筹资手续简单、效率高、费用低等优点,但筹资范围相对较窄,筹资渠道与方式相对单一。长期以来,间接筹资一直在我国企业的筹资活动中占主导地位。但是,随着金融市场的不断完善,间接筹资的地位比以前有所削弱,尤其是伴随着现代企业制度建设——股份制改造的深化,越来越多的企业把筹资方式转向资本市场,进行直接融资。

第二节　股票市场融资

股票市场是股票发行和交易的场所,包括发行市场和流通市场两部分。股份公司通过面向社会发行股票,迅速集中大量资金,实现生产的规模经营;而社会上分散的资金盈余者本着"利益共享、风险共担"的原则投资股份公司,谋求财富的增值。

一、股票市场的基本功能

股市一方面为股票的流通转让提供了基本的场所;一方面也可以刺激人们购买股票的欲望,为一级股票市场的发行提供保证。同时由于股市的交易价格能比较客观的反映出股票市场的供求关系,股市也能为一级市场股票的发行提供价格及数量等方面的参考依据。股票市场的职能反映了股票市场的性质。在市场经济社会中,股票有如下四个方面的职能。

1. 积聚资本。上市公司通过股票市场发行股票来为公司筹集资本。上市公司将股票委托给证券承销商,证券承销商再在股票市场上发行给投资者。而随着股票的发行,资本就从投资者手中流入上市公司。

2. 转让资本。股市为股票的流通转让提供了场所,使股票的发行得以延续。如果没有股市,很难想象股票将如何流通,这是由股票的基本性质决定的。当一个投资者选择银行储蓄或购买债券时，他不必为这笔钱的流动性担心。因为无论怎么说，只要到了约定的期限，他都可以按照约定的利率收回利息并取回本金，特别是银行存款，即使提前去支取，除本金外也能得到少量利息。总之，将投资撤回、变为现金不存在任何问题。但股票就不同了，一旦购买了股票就成为企业的股东，此后，你既不能要求发行股票的企业退股，也不能要求发行企业赎回。如果没有股票的流通与转让场所，购买股票的投资就变成了一笔死钱，即使持股人急需现金，股票也无法兑现。这样的话，人们对购买股票就会有后顾之忧，股票的发行就会出现困难。有了股票市场，股民就可以随时将持有的股票在股市上转让，按比较公平与合理的价格将股票兑现，使死钱变为活钱。

3. 转化资本。股市使非资本的货币资金转化为生产资本，它在股票买卖者之间架起了一座桥梁，为非资本的货币向资本的转化提供了必要的条件。股市的这一职能对资本的追加、促进企业的经济发展有着极为重要的意义。

4. 给股票赋予价格。股票本身并无价值，虽然股票也像商品那样在市场上流通，但其价格的多少与其所代表的资本的价值无关。股票的价格只有在进入股票市场后才表现出来，股票在市场上流通的价格与其票面金额不同，票面金额只是股票持有人参与红利分配的依据，不等于其本身所代表的真实资本价值，也不是股票价格的基础。在股票市场上，股票价格有可能高于其票面金额，也有可能低于其票面金额。股票在股票市场上的流通价格是由股票的预期收益、市场利息率以及供求关系等多种因素决定的。但即使这样，如果没有股票市场，无论预期收益如何，市场利率有多大的变化，也不会对股票价格造成影响。所以说，股票市场具有赋予股票价格的职能。

二、股票市场的种类

（一）根据市场的功能划分，股票市场可分为发行市场和流通市场

发行市场是通过发行股票进行筹资活动的市场，一方面为资本的需求者提供筹集资本的渠道，另一方面为资本的供应者提供投资场所。发行市场是实现资本职能转化的场所，通过发行股票，把社会闲散资本转化为生产资本。由于发行活动是股市一切活动的源头和起始点，故又称发行市场为“一级市场”。

流通市场是已发行股票进行转让的市场，又称“二级市场”。流通市场一方面为股票持有者提供随时变现的机会，另一方面又为新的投资者提供投资机会。与发行市场的一次性行为不同，在流通市场上股票可以不断地进行交易。

发行市场是流通市场的基础和前提，流通市场又是发行市场得以存在和发展的条件。发行市场的规模决定了流通市场的规模，影响着流通市场的交易价格。没有发行市场，流通市场就成为无源之水、无本之木，在一定时期内，发行市场规模过小，容易使流通市场供需脱节，造成过度投机，股价飙升；发行节奏过快，股票供过于求，对流通市场形成压力，股

价低落，市场低迷，反过来影响发行市场的筹资。所以，发行市场和流通市场是相互依存、互为补充的整体。

（二）根据市场的组织形式划分，股票市场可分为场内交易市场和场外交易市场

股票场内交易市场是股票集中交易的场所，即股票交易所。有些国家最初的股票交易所是自发产生的，有些则是根据国家的有关法规注册登记设立或经批准设立的。今天的股票交易所有严密的组织，严格的管理，并有进行集中交易的固定场所。在许多国家，交易所是股票交易的唯一合法场所。在我国，1990 年年底，上海证券交易所正式成立，深圳证券交易所也开始试营业。

股票场外交易市场是在股票交易所以外的各证券交易机构柜台上进行的股票交易市场，所以也叫做柜台交易市场。随着通信技术的发展，一些国家出现了有组织的、并通过现代化通信与电脑网络进行交易的场外交易市场，如美国的全美证券商协会自动报价系统(NASDAQ)。由于我国的证券市场还不成熟，目前还不具备发展场外交易市场的条件。

三、股票发行融资

（一）股票发行的目的

1. 设立发行。即在股份公司设立或经改组、变更而成立股份公司时，为募集资本而进行的股票发行。

2. 增资发行新股。即股份公司成立以后，在其存续期间为增加资本而发行股票。

3. 发放股票股利。

（二）股票发行的条件

1. 新设立的股份有限公司申请公开发行股票，应当符合下列条件：

(1) 生产经营符合国家产业政策；

(2) 发行普通股限于一种，同股同权；

(3) 发起人认购的股本数额不少于公司拟发行股本总额的 35%；

(4) 在公司拟发行的股本总额中，发起人认购的部分不少于人民币 3 000 万元，但国家另有规定的除外；

(5) 向公众发行的部分不少于公司拟发行股本总额的 25%，其中公司职工认购的股本数不得超过拟向社会公众发行股本总额的 10%。公司拟发行股本总额超过人民币 4 亿元的，证监会按照规定可以酌情降低向社会公众发行部分的比例，但是最低不少于公司拟发行股本总额的 10%；

(6) 发起人在近三年内没有重大违法行为；

(7) 国务院证券监督管理机构规定的其他条件。

2. 国有企业改组设立股份有限公司申请公开发行股票还应具备以下条件：

(1) 发行的前一年年末，净资产在总资产中所占比例不低于30%，无形资产在净资产中所占比例不高于20%，但国务院证券监督管理机构另有规定的除外。

(2) 近三年连续赢利。

3. 股份有限公司增资发行股票，应符合以下条件

(1) 前一次发行的股份已经募足，并间隔1年以上；

(2) 公司在最近3年内连续赢利，并可以向股东支付股利(公司以当年利润分派新股，不受此限)；

(3) 公司在最近3年内财务会计文件无虚假记载；

(4) 公司预期利润可达到同期银行存款利率。

(三) 股票发行的程序

1. 公司作出新股发行决议对发行新股的种类、发行数量、发行目的、价格等作出决定。一般地，对设立发行股票的公司，发起人应认足其应认购的股份。如果是募集设立，发起人至少认购公司应发行股份的法定比例35%。

2. 公司做好发行新股的准备工作：如向证监会提出募股申请、公司章程、招股说明书等，委托会计师事务所审计近三年的财务报表，进行资产评估等。

3. 有关机构审核。

4. 与投资银行签署承销协议。股票销售方式有自销和承销两种方式，其中承销有包销和代销两种方式。

5. 公告招股说明书。

6. 招认股份，缴纳股款。

7. 召开创立大会，选举董事会、监事会。

8. 办理公司设立登记，交割股票。

(四) 股票发行方式

股票发行方式是指公司通过何种途径发行股票。股票的发行方式可分为如下两类：

1. 公开间接发行。公开间接发行指通过中介机构，公开向社会公众发行股票。我国股份有限公司采用募集设立方式向社会公开发行新股时，须由证券经营机构承销的做法，就属于股票的公开间接发行。这种发行方式的发行范围广、发行对象多，易于足额募集资本；股票的变现性强，流通性好；股票的公开发行还有助于提高发行公司的知名度和扩大其影响力。但这种发行方式也有不足，主要是手续繁杂，发行成本高。

2. 不公开直接发行。不公开直接发行指不公开对外发行股票，只向少数特定的对象

直接发行,因而不需经中介机构承销。我国股份有限公司采用发起设立方式和以不向社会公开募集的方式发行新股的做法,即属于股票的不公开直接发行。这种发行方式弹性较大,发行成本低;但发行范围小,股票变现性差。

（五）股票的销售方式

股票的销售方式,指的是股份有限公司向社会公开发行股票时所采取的股票销售方法。股票销售方式有两类:自销和委托承销。

1. 自销方式。股票发行的自销方式,指发行公司自己直接将股票销售给认购者。这种销售方式可由发行公司直接控制发行过程,实现发行意图,并可以节省发行费用;但往往筹资时间长,发行公司要承担全部发行风险,并需要发行公司有较高的知名度、信誉和实力。

2. 委托承销方式。股票发行的委托承销方式,指发行公司将股票销售业务委托给证券经营机构代理。这种销售方式是发行股票所普遍采用的。我国《公司法》规定股份有限公司向社会公开发行股票,必须与依法设立的证券经营机构签订承销协议,由证券经营机构承销。股票承销又分为包销和代销两种具体办法。所谓包销,是根据承销协议商定的价格,证券经营机构一次性全部购进发行公司公开募集的全部股份,然后以较高的价格出售给社会上的认购者。对发行公司来说,包销的办法可及时筹足资本,免于承担发行风险(股款未募足的风险由承销商承担);但股票以较低的价格售给承销商会损失部分溢价。所谓代销,是证券经营机构代替发行公司代售股票,并由此获取一定的佣金,但不承担股款未募足的风险。

（六）股票发行价格

股票的发行价格是股票发行时所使用的价格,也就是投资者认购股票时所支付的价格。股票发行价格通常由发行公司根据股票面额、股市行情和其他有关因素决定。以募集设立方式设立公司首次发行的股票价格,由发起人决定;公司增资发行新股的股票价格,由股东大会作出决议。

股票的发行价格可以和股票的面额一致,但多数情况下不一致。股票的发行价格一般有以下三种:

1. 等价。等价是以股票的票面额为发行价格,也称为平价发行。这种发行价格,一般在股票的初次发行或在股东内部分摊增资的情况下采用。等价发行股票容易推销,但无从取得股票溢价收入。

2. 时价。时价是以本公司股票在流通市场上买卖的实际价格为基准确定的股票发行价格。其原因是股票在第二次发行时已经增值,收益率已经变化。选用时价发行股票,考虑了股票的现行市场价值,对投资者也有较大的吸引力。

3. 中间价。中间价是以时价和等价的中间值确定的股票发行价格。

按时价或中间价发行股票，股票发行价格会高于或低于其面额。前者称溢价发行，后者称折价发行。如属溢价发行，发行公司所获的溢价款列入资本公积。

我国《公司法》规定，股票发行价格可以等于票面金额(等价)，也可以超过票面金额(溢价)，但不得低于票面金额(折价)。

四、股票上市

股票上市是指股份有限公司公开发行的股票经批准在证券交易所进行挂牌交易。经批准在交易所上市交易的股票称为上市股票。股票获准上市交易的股份有限公司简称为上市公司。我国《公司法》规定，股东转让其股份即股票流通必须在依法设立的证券交易场所进行。

(一) 股票上市的目的

股份公司申请股票上市，一般出于以下目的：

1. 资本大众化，分散风险。股票上市后，会有更多的投资者认购公司股份，公司则可将部分股份转售给这些投资者，再将得到的资本用于其他方面，这就分散了公司的风险。

2. 提高股票的变现力。股票上市后便于投资者购买，自然提高了股票的流动性和变现力。

3. 便于筹措新资本。股票上市必须经过有关机构的审查批准并接受相应的管理，执行各种信息披露和股票上市的规定，这就大大增强了社会公众对公司的信赖，使之乐于购买公司的股票。同时，由于一般人认为上市公司实力雄厚，也便于公司采用其他方式(如负债)筹措资本。

4. 提高公司知名度，吸引更多顾客。股票上市公司为社会所知，并被认为经营优良，会带来良好声誉，吸引更多的顾客，从而扩大销售量。

5. 便于确定公司的价值。股票上市后，公司股价有市价可循，便于确定公司价值，有利于促进公司财富最大化。但股票上市也有对公司不利的一面。这主要指：公司将负担较高的信息披露成本；各种信息公开的要求可能会暴露公司的商业秘密；股价有时会歪曲公司的实际状况，丑化公司声誉；可能会分散公司的控制权，造成管理上的困难。

(二) 股票上市的条件

公司公开发行的股票进入证券交易所交易必须受严格的条件限制。我国的《公司法》规定，股份有限公司申请股票上市必须符合以下条件：

1. 股票经国务院证券管理部门批准已向社会公开发行。

2. 公司股本总额不少于人民币 3 000 万元。

3. 开业时间在三年以上，最近三年连续赢利；属于国有企业依法改建而设立股份有限公司的，或者在《公司法》实施后新组建成立、其主要发起人为国有大中型企业的股份有限公司，可连续计算。

4. 持有股票面值 1 000 元以上的股东不少于 1 000 人，向社会公开发行的股份达股份总额的 25%以上；公司股本总额超过人民币 4 亿元的，其向社会公开发行股份的比例为 10%以上。

5. 公司在最近三年内无重大违法事件，财务会计报告无虚假记载。

6. 国务院规定的其他条件。

具备上述条件的股份有限公司经申请，有国务院或国务院授权的证券管理部门批准，其股票方可上市。

（三）股票上市的暂停与终止

股票上市公司有下列情形之一的，由国务院证券管理部门决定暂停其股票上市：

1. 公司股本总额、股权分布等发生变化，不再具备上市条件（限期内未能消除的，终止其股票上市）。

2. 公司不按规定公开其财务状况，或者对财务报告作虚假记载（后果严重的，终止其股票上市）。

3. 公司有重大违法行为（后果严重的，终止其股票上市）。

4. 公司最近三年连续亏损（限期内未能消除的，终止其股票上市）。

另外，公司决定解散、被行政主管部门依法责令关闭或者宣告破产的，由国务院证券管理部门决定终止其股票上市。

第三节　债券市场融资

一、债券市场的功能

债券市场是债券发行和买卖市场的统称，是指债券发行、交易的场所与设施。纵观世界各个成熟的金融市场，无不有一个发达的债券市场。

债券市场在社会经济中占有如此重要的地位，是因为它具有以下几项重要功能：

（一）融资和投资功能

一方面，债券市场作为金融市场的一个重要组成部分，具有使资本从资本剩余者流向资本需求者，为资本不足者筹集资本的功能。以我国为例，政府和企业先后发行多批债券，为弥补国家财政赤字和推进经济建设筹集了大量资本，其中包括三峡工程、上海浦东新区建设、京九铁路、沪宁高速公路、北京地铁、北京西客站等能源、交通重点建设项目以及城市公用设施建设。另一方面，债券市场为各类投资者提供了又一投资渠道，比较适合追求稳定收益的投资者，特别是保险资本、社保基金、养老基金、企业年金等。

（二）资源配置功能

效益好的企业发行的债券通常较受投资者欢迎，因而发行时利率低，筹资成本较低；相反，效益差的企业发行的债券风险相对较大，受投资者欢迎的程度较低，筹资成本较高。因此，通过债券市场，资本得以向优势企业集中，从而有利于资源的优化配置。

（三）宏观调控功能

一国中央银行作为国家货币政策的制定与实施部门，主要依靠存款准备金、公开市场业务、再贴现和利率等政策工具进行宏观经济调控。其中，公开市场业务就是中央银行通过在证券市场上买卖国债等有价证券，从而调节货币供应量，实现宏观调控的重要手段。在经济过热需要减少货币供应量时，中央银行卖出债券，收回金融机构或公众持有的一部分货币，从而抑制经济的过热运行；当经济萧条需要增加货币供应量时，中央银行便买入债券，增加货币的投放。

（四）提供市场基准利率的功能

从国际金融市场的一般运行规律来看，在比较健全的金融市场上，有资格成为基准利率的只能是那些信誉高、流通性强的金融产品的利率，而国债利率一般被视为无风险资产的利率，被用来为其他资产和衍生工具进行竞价的基准。而只有一个高流动性的、开放的、价格机制成熟的国债市场才能提供一个有意义的市场基准利率。

（五）防范金融风险的功能

一个较为完备的债券市场可以有效地降低一国金融系统的风险。一个高流动性的、开放的国债市场不仅提供了市场基准利率，同时也是本币国际化的重要支撑。金融债券的发行也可以极大地补充银行的附属资本，尤其是次级债券的发行使得银行不仅获得了中长期资本来源，并且在股东之外还增加了债权人的约束，有利于银行的稳健经营。债券市场上投资者的行为高度市场化，企业债务的不履行将迅速导致债权人“用脚投票”，使得企业无度融资的冲动受到有效遏制。在债券融资的背景下，公司债一旦出现债务不履行，会迅速导致公司在投资人群体中的名誉损失，并且通过债市信息披露会使广大社会公众掌握公司的信誉，使这种惩罚自动扩散到整个社会。

二、债券市场的分类

债券市场是金融市场的一个重要组成部分。根据不同的标准债券市场可分为不同的类别。

（一）根据市场功能分类

根据市场功能，可将债券市场分为债券发行市场和债券交易市场。

1. 债券发行市场，又称债券一级市场，是发行单位初次出售新债券的市场。债券发行市场的作用是将政府、金融机构以及工商企业等为筹集资本向社会发行的债券，分散出售到投资者手中。

2. 债券交易市场，又称债券二级市场，指已发行债券买卖转让的市场。债券一经认购，即确立了一定期限的债权债务关系，但通过债券交易市场，投资者可以转让债券，提前把债券变现。

债券发行市场与债券交易市场相辅相成，是互相依存的整体。债券发行市场是整个债券市场的源头，是债券交易市场的前提和基础。发达的债券交易市场是债券发行市场的重要支撑，流通市场的发达是发行市场扩大的必要条件。

（二）根据市场组织形式分类

根据市场组织形式，债券交易市场又可进一步分为债券场内交易市场和债券场外交易市场。

1. 债券场内交易市场是指证券交易所内的债券交易市场。证券交易所是为证券集中交易提供场所和设施，组织和监督证券交易，实行自律管理的法人。如我国的上海证券交易所和深圳证券交易所。证券交易所作为债券交易的组织者，为债券的集中交易提供场所和设施，本身不参加债券的买卖和价格的决定，只是为债券买卖双方提供服务，并进行监管。

2. 债券场外交易市场是指在证券交易所以外进行债券交易的市场。在国外，柜台市场为债券场外交易市场的主要形式。在柜台市场中，开办柜台交易的证券经营机构既是交易的组织者，又是交易的参与者。

目前，我国债券交易市场由沪、深证券交易所债券市场（为债券场内交易市场）和全国银行间债券交易市场、银行柜台市场（均为债券场外交易市场）组成。

三、企业发行债券融资

债券发行是发行人以借贷资本为目的，依照法律规定的程序向投资人发行代表一定债权和兑付条件的债券的法律行为。发行债券的企业必须具备国家法律、法规所规定的条件，必须按照法定的程序和方式进行债券的发行。

（一）发行债券的资格和条件

我国《公司法》规定，股份有限公司、国有独资公司和两个以上的国有企业或者其他两个以上的国有投资主体投资设立的有限责任公司，有资格发行公司债券。发行公司债券，必须具备以下条件：

1. 股份有限公司的净资产额不低于 3 000 万元，有限责任公司的净资产额不低于 6 000 万元。

2. 累积债券总额不超过公司净资产的 40%。

3. 最近三年平均可分配利润足以支付公司债券一年的利息。

4. 所筹集资本的投向符合国家产业政策。

5. 债券的利率不得超过国务院限定的利率水平。

6. 国务院规定的其他条件。

（二）发行债券的程序

发行公司债券要经过一定的程序，办理规定的手续。一般为：

1. 发行债券的决议或决定。股份有限公司和国有有限责任公司发行公司债券，由董事会制定方案，股东大会作出决议；国有独资公司发行公司债券，由国家授权投资的机构或者国家授权的机构作出决定。可见，发行公司债券的决议和决定，是由公司最高机构作出的。

2. 发行债券的申请与批准。凡欲发行债券的公司，先要向国务院证券管理部门提出申请并提交公司登记证明、公司章程、公司债券募集办法、资产评估报告和验资报告等文件。国务院证券管理部门根据有关规定，对公司的申请予以核准。

3. 募集借款。公司发出公司债券募集公告后，开始在公告所定的期限内募集借款。一般来讲，公司债券的发行方式有公司直接向社会发行（私募发行）和由证券经营机构承销发行（公募发行）两种。在我国，根据有关法规，公司发行债券须与证券经营机构签订承销合同，由其承销。由承销机构发售债券时，投资人直接向其付款购买，承销机构代理收取债券款、交付债券。然后，承销机构向发行公司办理债券款的结算。

（三）债券的发行价格

债券的发行价格有三种：等价发行、折价发行和溢价发行。等价发行又叫面值发行，是指按债券的面值出售；折价发行是指以低于债券面值的价格出售；溢价发行是指按高于债券面值的价格出售。

债券之所以会存在溢价发行和折价发行，这是因为资本市场上的利息率是经常变化的，而企业债券一经发行，就不能调整其票面利息率。从债券的开印到正式发行，往往需要经过一段时间，在这段时间内如果资本市场上的利率发生变化，就要靠调整发行价格的方法来使债券顺利发行。即：当票面利率高于市场利率时，以溢价发行债券；当票面利率低于市场利率时，以折价发行债券；当票面利率等于市场利率时，以等价发行债券。

第四节　风险资本市场融资

一、风险投资的概念和特点

风险资本是指对处于初创期和成长期的中小型高科技企业或创新企业进行股权融资或近似于股权融资的资本，其特性是以承担高风险为代价追逐高回报。从投资行为的角度来讲，风险投资是把资本投向蕴藏着失败风险的高新技术及其产品的研究开发领域，旨在促使高新技术成果尽快商品化、产业化，以取得高资本收益的一种投资过程。从运作方式来看，是指由专业化人才管理下的投资中介向特别具有潜能的高新技术企业投入风险资本的过程，也是协调风险投资家、技术专家、投资者的关系，利益共享、风险共担的一种投资方式。根据美国全美风险投资协会的定义，风险投资是由职业金融家投入到新兴的、迅速发展的、具有巨大竞争潜力的企业中一种权益资本。

风险资本包括无中介、无组织的私人直接投资资本和有中介、有组织的间接投资资本（如风险投资基金）。从风险资本市场融资指吸引风险资本投资的行为。风险投资的特征：

1. 投资对象为处于创业期的中小型企业，而且多为高新技术企业；

2. 投资期限至少在3～5年以上，投资方式一般为股权投资，通常占被投资企业30%左右股权，而不要求控股权，也不需要任何担保或抵押；

3. 投资决策建立在高度专业化和程序化的基础之上；

4. 风险投资人一般积极参与被投资企业的经营管理，提供增值服务；除了种子期融资外，风险投资人一般也对被投资企业以后各发展阶段的融资需求予以满足；

5. 由于投资目的是追求超额回报，当被投资企业增值后，风险投资人会通过上市、收购兼并或其他股权转让方式撤出资本，实现增值。

二、风险投资机制与银行贷款的区别

风险投资是一种权益资本，而不是借贷资本。风险投资为风险企业投入的权益资本一般占该企业资本总额的30%以上。对于高科技创新企业来说，风险投资是一种昂贵的资本来源，但是它也许是唯一可行的资本来源。银行贷款虽然说相对比较便宜，但是银行贷款回避风险，安全性第一，高科技创新企业无法得到它。

风险投资机制与银行贷款完全不同，其差别在于：

1. 银行贷款讲安全性，回避风险；而风险投资却偏好高风险项目，追逐高风险后隐藏的高收益，意在管理风险，驾驭风险。

2. 银行贷款以流动性为本;而风险投资却以不流动性为特点,在相对不流动中寻求增长。

3. 银行贷款关注企业的现状、企业目前的资本周转和偿还能力;而风险投资放眼未来的收益和高成长性。

4. 银行贷款考核的是实物指标;而风险投资考核的是被投资企业的管理队伍是否具有管理水平和创业精神,考核的是高科技的未来市场。

5. 银行贷款需要抵押、担保,它一般投向成长和成熟阶段的企业,而风险投资不要抵押,不要担保,它投资到新兴的、有高速成长性的企业和项目。

风险投资是一种长期的(平均投资期为5~7年)流动性差的权益资本。一般情况下,风险投资家不会将风险资本一次全部投入风险企业,而是随着企业的成长不断地分期分批地注入资本。

风险投资家既是投资者又是经营者。风险投资家与银行家不同,他们不仅是金融家,而且是企业家,他们既是投资者,又是经营者。风险投资家在向风险企业投资后,便加入企业的经营管理。也就是说,风险投资家为风险企业提供的不仅仅是资本,更重要的是专业特长和管理经验。

风险投资家在风险企业持有约30%的股份,他们的利益与风险企业的利益紧密相连。风险投资家不仅参与企业的长期或短期的发展规划、企业生产目标的测定、企业营销方案的建立,还要参与企业的资本运营过程,为企业追加投资或创造资本渠道,甚至参与企业重要人员的雇用、解聘。

风险投资最终将退出风险企业。风险投资虽然投入的是权益资本,但他们的目的不是获得企业所有权,而是赢利,是得到丰厚利润和显赫功绩后从风险企业退出。

三、风险投资基金的发行方法

在一些风险投资较为发达的国家,风险投资基金主要有两种发行方法:

(一) 私募的公司风险投资基金

私募的公司风险投资基金通常由风险投资公司发起,出资1%左右,称为普通合伙人,其余的99%吸收企业或金融保险机构等机构投资人出资,称为有限合伙人,同股份有限公司股东一样,只承担有限责任。普通合伙人的责权利,基本上是这样规定的:一是以其人才全权负责基金的使用、经营和管理;二是每年从基金经营收入中提取相当于基金总额2%左右的管理费;三是基本期限一般为15~20年,期满解散而收益倍增时,普通合伙人可以从收益中分得20%,其余出资者分得80%。

(二) 向社会投资人公开募集并上市流通的风险投资基金

向社会投资人公开募集并上市流通的风险投资基金,目的是吸收社会公众关注和支持高科技产业的风险投资，既满足他们高风险投资的渴望，又给予了高收益的回报。这类基金，相当于产业投资基金，是封闭型的，上市时可以自由转让。

目前世界上的风险投资基金大致可分为欧洲型和亚洲型两类，它们的主要区别在于投资对象的不同。风险投资基金是一种“专家理财、集合投资、风险分散”的现代投资机制。对于风险企业而言，通过风险投资基金融资不仅没有债务负担，还可以得到专家的建议，扩大广告效应，加速上市进程。特别是高新技术产业，风险投资通过专家管理和组合投资，降低了由于投资周期长而带来的行业风险，使高新技术产业的高风险和高收益得到有效的平衡，从而为产业的发展提供足够的稳定的资本供给。此外，作为风险投资基金的投资者，也可以从基金较高的规模经济效益与成功的投资运作中获取丰厚的投资回报。

课堂案例

金蝶软件公司风险投资

1998年5月6日，国内最大的财务和商务管理软件制造商之一的深圳金蝶软件公司宣布其已与国际数码集团签订了协议。在信息行业，国际数码集团是世界著名的跨国集团。金蝶软件将从广东太平洋技术基金责任有限公司（国际数码集团在中国成立的风险投资公司）得到人民币2 000万元。金蝶软件将利用此资金来进行科学研究以及在国际市场上拓展其业务。在国内IT行业中，这是自四通利方之后的最大一笔风险投资，同时也是在中国财务软件行业中第一笔国际风险投资。

国际数码集团公司是一家集出版、信息网络、展览、市场研究和咨询于一体的国际大型公司。它的业务涉及全世界80多个国家和地区，年销售量达17亿美元。为何这样的国际公司会与金蝶合作风险投资呢？作为一家软件公司，金蝶拥有何种独特的魅力呢？

金蝶软件是一家于1993年成立的财务软件公司。在其最初阶段，在财务软件市场中已有许多公司在竞争。其中有用友软件、万能软件和安易软件公司。它们已有相当规模且在国内市场上已占有很大份额。作为一家新企业，金蝶若无其独特的个性，将很难在此找到自己的位置。徐少春，金蝶软件公司总裁，同时也是中国第一代电子计算专家之一，他提出了“打破传统商业会计，开创全新财务管理”的新理念。他致力于新产品的开发要符合国际标准。1993年，金蝶软件公司推出了V2.0和V3.0财务软件。1995年年底，金蝶公司再次通过其敏锐的市场意识来展示其竞争力，并以此赢得了对手。他在发展新Windows系列产品中取得了领先地位，同时在此领域中也掀起了轩然大波。1996年4月，金蝶软件公司开发的新Windows产品通过了相关部门的严格测试并且被誉为“中国最佳Windows版财务软件”。自那以后，金蝶软件公司以其不懈的努力来缩短产品更新周期，在技术上始终领先于其他财务软件，同时不断的推出策略支持软件。在不断革新的过程中，金蝶软件在其企业发展中完成了3次飞跃。为了吸引国际目光，金蝶软件公司基于先进的开发理念推出了3层结构式的财务软件。同时，针对大型企业的企业资源配置项目的软件正在孕育之中。面对机遇，一次次的磨炼使得企业的管理能力不断提高。随着销售额的剧增，金蝶软件开始与微软公司(国际软件界巨头)进行多方位的合作。于是，其发展潜力再次得到了巨大的提高。

作为新兴的高科技企业，革新是其最重要的基石。在相同的外部环境下，革新决定未来。尤其对于IT企业来说，革新显得尤为重要。就像国际数码集团董事会主席在调查金蝶软件公司时所说的，“金蝶除了在市场上取得的成就和优秀的组织以外，在产品和服务上拥有独特的技术。它是中国发展步伐最快的财务软件公司。”虽然风险投资比起其他投资享有更多的额外利益，但是同时他也将承担更多风险。许多风险投资者往往要在避免风险和追求最大利益中寻求平衡。若资金被投资于经济快速发展的国家，诸如中国，在具有巨大潜力的信息技术行业中诸如金蝶这样拥有良好的市场资质的企业中，这样的两难问题将会得到很好的解决。

(案例来源于中国融资通网站融资案例资料)

讨论题

为何金蝶能够吸引国际数码集团公司的风险投资呢？

四、风险投资的退出方式

在不同的国家和地区，由于其风险资本的来源不同，并且资本市场的发育程度也不一样，因而风险投资退出的方式也不尽相同。目前，世界上风险投资的退出方式主要有四种：

(一) 首次公开上市退出

首次公开上市退出是指通过风险企业挂牌上市使风险资本退出。首次公开上市可以分为主板上市和二板上市。采用首次公开上市这种退出方式，对于风险企业而言，不仅可以保持风险企业的独立性，而且还可以获得在证券市场上持续融资的渠道。而对于风险资本家来说，则可以获得非常高的投资回报。根据美国的调查资料显示，有1/3的风险企业选择通过股票公开上市退出，最高投资回报率达700%左右。因此，首次公开上市退出被认为是最佳的退出方式。但是首次公开上市退出方式受到资本市场成熟度的限制比较大，我国目前大多数风险投资中的中小企业就不符合我国公司上市的相关要求。

（二）并购退出

并购退出是指通过其他企业兼并或收购风险企业从而使风险资本退出。由于股票上市及股票升值需要一定的时间，或者风险企业难以达到首次公开上市的标准，许多风险资本家就会采用股权转让的方式退出投资。虽然并购的收益不及首次公开上市，但是风险资本能够很快从所投资的风险企业中退出，进入下一轮投资。因此，并购也是风险资本退出的重要方式。特别是近年来与国际新一轮兼并高潮相对应，采用并购方式退出的风险资本正在逐年增加。从事风险企业并购的主体有两大类：一类是一般的公司，另一类是其他风险投资公司。

（三）回购退出

回购退出是指通过风险企业家或风险企业的管理层购回风险资本家手中的股份，使风险资本退出。就其实质来说，回购退出方式也属于并购的一种，只不过收购的行为人是风险企业的内部人员。回购的最大优点是风险企业被完整的保存下来了，风险企业家可以掌握更多的主动权和决策权，因此回购对风险企业更为有利。

（四）清算退出

清算退出是针对投资失败项目的一种退出方式。风险投资是一种风险很高的投资行为，失败率相当高。据统计，美国由风险投资支持的风险企业大约有 20%～30% 完全失败，60%左右受到挫折，只有 5%～10%的风险企业可以获得成功。对于风险资本家来说，一旦所投资的风险企业经营失败，就不得不采用此种方式退出。尽管采用清算退出损失是不可避免的（一般只能收回原投资的 64%），但是毕竟还能收回一部分投资，以用于下一个投资循环。因此，清算退出虽然是迫不得已，但却是避免深陷泥潭的最佳选择。清算有三种方式：解散清算、自然清算和破产清算。

第五节　新兴方式融资

一、知识产权担保融资

知识产权担保融资是一种相对新型的融资方式，区别于传统的以不动产作为抵押物向金融机构申请贷款的方式，指企业或个人以合法拥有的专利权、商标权、著作权中的财产权经评估后作为担保物，向银行申请融资。

知识产权担保融资在欧美发达国家已十分普遍，在我国则处于起步阶段。知识产权担保融资始于 1995 年日本第三次创业高潮期，信贷资本主要投向处于创业和发展阶段的创业企业。日本开发银行对于授信企业的资格限定包括企业技术倾向性和成长性，特别注重企业的技术水平。日本开发银行的融资对象主要包括年销售收入在20亿～30亿日元，从业人员达到100人左右的发展阶段的企业和技术倾向性较高的企业，而其向融资对象所提供的贷款为不动产抵押贷款的70%。截至1998年7月，该行已经向40余家企业提供了余额为30亿日元的知识产权担保融资，其担保品主要是专利权和著作权，也有一家企业以实用新型作为担保的。除了日本开发银行外，日本兴业银行、住友银行等商业银行机构也向高技术企业提供知识产权担保融资。获得知识产权担保融资的企业的产业分布主要为电子技术产业和软件制造业，目前软件开发行业企业所占的比例有上升的趋势。

对于我国来说，知识产权担保融资仍然是一种鲜为人知、新兴的融资工具。对于大多数的中小企业来说，大多缺少的不是技术和人才，而是资本的缺乏。如何让有前景的创业企业能够获得发展所需的资本，是科技产业化中的关键问题之一。

当前，国内不少大城市都已开始进行中小企业知识产权担保贷款试点。其中较为典型的如，上海浦东新区在2006年正式启动知识产权担保融资试点工作；同年，交通银行北京分行开始推进"知识产权担保融资"这一模式；武汉基于北京、上海浦东的模式基础上也开始推进知识产权担保工作。为进一步推广和深化全国知识产权担保工作，我国国家知识产权局目前共推出了两批国家知识产权担保融资试点单位，首先于2009年1月启动了北京海淀区、吉林长春市、湖南湘潭市、广东佛山市南海区、宁夏回族自治区和江西南昌市等第一批知识产权担保融资试点单位；同年9月，又启动了四川成都市、广东广州市、广东东莞市、湖北宜昌市、江苏无锡市、浙江温州市等第二批试点单位。这些试点单位将主要面向中小企业承担通过运用知识产权担保贴息、扶持中介服务等手段，降低企业运用知识产权融资的成本，在专业评估机构和银行之间搭建知识产权融资服务平台等重要任务。

整体而言，从国内各地方的知识产权担保融资运作模式来看，主要以北京、上海浦东、武汉三种模式为代表。

北京模式是一种以银行创新为主导的市场化的知识产权担保贷款模式。这种模式下，交通银行北京分行通过金融产品创新和金融服务创新，在知识产权担保贷款方面取得了积极进展，带来了一定的社会示范效益，并引领北京的知识产权担保贷款工作快速、全面展开。有统计数据表明：截至2009年年底，北京自开展鼓励知识产权担保贷款工作以来，成功案例已达50余例，贷款总额将近6个亿，其中2007—2009年3年间共达成45笔专利担保融资贷款，合计4.3亿元。主要集中在环保节能、生物医药、IT技术、新材料及影视文化版权等行业，尚未出现坏账或者逾期还贷情况。参与其中的北京经纬律师事务所表示，这标志着知识产权在银行担保贷款是完全可行的，风险是可控的。

上海浦东模式是一种以政府推动为主导的知识产权担保贷款模式。截至2009年12月底，上海浦东已向84家企业发放了知识产权担保贷款106笔、总额为1.6亿元。其对象主要是科技型中小企业，分布在集成电路、电子、材料、新材料、软件等浦东新区重点发展的高科技行业;融资期限从1年拓展为3年,单户金额从100万元提高到200万元,尚未出现坏账或者逾期还贷情况。客观来讲,在浦东新区知识产权担保融资推出的初期阶段,这些以政府为主导的创新尝试和大胆举措,既促进了浦东新区知识产权担保融资平台建设,又推动了浦东新区科技发展基金的良性循环使用。

武汉模式作为一种混合模式,在实践中也进行了一些创新。其中最大的亮点是引入了专业担保机构——武汉科技担保公司,一定程度上分解了银行的风险,促进了武汉市专利权担保融资的开展。截至目前,交通银行武汉分行、武汉市科技担保公司以"银行+担保公司+专利权反担保"的模式,共为11家企业提供了总额为6 000万元的贷款。

(一)知识产权担保品的法律审查与确认

知识产权通常包括工业产权和著作权等,而工业产权则可细分为专利权、商标权、实用新型,工业品外观设计与模型、商号名称和产地标记、服务标记等。

知识产权担保融资属于债权融资,其个案本金和利息的亏损不能依靠其他担保项目的成功而获得的资本利进行弥补,必须考虑获得一定利息以上的收益并寻求本金安全收回的保障手段。因此,必须对知识产权担保品的权利进行法律审查。对此,应由具有专门知识和良好信誉的律师或律师事务所进行调查和审查,对所调查和审查知识产权的真实性和合法性出具法律意见书。

对于权利是否具有担保性应主要从以下三个方面进行审核确定:

(1)权利的真实性。权利人是否为设定担保的债务人本人或者法人?该项权利是否确实已经登记?该项权利的申请和取得有没有其他自然人或法人提出异议?权利是否具有可执行性?权利的取得在形式要件上有无瑕疵。

(2)知识产权对产品竞争力的贡献。即技术或产品是否具有新颖性?技术或产品是否具有持续的竞争优势?

(3)产品的市场性(收益性)。对产品收益性的分析主要包括宏观市场分析和微观市场分析。通过上述对权利担保性的审查确定和分析,如果具有担保性,那么则根据假设该项知识产权出让给第三者所能够创造的现金流入进行进一步的融资评价。

(二)知识产权担保融资的评价

融资评价是风险投资者或金融信贷部门对拟融资行为的企业及其担保品进行预前分析和风险评估的必要手段。通常评价的方法和途径主要包括成本方法、市场方法和收益方法三个主要类别。自1996年以来,日本开发银行认定可以作为担保的对象包括著作权(计算机软件)和工业产权(专利权、商标权、实用新型等)。开发银行向知识产权担保融资者提供资本供给的思路是:与根据专利权本身的价值来进行评价相比,应根据对该发明的利用等预计的经济价值来进行评价。因此,知识产权担保融资的评价是根据收益还原作出的，评价必须对担保品的未来现金收益作出推算并根据合理的贴现率进行贴现。知识产权担保融资评价是一种较为新型的评价体系，在实践中应根据不同的担保品而进行针对性的评价设置和创新完善。

在知识产权担保融资中最重要的环节是融资评价。知识产权作为一种无形资产，其价值评估不仅存在着评估方法上的差异，而且还存在着对产品市场估价的差异。在异常情况下根据收益还原法进行评价时，对未来产品的价格和产品生命周期的估价决定了该产品的价值。与传统的不动产抵押相比，不动产具有比较完备的流动市场，而知识产权的流动性不及不动产的流动性，因而担保处分就相应的存在困难。另外，知识产权的评价还没有形成系统化的和为社会所公认的评价体系。如某企业的同一专利技术成果经两家不同的资产评估机构评价，其评估结果会出现差异较大的情形。

二、BOT 融资

（一）BOT 融资的概念

通常所提的 BOT 融资模式，是 build-operate-transfer 的英文缩写，即：建设—经营—转让，表示一种项目融资模式，是项目所在国政府或所属机构将一个基础设施项目的特许权授予承包商，承包商在特许期内负责项目设计、融资、建设和运营，并在有限的时间内回收成本、偿还债务、承担风险、赚取利润，特许期结束后根据协议将项目所有权无偿地移交给政府机构。

（二）BOT 融资方式的特点

1. BOT 融资方式是无追索的或有限追索的，举债不计入国家外债，债务偿还只能靠项目的现金流量。

2. 承包商在特许期内拥有项目所有权和经营权。

3. 名义上，承包商承担了项目全部风险，因此融资成本较高。

4. 与传统方式相比，BOT 融资项目设计、建设和运营效率一般较高，因此，用户可以得到较高质量的服务。

5. BOT 融资项目的收入一般是当地货币，若承包商来自国外，对宗主国来说，项目建成后将会有大量外汇流出。

6. BOT 融资项目不计入承包商的资产负债表，承包商不必暴露自身财务情况。

（三）BOT 融资方式的种类

BOT 融资一般指 BOOT 融资（即建设—拥有—运营一转让）。在实际运作过程中，BOOT 融资方式产生了许多变形，因此，BOT 融资方式是 BOOT，BOO（建设—拥有—转让），BTO（建设—转让—运营），BOOS（建设—拥有—运营—出售），BT（建设—转让），

OT(运营—转让)等融资方式的总称。各种方式的应用取决于项目条件,如BOO方式在市场经济国家应用较多,我国BOOT项目较多。从经济意义上说,各种方式区别不大。

(四)采用BOT模式对我国的现实意义

1. 加快我国基础设施的建设。我国有世界上最大的BOT投资方式的市场,外商有充分的选择余地,若政府把拟建的部分基础设施项目转让给外商设计、筹资、建造和运营,这不仅可以减轻政府直接的财政负担,在一定程度上也可弥补政府在基础设施投资方面的不足,缓解经济发展中资本短缺的矛盾,而且还可以把原来必须用于该项目的建设资本转用于其他产业的发展,使政府投向基础设施建设的资本有宽绰的回旋余地。

2. 拓宽利用外资的渠道。我国利用外资主要有外商直接投资和借用国外贷款两种主要方式。BOT投资方式既与这些投资方式相联系,同时又有其特殊性。虽然在一定意义上BOT投资方式与中外合作经营企业相类似,但二者无论在与政府的关系,还是资本来源等方面都存在着明显差别。因此,采用BOT方式引进外资,无疑是突破了利用外资的模式。另外,多数BOT项目的建设资本,全部由外商解决,政府不需担保,也无须承诺支付项目借款,这不仅不会增加政府的财政负担,也不会增加外债负担。

3. 有利于提高项目的运作效率。由于BOT项目一般都涉及巨额资本的投入,并且项目建设的周期较长,经济生活的不确定性使得项目的建设、运营中潜伏着极大的风险。私营机构为了减少或避免风险,获得较高的收益,客观上要求在项目建设前进行科学的论证、合理的设计,在项目建设、运营过程中加强管理、科学组织,这对我国基础设施领域管理水平的提高无疑将起到带动和示范作用。

4. 有利于政府对重大项目的宏观管理。改革开放以来,在与外商合作过程中,重复建设、达不到规模经济等问题相当严重,有些项目还使国家利益蒙受重大损失。而采用BOT投资方式,项目的整个决策、签约都有政府参与,都由政府直接负责,政府对项目的可行性、经济效益等进行充分论证后才能确定,这样就有效地避免了项目建设的盲目性。

此外,采用BOT投资方式,还能促进我国投资体制改革,使投资主体向多元化发展,确立企业的投资主体地位;同时,还能起到带动相关产业发展的综合效应。

BOT模式迄今为止仍然是一种出现时间较短的新型项目融资模式,还没有任何一个项目足以证明其是一种十分完善成功的模式。国际金融界较为一致的看法是,BOT模式在项目融资中表现出无限的发展潜力,但是,还需要做大量的工作才能将其真正移植到不同的项目中去。BOT模式涉及的方面多,结构复杂,项目融资前期成本高,且对于不同国家的不同项目没有固定的模式可循。BOT模式近几年来已经在我国引起了广泛的重视,并且在若干大型基础设施项目融资中获得了应用。然而,BOT融资模式能否在我国的基础设施项目建设中大规模地加以利用,及如何进行结构创新,还是一个有待探讨的问题。但是,BOT模式的基本思路,在当前改革开放的形势下,绝对是加快我国的经济建设,解决大型基础设施建设资本不足的一种创新途径。另一方面，出口我国大型成套设备，以及施工和管理技术，在其他发展中国家利用BOT模式建设一些公共基础设施，也是这一模式带来的最好启迪。

（五）BOT融资程序

BOT融资在我国的运作，是采用公开的竞争性的招投标方式进行的，一旦项目建议书得到批准，即进入到招投标程序。

1. 资格预审。要对投资者的法人资格、资信情况、项目的产业能力（包括技术、组织、管理、投资、融资等能力）、以往的经验和业绩进行公开评审。

2. 招标。BOT融资的招标文件包括主件和附件，主要有以下内容：投标者须知（含评标标准与程序）；投标书内容的最终要求；项目的最低标准、规格与经济技术参数的规范；特许权协议草本；政府部门提供的条件。附件至少对以下参数作出说明：外汇汇率；通货膨胀及贴现率；建设期和项目筹备期；项目经营和收费标准；收费标准调整所使用的方式和参照的指数等。

3. 投标。投标者一般均为联合体，投标者至少应按投标须知提供以下文件：投标函；项目可行性研究报告，项目融资方案；项目建设工期与进度安排；投标保证金；招标文件要求的其他文件。

4. 评标与揭标。由国家发展计划委员会组织中央、地方政府有关部门、项目发起人，以及熟悉项目的技术、经济、法律专家参加，进行公开评标。选出最具有资格的投标者，对特许权协议进行确认谈判后进行公开揭标。国家发展计划委员会的主要职责是保证评标的公平、公开和公正。整个过程应依法由公证机构进行监督。

课堂案例

广东沙角B电厂BOT项目

我国第一个BOT基础设施项目，是1984年由我国香港合和实业公司和中国发展投资公司等做发起人在深圳建设的沙角B电厂。当时BOT项目在我国刚刚出现，从中央到地方对该项目评论较多，焦点是项目公司的回报率是不是太高了，经过10年的运作，该项目取得了成功，其工期提前一年竣工，只用了22个月，1986年获得了英联邦土建大奖，更为重要的是目前该电厂供电成本低于广东省国营电网。广东省经委曾组织人力对承包商的回报进行调查，得出的结论是回报率高是合理的。首先，B电厂管理水平和效率较高；第二，承包商承担了一定风险，如项目工期延长一年回报率将会变得很低；第三，发起人的回报率低于多数发展中国家的收益水平。目前，沙角B电厂模式基本得到了各级政府的认可，而且中央政府于1992年和1994年两次超出合同规定的要求上调B电厂电价。

广东沙角B电厂是在我国改革开放初期在法律环境及其他各种投资环境都不健全的情况下出现的，它的运作过程并不规范，合同内容较简单，由于经验不足也造成了一些遗留问题。尽管如此，广东沙角B电厂仍然被公认为是20世纪80年代世界上较成功的BOT项目，B厂经验也经常被世界各国BOT专家引用。

（案例资料来源：深圳特区报，2005年7月15日）

讨论题

沙角B电厂是全国首例BOT电厂有什么意义？

三、TOT融资

（一）TOT融资的概念

TOT是英文transfer-operate-transfer的缩写，即移交—经营—移交。TOT是BOT融资方式的新发展。近些年来，TOT是国际上较为流行的一种项目融资方式。它是指政府部门或国有企业将建设好的项目的一定期限的产权和经营权，有偿转让给投资人，由其进行运营管理；投资人在一个约定的时间内通过经营收回全部投资和得到合理的回报，并在合约期满之后，再交回给政府部门或原单位的一种融资方式。TOT也是企业进行收购与兼并所采取的一种特殊形式。

（二）TOT融资与BOT融资区别

BOT模式运作过程包括政府机构、项目发起人、项目公司、商业银行、担保受托人、出口信贷贷款方、项目承包商、分包商、项目所需设备的供货方等众多的参与者。在项目立项建设过程中这一复杂结构需要大量的协议、商业合同。这些协议和合同从准备、谈判直至签订生效既需要一定的制度保证，也需要项目参与方的密切协作。基础设施和基础产业建设耗资巨大、建设周期长，它要求众多的参与方相互信任、相互协作、相互配合，这无疑增加了项目进展的复杂性和难度，相应地会影响投资方的投资决心。可见，BOT方式中的建设环节是一项复杂的系统工程，项目的立项、实施需要复杂的技术和良好的环境作为保障，仅项目前期准备工作就需要耗费大量的资源。

相比之下，TOT方式要简单一些。因为这种方式运作过程省去了建设环节。项目的建设已完成，仅通过项目经营权移交来完成一次融资。这种的运作方式主要涉及项目融资有关问题的谈判及有关准备工作，涉及外资投资方经营期内中方的权利和义务的规定等。同BOT相比较，TOT方式有结构简化、时间缩短、前期准备工作减少、费用节省等优点。

（三）TOT项目融资的意义

开展TOT项目融资，其主要好处有：

1. 盘活城市基础设施存量资产，开辟经营城市新途径。随着城市扩容速度加快，迫切需要大量资本用于基础设施建设，面对巨大资本需求，地方财政投入可以说是“杯水车薪”“囊中羞涩”。另一方面，通过几十年的城市建设，城市基础设施中部分经营性资产的融资功能一直闲置，没有得到充分利用，甚至出现资产沉淀现象。如何盘活这部分存量资产，以发挥其最大的社会和经济效益，是每个城市经营者必须面对的问题。TOT项目融资方式，正是针对这种现象设计的一种经营模式。

2. 增加了社会投资总量，以基础行业发展带动相关产业的发展，促进整个社会经济稳步增长。TOT项目融资方式的实施，盘活了城市基础设施存量资产，同时也引导更多的社会资本投向城市基础设施建设，从“投资”角度拉动了整个相关产业迅速发展，促进社会经济平稳增长。

3. 促进社会资源的合理配置，提高了资源使用效率。在计划经济模式下，公共设施领域经营一直是沿用垄断经营模式，其他社会主体很难进入基础产业行业。由于垄断经营本身一些“痼疾”，使得公共设施长期经营水平低下，效率难以提高。引入TOT项目融资方式后，由于市场竞争机制的作用，给所有基础设施经营单位增加了无形压力，促使其改善管理，提高生产效率。同时，一般介入TOT项目融资的经营单位，都是一些专业性的公司，在接手项目经营权后，能充分发挥专业分工的优势，利用其成功的管理经验，使项目资源的使用效率和经济效益迅速提高。

4. 促使政府转变观念和转变职能。实行TOT项目融资后，首先，政府可以真正体会到“经营城市”不仅仅是一句口号，更重要的是一项严谨、细致、科学的工作；其次，政府对增加城市基础设施投入增添了一项新的融资方法。政府决策思维模式将不仅紧盯“增量投入”，而且时刻注意到“存量盘活”；最后，基础设施引入社会其他经营主体后，政府可以真正履行“裁判员”角色，把工作重点放在加强对城市建设规划，引导社会资本投入方向，更好地服务企业，监督企业经济行为等方面工作上来。

（四）TOT方式的运作程序

1. 制定TOT方案并报批。转让方须先根据国家有关规定编制TOT项目建议书，征求行业主管部门同意后，按现行规定报有关部门批准。国有企业或国有基础设施管理人只有获得国有资产管理部门批准或授权才能实施TOT方式。

2. 发起人（同时又是投产项目的所有者）设立SPV或SPC（special purpose vehicle, or special purpose corporation），发起人把完工项目的所有权和新建项目的所有权均转让给SPV，以确保有专门机构对两个项目的管理、转让、建造负有全权，并对出现的问题加以协调。SPV常常是政府设立或政府参与设立的具有特许权的机构。

3. TOT项目招标。按照国家规定，需要进行招标的项目须采用招标方式选择TOT项目的受让方，其程序与BOT方式大体相同，包括招标准备、资格预审、准备招标文件、评标等。

4. SPV与投资者洽谈以达成转让投产运行项目在未来一定期限内全部或部分经营权的协议，并取得资本。

5. 转让方利用获得资本，用于建设新项目。

6. 新项目投入使用。

7. 项目期满后，收回转让的项目。转让期满，资产应在无债务、未设定担保、设施状况完好的情况下移交给原转让方。当然，在有些情况下是先收回转让项目然后新项目才投入使用的。

在实际操作TOT项目融资方式过程中，必须注意几个关键问题。一是项目选择问题。被选项目一定要产权清晰，经营创收符合国家政策规定，经营状态正常。二是经营所有权转让资本再投入问题。要使基础设施建设走上良性循环，必须把经营性资产和纯公益性资产适当分开。通过TOT项目融资取得的建设资本，最好是再投入建设经营性项目，一是可以防止实施TOT项目融资时，不按市场价格转让经营权，二是通过再建经营性项目，可以对新老项目进行比较，形成竞争机制，促进两个经营性项目共同发展。如果条件成熟的话，应由专业公司来操作此类项目。三是项目操作程序要公开透明。由于公共领域经营项目具备不完全竞争性，为了争夺项目转让权，很容易产生经济学上所指的"寻租"现象。其后果是腐蚀了领导干部队伍，破坏了公共权力的公平性，降低了社会资源配置效率。

四、ABS项目融资模式

（一）ABS项目融资概念

ABS项目融资是asset-backed-securitization的英文缩写，指的是以项目所拥有的资产为基础，以该项目资产可以带来的预期收益为保证，通过在资本市场上发行债券筹集资本的一种项目融资方式，概括说就是"以项目所属的资产为支持的证券化融资方式"。

（二）ABS的特点

1. ABS融资模式的最大优势是通过在国际市场上发行债券筹集资金，债券利率一般较低，从而降低了筹资成本。

2. 通过证券市场发行债券筹集资金，是ABS不同于其他项目融资方式的一个显著特点。

3. ABS融资模式隔断了项目原始权益人自身的风险，使其清偿债券本息的资金仅与项目资产的未来现金收入有关，加之在国际市场上发行债券是由众多的投资者购买，从而分散了投资风险。

4. ABS融资模式是通过SPV发行高档债券筹集资金，这种负债不反映在原始权益人自身的资产负债表上，从而避免了原始权益人资产质量的限制。

5. 作为证券化项目融资方式的ABS，由于采取了利用SPV增加信用等级的措施，从而能够进入国际高档证券市场，发行那些易于销售、转让以及贴现能力强的高档债券。

6. 由于ABS融资模式是在高档证券市场筹资，其接触的多为国际一流的证券机构，有利于培养东道国在国际项目融资方面的专门人才，也有利于国内证券市场的规范。

（三）ABS融资方式的运作程序

1. 组建一个特别用途的公司SPC(special purpose corporation)。该机构可以是一个信托投资公司、信用担保公司、投资保险公司或其他独立法人，该机构应能获得权威性资信评估机构较高级别资信等级(AAA级或AA级)。

2. SPC寻找可以进行资产证券化融资的对象。

3. 以合同、协议等方式将原始权益人拥有项目资产的未来现金收入的权利转让给SPC，转让的目的在于将原始权益人本身的风险和项目资产及其未来的现金收入风险隔断。

4. 利用信用增级手段，使该组资产获得预期的信用等级。

5. 委托资信评估机构，对即将发行的经过担保的ABS债券进行信用评级。

6. SPC直接在资本市场发行债券募集资本，或者经过PC通过信用担保，同其他机构组织债券发行，并将通过发行债券募集的资本用于项目建设。

7. SPC通过资产的现金流入量，清偿债权人的债券本息。

【复习思考题】

1. 股票市场的具有哪些基本功能？
2. 债券市场的具有哪些基本功能？
3. 风险投资有几种退出方式？
4. TOT融资与BOT融资区别是什么？
5. BOT融资方式有什么特点？
6. ABS项目融资概念及特点是什么？

【案例分析题】

珠海污水处理引入TOT和BOT方式经营

全球最大的水务公司与中国环保技术力量最强的大学——清华大学在污水处理这个

平台上展开较量。法国人进入珠海,管起近一半的污水处理厂,另外三个污水处理厂由深圳清华科技开发公司控股的珠海华电股份有限公司投资、经营、管理。全球最大的水务公司——法国威望迪将与中国环保技术力量最强的大学在珠海污水处理这个平台上较量。

珠海市环保局与法国威望迪亚洲水务有限公司、华电股份有限公司分别签约,将已建成十余年的香洲水质净化厂以TOT方式交由威望迪经营管理,以BOT方式,由威望迪承担香洲水质净化厂二期扩建工程、北区水质净化厂新建工程及其经营、管理;已建成的吉大水质净化厂以TOT方式由华电股份经营、管理,同时以BOT方式投资、经营、管理吉大水质净化厂二期扩建工程和南区水质净化厂。所有项目特许经营期均为30年。

这是广东首次以TOT方式将市政工程市场化运作,也是清华大学首次自己投资、经营、管理污水处理项目。有150年历史的法国威望迪也是第一次进入广东,第一次在中国展示他们的污水处理技术。当天签约的两项合同投资总额3.4亿元,将使珠海新增污水处理能力18万立方米/日,达到每日35.6万立方米。

珠海市副市长林行道说:“珠海城市环保设施作为市政工程一直以来都是由政府投资、建设和管理,政府财政可支配部分及有限借贷容量承受着巨大的压力。城市环保设施因此运转艰难,建设持续滞后。作为环保模范城,珠海必须在2005年前达到60%的城市污水处理率,这意味着珠海还要投入5亿元用于污水处理设施建设。因此必须从政府建、政府管的传统模式中跳出来,引入社会资金,走市场化的道路。”

目前,珠海的污水处理率为50%,据有关方面预测,扩建工程和新建工程完成后,珠海的污水处理率将达60%~80%,珠海近海水域质量将得到极大改善。法国威望迪亚洲水务公司立下长期承诺:将威望迪最先进的、最适合珠海的污水处理技术带到珠海。华电董事长冯冠平表示:“清华大学环保技术,特别是水处理技术的科研水平全国领先,有全国重点实验室,这为华电经营水质净化厂提供了技术后盾。我们正筹备在珠海设立污水处理工程研究中心,请著名的水处理专家、工程院士钱易先生坐镇。”

珠海环保局局长焦兰生说,国家环保总局对珠海的期望不止于环保模范城,而是生态城,这意味着工业排放无废物,生态城将是珠海的目标。去年,珠海益力味精厂排放的污水经技术处理成为肥料厂的原料,原来因益力排放污染已变成四类水体的黄杨河重新清澈起来,达到二类水体标准。

(案例来源:羊城晚报,2002年4月3日)

讨论题

香洲水质净化厂TOT项目有什么特点?

B&E

第四章 并购

第一节 并购概述

一、并购的概念和实质

并购也即兼并与收购(M&A),是指一个企业购买其他企业的全部或部分资产或股权,从而影响、控制其他企业的经营管理,其他企业保留或者消灭法人资格。

兼并是指一个企业通过产权交易获得其他企业的产权,使这些企业的法人资格丧失,并获得企业经营管理控制权的经济行为。收购是指一家企业用现金或者有价证券购买另一家企业的股票或者资产,以获得对该企业的全部资产或者某项资产的所有权,或对该企业的控制权。

与并购意义相关的另一个概念是合并(consolidation)——是指两个或两个以上的企业合并成为一个新的企业,合并完成后,多个法人变成一个法人。

并购的实质是在企业控制权运动过程中,各权利主体依据企业产权作出的制度安排而进行的一种权利让渡行为。并购活动是在一定的财产权利制度和企业制度条件下进行的,在并购过程中,某一或某一部分权利主体通过出让所拥有的对企业的控制权而获得相应的受益,另一个部分权利主体则通过付出一定代价而获取这部分控制权。企业并购的过程实质上是企业权利主体不断变换的过程。

二、企业并购的分类

(一)企业并购按法律形式分类

企业并购按法律形式分为吸收并购、创立并购和控股并购。

1. 吸收并购。吸收并购是指一个企业通过发行股票、支付现金或发行债券等的方式取得其他一个或若干个企业。吸收并购完成后,只有并购方仍保持原来的法律地位,被并购企业失去其原来的法人资格而作为并购企业的一部分从事生产经营活动。

2. 创立并购。创立并购是指两个或两个以上的企业联合成立一个新的企业，用新企业的股份交换原来各公司的股份。创立并购结束后，原来的各企业均失去法人资格，而由新成立的企业统一从事生产经营活动。

3. 控股并购。控股并购也称取得控制股权，是指一个企业通过支付现金、发行股票或债券的方式取得另一企业全部或部分有表决权的股份。取得控制股权后，原来的企业仍然以各自独立的法律实体从事生产经营活动。

（二）按并购双方的行业关系分类

按并购双方的行业关系，并购可以划分为横向并购、纵向并购与混合并购。

1. 横向并购。横向并购（即水平并购）指并购双方处于相同或横向相关行业，生产经营相同或相关的产品的企业之间的并购。

2. 纵向并购。纵向并购（即垂直并购）指生产和销售过程处于产业链的上下游、相互衔接、紧密联系的企业之间的并购。

3. 混合并购。混合并购是非竞争对手又非现实的或潜在的客户或供应商的企业之间的并购。

课堂案例

阿里巴巴收购雅虎

2005年8月11日，阿里巴巴创始人马云与雅虎全球首席运营官丹尼尔·罗森格高调宣布，阿里巴巴收购雅虎中国全部资产，同时得到雅虎10亿美元投资。而雅虎获得阿里巴巴40%现金收益和35%的表决权。这是中国互联网史上最大的一起资本运作，双方的合并也将打造出中国互联网的航母级企业。

完成收购后，阿里巴巴公司新董事会共有4席，其中，阿里巴巴两席、雅虎公司一席、阿里巴巴的投资人日本软银公司一席，公司将由阿里巴巴直接管理，而阿里巴巴创始人马云仍将担任公司的CEO与董事会主席。

虽然雅虎是世界知名的门户网站并且作为进军中国互联网最早的国外公司之一，砸进去了几亿美元的投资，但几年后，雅虎中国竟然沦落到一个互联网三流门户网站的地步，缺乏本土化战略战术一直被认为是其难以获得成功的症结所在，而并入阿里巴巴之后，雅虎中国将直接成为这家本地网络企业资产的一部分，进而彻底实现本土化，也将突破其在发展门户等业务上的政策限制。

而阿里巴巴作为全球最大的B2B电子商务企业，旗下业务包括国际B2B交易，国内B2B交易和C2C（个人对个人）业务，加上雅虎中国业务，至此，电子商务、搜索、内容、游戏、电信增值，最时髦的概念这个联合体都有了，再加上现金带来的价格——名符其实的中国第一大互联网集团。阿里巴巴加雅虎中国形成的"大门户"概念将改变互联网格局。对百度,这个纯搜索技术公司;对易趣,这个纯电子商务公司;对新浪、搜狐等已显衰退趋势的门户网站都有不同程度的冲击。

从阿里巴巴角度来看:第一,因为双方产品的互补特点而为阿里巴巴带来的丰富产品,即一个国内搜索市场占据重要位置的搜索品牌,即时通信软件,门户网站等。第二,这次交易使阿里巴巴在C2C的竞争中减少了一个竞争对手。第三,这次交易为阿里巴巴带来了大量的现金,与原有的几亿元人民币的现金存量相比,马云有了更多的可支配资金来完成未来目标。

而雅虎中国则从这次并购中得到的是一个机会,一个在未来称雄中国互联网的机会。从雅虎收购3721开始,其高层在中国的战略意图就不再是简单地占有一席之地的目标,雅虎希望在中国的地位与其在国际的地位相匹配。这次兼并是雅虎以退为进,向真正的中国互联网第一方阵进军。

(案例来源:新浪科技)

讨论题

阿里巴巴收购雅虎对双方公司有什么影响?

(三)按并购是否取得目标企业的同意与合作分类

按并购是否取得目标企业的同意与合作,并购可以划分为善意并购和恶意并购。

1. 善意并购。善意并购(即友好并购)指目标企业接受并购企业的并购条件并承诺给予协助。

2. 恶意并购。恶意并购(即恶意并购)指并购企业在目标企业管理层对其并购意图不清楚或对其并购行为持反对态度的情况下,对目标企业强行进行的并购。

(四)按并购双方是否直接进行并购活动分类

按并购双方是否直接进行并购活动,并购可以划分为直接并购和间接并购。

1. 直接并购。直接并购又称协议收购,指并购企业直接向目标企业提出并购要求,双方通过一定程序进行磋商,共同商定并购的各项条件,然后根据协议的条件达到并购目的。

2. 间接并购。间接并购又称要约收购,指并购企业不直接向目标企业提出并购要求,而是通过证券市场以高于目标企业股票市价的价格收购目标企业的股票,从而达到控制目标企业的目的。

（五）按并购方的出资方式分类

按并购方的出资方式，并购可以划分为现金购买资产式并购、现金购买股票式并购、股票换取资产式并购和股票互换式并购。

1. 现金购买资产式并购。现金购买资产式并购是指并购企业用现金购买被并购方全部或绝大部分资产所进行的并购。

2. 现金购买股票式并购。现金购买股票式并购是指并购企业用现金购买目标企业的股票所进行的并购。

3. 股票换取资产式并购。股票换取资产式并购是指并购企业向目标企业发行股票，以换取目标企业的大部分资产而进行的并购。

4. 股票互换式并购。股票互换式并购是指并购企业直接向目标企业的股东发行股票，以换取目标企业的股票而进行的并购。

（六）按并购企业是否负有并购目标企业股权的强制性义务分类

按并购企业是否负有并购目标企业股权的强制性义务，并购可以划分为强制并购和自由并购。

1. 强制并购。强制并购是指并购企业持有目标企业股份达到一定比例，可能操纵后者的董事会并对股东的权益造成影响时，根据《证券法》的规定，并购企业负有对目标企业所有股东发出收购要约，并以特定价格收购股东手中持有的目标企业股份的强制性义务而进行的并购。

2. 自由并购。自由并购是指并购方可以自由决定收购被并购方任一比例股权的并购。

（七）按并购企业是否利用自有资金分类

按并购企业是否利用自有资金，并购可以划分为杠杆收购和非杠杆收购。

1. 杠杆收购。杠杆收购是指并购企业通过信贷所融资本获得目标企业的产权，并以目标企业未来的利润和现金流偿还负债的并购方式。

2. 非杠杆收购。非杠杆收购是指并购企业不用目标企业的自有资金及营运所得来支付或担保并购价款的并购方式。

三、企业并购的动因

企业并购的一般动因体现在以下几方面：

（一）获取战略机会

并购者的动因之一是要购买未来的发展机会，当一个企业决定扩大其在某一特定行业的经营时，一个重要战略是并购那个行业中的现有企业，而不是依靠自身内部发展，原因在于：直接获得正在经营的发展研究部门，获得时间优势，避免了工厂建设延误的时间；

减少一个竞争者，并直接获得其在行业中的位置。企业并购的另一战略动因是市场力的运用，两个企业采用统一价格政策，可以使它们得到的收益高于竞争时的收益，大量信息资源可能用于披露战略机会，财会信息可能起到关键作用，如会计收益数据可能用于评价行业内各个企业的赢利能力；可被用于评价行业赢利能力的变化等，这对企业并购十分有意义。

（二）降低交易费用

企业和市场是两种不同但又可以相互替代的交易制度。企业可通过“内部化”来节省交易所导致的交易费用。企业的规模边界在于企业内部的边际组织成本与企业外部的边际交易成本相等的那一点。因此，当企业认为通过并购将企业的外部交易转为企业内部的调拨更能节约交易费用时，就会发生企业并购。

（三）发挥协同效应

根据系统论原理，整体的功能可大于组成整体的各部分简单相加之和。并购后两家企业合成为一个有机的整体，企业的总体效益要大于两家独立企业效益的算术和，此即所谓的“1＋1＞2”的原理，叫做“协同效应”。它包括管理协同效应、经营协同效应和财务协同效应，可节省管理费用、营销费用，减少库存现金等。协同效应主要来自以下几个领域：在生产领域，可产生规模经济性，可接受新技术，可减少供给短缺的可能性，可充分利用未使用生产能力；在市场及分配领域，同样可产生规模经济性，是进入新市场的途径，扩展现存分布网，增加产品市场控制力；在财务领域，充分利用未使用的税收利益，开发未使用的债务能力；在人事领域，吸收关键的管理技能，使多种研究与开发部门融合。

（四）提高管理效率

其一是企业现在的管理者以非标准方式经营，当其被更有效率的企业收购后，更替管理者而提高管理效率，当管理者自身利益与现有股东的利益更好地协调时，则可提高管理效率，如采用杠杆购买，现有的管理者的财富构成取决于企业的财务成功，这时管理者集中精力于企业市场价值最大化。此外，如果一个企业兼并另一企业，然后出售部分资产收回全部购买价值，结果以零成本取得剩余资产，使企业从资本市场获益。

（五）减少投资和经营风险

一家企业如只生产单一品种的产品，在激烈的市场竞争和瞬息万变的市场环境中很易陷入困境，而多样化经营则是公司分散风险，抵补产品亏损的有效措施。尤其在纵向并购的情况下，企业控制了产品的供、产、销过程，大大降低了经营风险。

（六）获得规模效益

企业的规模经济是由生产规模经济和管理规模经济两个层次组成的，生产规模经济主要包括:企业通过并购对生产资本进行补充和调整,达到规模经济的要求,在保持整体产品结构不变的情况下,在各子公司实行专业化生产。管理规模经济主要表现在:由于管理费用可以在更大范围内分摊,使单位产品的管理费用大大减少。可以集中人力、物力和财力致力于新技术、新产品的开发。

(七)取得上市资格

企业通过并购已上市公司而取得上市资格,即所谓的"买壳上市"。一家企业从发行股票到上市往往要通过一系列严格的审批程序,并要付出相当大的成本,有时甚至会由于各种原因难以取得上市资格。这样,这家企业就难以享受到上市公司具有的高溢价发行股票、高价配股的特权和其无形中的广告效应。而通过并购一家上市公司就可迅速获取上述利益,不失为一条捷径。目前,我国对上市公司的审批较严格,上市资格也是一种资源,某些并购不是为获得目标企业本身而是为获得目标企业的上市资格,通过到国外/海外买壳上市,企业可以在国外/海外筹集资金而进入国外/海外市场。中国远洋运输集团在海外已多次成功买壳上市,控股了香港中远太平洋和中远国际。中远集团(上海)置业发展有限公司耗资1.45亿元,以协议方式一次性购买上海众城实业股份有限公司占股份28.7%的发起人法人股,达到控股目的,成功进入国内资本运作市场。

四、并购的历史发展

(一)以横向并购为特征的第一次并购浪潮

19世纪下半叶,科学技术取得巨大进步,大大促进了社会生产力的发展,为以铁路、冶金、石化、机械等为代表的行业大规模并购创造了条件,各个行业中的许多企业通过资本集中组成了规模巨大的垄断公司。在1899年美国并购高峰时期,公司并购达到1 208起,是1896年的46倍,并购的资产额达到22.6亿美元。1895年到1904年的并购高潮中,美国有75%的公司因并购而消失。在工业革命发源地英国,并购活动也大幅增长,在1880—1981年间,有665家中小型企业通过兼并组成了74家大型企业,垄断着主要的工业部门。后起的资本主义国家德国的工业革命完成比较晚,但企业并购重组的发展也很快,1875年,德国出现第一个卡特尔,通过大规模的并购活动,1911年就增加到550~600个,控制了德国国民经济的主要部门。在这股并购浪潮中,大企业在各行各业的市场份额迅速提高,形成了比较大规模的垄断。

(二)以纵向并购为特征的第二次并购浪潮

20世纪20年代(1925—1930年)发生了第二次并购浪潮。那些在第一次并购浪潮中形成的大型企业继续进行并购,进一步增强经济实力,扩展对市场的垄断地位,这一时期,并购的典型特征是纵向并购为主,即把一个部门的各个生产环节统一在一个企业联合体内,形成纵向托拉斯组织,行业结构转向寡头垄断。第二次并购浪潮中有85%的企业并购属于纵向并购。通过这些并购,主要工业国家普遍形成了主要经济部门的市场被一家或几家企业垄断的局面。

(三)以混合并购为特征的第三次并购浪潮

20世纪50年代中期,各主要工业国出现了第三次并购浪潮。战后,各国经济经过40年代后期和50年代的逐步恢复,在60年代迎来了经济发展的黄金时期,主要发达国家都进行了大规模的固定资产投资。随着第三次科技革命的兴起,一系列新的科技成就得到广泛应用,社会生产力实现迅猛发展。在这一时期,以混合并购为特征的第三次并购浪潮来临,其规模,速度均超过了前两次并购浪潮。

(四)以金融杠杆并购为特征的第四次并购浪潮

20世纪80年代兴起的第四次并购浪潮的显著特点是以融资并购为主,规模巨大,数量繁多。1980—1988年间企业并购总数达到20 000起,1985年达到顶峰。多元化的相关产品间的"战略驱动"并购取代了"混合并购",不再像第三次并购浪潮那样进行单纯的无相关产品的并购。此次并购的特征是:企业并购以融资并购为主,交易规模空前;并购企业范围扩展到国外企业;出现了小企业并购大企业的现象;金融界为并购提供了方便。

(五)第五次全球跨国并购浪潮

进入20世纪90年代以来,经济全球化,一体化发展日益深入。在此背景下,跨国并购作为对外直接投资(FDI)的方式之一逐渐替代跨国创建而成为跨国直接投资的主导方式。从统计数据看,1987年全球跨国并购仅有745亿美元,1990年就达到1 510亿美元,1995年,美国企业并购价值达到4 500亿美元,1996年上半年这一数字就达到2 798亿美元。2000年全球跨国并购额达到11 438亿美元。从中长期的发展趋势来看,跨国并购还将得到继续发展。

第二节 企业并购的理论

由于规模经济、交易成本、价值低估以及代理理论等的长足发展,使得企业并购理论的发展非常迅速,成为目前西方经济学最活跃的领域之一,本章介绍比较盛行的企业并购理论。

一、效率理论

效率理论认为企业并购活动不仅能够给社会带来一个潜在的增量,而且能提高交易参与者的效率,这主要表现在企业管理层的效率改进或形成协同效应之上。效益理论主要包括以下几种理论:

（一）规模效益理论

规模效益理论又称经营协同效应理论。它是西方经济学家解释公司并购动因的最早的理论之一。所谓规模经济，是指每个时期内，从事产品生产的业务、职能的绝对量增加时，其单位成本下降。该理论假定在行业中存在着规模经济，并且在并购之前，公司的经营水平达不到实现规模经济的潜在要求。它认为，公司并购的动因在于谋求平均成本的下降，因为公司并购将许多生产单位置于同一企业的领导下会带来经营上的规模经济。其来源有三个：一是市场营销的规模经济实力增强，从而充实了企业市场营销的经济基础；二是管理的规模经济效应；三是研究开发的规模经济效应。

（二）管理协同效应理论

管理协同效应理论认为并购产生的原因在于并购双方的管理效率不同，具有较高管理效率的企业将会并购管理效率较低的目标企业，并通过提高目标企业的管理效率而获得收益。按照该理论的观点，如果某家企业管理效益较高，而且有剩余的管理资源，那么，该企业就会并购那些由于缺乏管理资源而导致效率低下的企业。

（三）多样化经营理论

多样化经营理论又称多元化经营理论。多样化经营是指企业经营那些收益相关程度较低的资产的情形。企业进行多样化经营，可以分散经营风险，稳定收入来源。多样化经营的形成原因是多样的：首先是名牌商标效应；其次是出于产品上的相互信赖；再次是出于分散固定资产成本的需要；最后是出于减少经营风险，长久占领市场的需要。多样化经营可以通过内部增长和外部并购两种途径来实现。但在多数情况下，通过并购这条途径会更有利。因为并购可以使企业在较短的时间内迅速进入目标企业所处的行业，并在很大程度上保持目标企业的市场份额以及现有各种资源。

（四）战略重组以适应变化的环境理论

长期战略规划的理论基础在于通过并购活动可以实现分散经营，而其另一理论基础是公司通过外部的分散经营，可以获得扩充其管理能力所需的管理技能。该理论隐含了规模经济或挖掘出公司目前未充分利用的管理潜力的可能性，认为并购的发生是由于环境的变化，所需能力的外部并购与内部扩充相比，可以使企业更快地适应环境的变化，并且风险也相对比较小。

（五）财务协同效应理论

所谓财务协同，主要是指并购给企业在财务方面带来的种种效益，这种效益的取得不是由于效率的提高而引起的，而是由于税法、会计处理惯例以及证券交易等内在规定的作用而产生的一种纯金钱上的效益。这主要表现在两个方面：一是通过并购实现合理避税的目的。企业可以利用税法中的亏损递延条款来达到合理避税的目的。此外企业以换股的方法(或先发行可转换债券,经过一段时间再转化为股票的方法)进行并购也可达到避税的目的。二是预期效应对并购的巨大刺激。预期效应指的是由于并购使股票市场对企业股票评价产生改变而对股票价格的影响。预期效应对企业并购有重大影响,它是股票投机的一大基础,而股票投机又刺激了并购的产生。

二、竞争优势理论

并购动机理论的出发点是竞争优势理论的原因在于以下三方面:第一,并购的动机根源于竞争的压力,并购方在竞争中通过消除或控制对方来提高自身的竞争实力。第二,企业竞争优势的存在是企业并购产生的基础,企业通过并购从外部获得竞争优势。第三,并购动机的实现过程是竞争优势的双向选择过程,并产生新的竞争优势。并购方在选择目标企业时正是针对自己所需的目标企业的特定优势。通过并购减少竞争对手,提高市场占有率,从而获得更多的垄断利润;而垄断利润的获得又增强企业的实力,为新一轮并购打下基础。市场势力一般采用产业集中度进行判断,如产业中前 4 家或前 8 家企业的市场占有率之和(CR4 或 CR8)超过 30%为高度集中,15%～30%为中度集中,低于 15%为低度集中。美国则采用赫芬达尔系数(市场占有率的平方之和)来表示产业集中度。该理论成为政府规制并购、反对垄断、促进竞争的依据。

三、交易成本理论

在适当的交易条件下企业的组织成本有可能低于在市场上进行同样交易的成本,市场为企业所替代,当然,企业规模扩大,组织费用将增加,考虑并购规模的边界条件是企业边际组织费用增加额等于企业边际交易费用的减少额。在资产专用性情况下,需要某种中间产品投入的企业倾向于对生产中间产品的企业实施并购,使作为交易对象的企业可以转入企业内部。在决策与职能分离下,多部门组织管理不相关经济活动,其管理成本低于这些不相关经济活动通过市场交易的成本。因此,把多部门的组织者看做一个内部化的资本市场,在管理协调取代市场协调后,资本市场得以内在化,通过统一的战略决策,使得不同来源的资本能够集中起来投向高赢利部门,从而大大提高资源利用效率。在科学分析这一效果方面,现代财务理论和实践的发展以及相关信息处理技术促进了企业并购财务理论的发展,也为量化并购对各种经济要素的影响,实施一系列盈亏财务分析,评估企业并购方案提供了有效的手段。

四、代理理论

詹森和梅克林从企业所有权结构入手提出了代理成本,包括所有者与代理人订立契约成本,对代理人监督与控制成本等。并购可降低代理成本,通过公平收购或代理权争夺,公司现任管理者将会被代替,兼并机制下的接管威胁降低代理成本。企业管理者仅拥有少量的公司股票或者公司股权分散,就难以有效地监督管理层,则容易产生代理问题。代理理论认为并购可以对现有管理层构成有效的威胁,是解决代理问题的重要途径。

五、价值低估理论

价值低估理论认为企业并购的发生主要是因为目标公司的价值被低估。低估的主要原因有三个方面:经济管理能力并未发挥应有的潜力;并购方有外部市场所没有的有关目标公司真实价值的内部信息,认为并购会得到收益;由于通货膨胀等原因造成目标企业资产的市场价值与重置成本之间存在的差异,如果当时目标企业的股票市场价格小于该企业全部重置成本,并购的可能性大。价值低估理论预言,在技术变化快,市场销售条件及经济不稳定的情况下,企业的并购活动频繁。并购活动的发生主要是目标企业的价值被低估。詹姆斯·托宾以 Q 值反映企业并购发生的可能性,Q=公司股票的市场价值/公司资产的重置成本。如果 $Q<1$,且小得越多,则企业被并购的可能性越大,进行并购要比购买或建造相关的资产更便宜些。该理论提供了选择目标企业的一种思路,应用的关键是如何正确评估目标企业的价值,但现实中并非所有价值被低估的公司都会被并购,也并非只有价值被低估的公司才会成为并购目标。

第三节　企业并购的方式

一、兼并的方式

在我国企业的兼并实践中,人们借鉴其他国家的做法,并结合中国实际,创造出了许多行之有效的兼并方式。根据企业产权转移的程度和方式看,主要有下列四种具体方式:

(一)购买式兼并

购买式兼并是以现金为购买条件,将目标企业的整体产权买断。这种购买只计算目标企业的整体资产价值,依其价值而确定购买价格。兼并方不与被兼并方协商债务如何处理,企业在完成兼并的同时,对其债务进行清偿。购买式兼并,可使目标企业丧失经济主体资格。兼并企业的购买价格,实际上是被兼并企业偿还债务以后的出价。因此,兼并企业即使承担目标企业的债务,目标企业的资产仍大于债务,而使兼并企业获得实际利益。

购买式兼并主要是在不同所有制或不同隶属关系的企业之间进行,是一种完全意义上的有偿兼并。兼并方出资购买被兼并方的资产,取得对资产的全部经营权和所有权,被兼并企业的法人资格消失。具体还可细分为购买资产式、购买股票式等不同形式。

1. 购买资产式。并购企业出资一般是以现金购买被并购企业的大部分或整体产权。根据税法规定,销售商品的收入已实现和应征增值税货物的转移应当征收增值税,所以被并购企业应在被并购的当天缴纳增值税;而且其销售不动产也应缴5%的营业税。若被并购企业转让的固定资产同时满足下列条件则可不缴增值税:

(1) 属于企业固定资产目录所列货物;

(2) 企业按固定资产管理并确已使用过的货物;

(3) 销售价格不超过其原值的货物。

2. 购买股票式。并购企业购买被并购企业的大部分股票,以达到控制其资产及经营权的目的。根据税法规定,该并购方式不具备销售商品收入的四个条件,销售商品的收入不能确认,所以不征收增值税,也不属于营业税的征税范围。

(二) 承担债务式兼并

承担债务式兼并,即在被兼并企业的资产与负债等价的情况下,兼并企业以承担被兼并企业的债务为条件接收其资产。被兼并企业所有资产整体归入兼并企业,法人主体资格丧失。兼并企业取得被兼并企业财产后,不得拒绝承担其债务。这种兼并可以视为一种特殊的购买净资产式兼并,即兼并方以数目为零的现金购买资债相抵为零的净资产。

根据承担债务的程度不同又可分两种情况。一种是在资产和债务等价的情况下,兼并方以承担被兼并方全部债务为条件,接受其全部资产及其经营权,被兼并企业的法人资格自行消失,这属于完全有偿兼并。另一种是兼并方以承担被兼并方部分债务,提供技术、管理为条件,取得被兼并方部分资产的所有权和全部资产的经营管理权,被兼并方虽然更换了厂名和领导班子,丧失了经营权,但仍然独立核算,自负盈亏,这是一种部分有偿兼并。

这种兼并特点是兼并企业将被兼并企业债务及整体产权一并吸收,以承担被兼并企业债务来实现兼并。兼并行为不是以价格为交易标准,而是以债务和整体产权价值之比为交易标准。通常被兼并企业都具有潜力或其他可利用的资源。

(三) 控股式兼并

控股式兼并是一个企业通过购买其他企业的股票达到控股实现兼并。被兼并企业作为经济实体仍然存在,具有法人资格,不过是被改造成股份制企业。兼并企业作为被兼并企业的新股东,对被兼并企业有原有债务不应负连带责任,其风险责任仅以控股出资的股金为限。因此,被兼并企业债务由自己以其所有经营管理的财产为限清偿,日后破产了照此处理,与兼并企业无涉。

控股式兼并特点是这种兼并不再是以现金或债务作为必要的交易条件,而是以所占企业股份的份额为主要特征，以达到控股条件为依据，实现对被兼并企业的产权占有。这种控股式兼并一般都是在企业运行之中发生的兼并行为，而不是以企业的停产实现转移。这是一种平和的兼并形式。

（四）吸收股份式兼并

吸收股份式兼并，即将被兼并企业的净资产作为股金投入兼并方，成为兼并企业的一个股东。吸收股份式兼并符合并购的各种法律特征，是典型的并购，并购各方的债务应由并购后的企业承担。

吸收股份式兼并的特点是使被兼并企业的整体财产并入兼并企业，被兼并企业作为经济实体已不复存在。吸收股份式也发生在被兼并企业资大于债的情况下。被兼并企业所有者与兼并企业一起享有按股分红的权利和承担负亏的义务。在市场经济比较完善的国家，这种兼并形式为数甚多，其中包括资产入股式、股票交换式等。

二、收购的方式

（一）协议收购

协议收购是收购人在证券交易所之外以协商的方式与被收购公司的股东签订收购其股份的协议，从而达到控制该公司的目的。由于目前我国上市公司中的国家股与法人股均未上市流通，一般只能采取协议方式收购，而且其在上市公司股份总额中所占比例较大，往往只有收购国家股或法人股才能达到控股目的，加上其收购成本远比要约收购低，所以，目前我国上市公司收购的实践中，对非流通股一般采取协议收购方式进行收购。

采取协议方式收购上市公司，收购人可以依照法律、行政法规的规定同被收购公司的股东协议转让股份。收购协议达成后，收购人必须在3日内将该收购协议向国务院证券监督管理机构及证券交易所作出书面报告，并予公告。在公告前不得履行收购协议。协议收购的双方可以临时委托证券登记结算机构保管协议转让的股票，并将资金存放于指定的银行。

采取协议收购方式，收购人收购或者通过协议、其他安排与他人共同收购一个上市公司已发行的股份达到30%时，继续进行收购的，应当向该上市公司所有股东发出收购上市公司全部或者部分股份的要约。但是，经国务院证券监督管理机构免除发出要约的除外。

为保障社会投资者的利益，协议收购的各方当事人应依法履行相应的信息披露义务。鉴于协议收购双方的目标股权份额一般是预定的，当事人一方面要尽快以低成本达到收购目的，另一方面要尽快依法履行信息披露义务。为解决这一矛盾，对协议收购当事人的某些信息披露义务与要约义务，中国证监会和证券交易所可在符合一定条件时予以豁免。如协议收购受让方直接或间接持有一上市公司发行在外的普通股达到5%或以上时，或者受让方(或出让方)增、减持股达到规定比例以上时,可向证券交易所提交书面报告,申请豁免法律规定的每增、减持股达到法定比例时就须中断收购、公告披露的多次转让、多次披露等义务,使得受让方一次即可收购到其预定收购的持股比例。协议收购受让方累计持有上市公司的股份达到或者超过该公司股份总额的30%时,可以向中国证监会申请豁免履行向所有其他股东发出收购要约的义务。

根据有关法律、法规及沪、深两市证券交易所《股票上市规则》的规定,在非流通股的协议转让中应当注意:第一,发起人所持的股份在公司成立后三年内不得转让;第二,国家股的转让,应经国务院授权的部门或者国家国有资产管理部门的批准,其中,金融类上市公司国家股的转让,还应获得中国人民银行总行的批准;第三,外资收购控股上市公司,应经有关部门批准。

(二)要约收购

要约收购(即狭义的上市公司收购)是指通过证券交易所的买卖交易使收购者持有目标公司股份达到法定比例(《证券法》规定该比例为30%),若继续增持股份,必须依法向目标公司所有股东发出全面收购要约。要约收购是各国证券市场最主要的收购形式,它通过公开向全体股东发出要约,达到控制目标公司的目的。其最大的特点是在所有股东平等获取信息的基础上由股东自主作出选择,因此被视为完全市场化的规范的收购模式,有利于防止各种内幕交易,保障全体股东尤其是中小股东的利益。

要约收购具有以下特点:

(1)要约收购的对象范围较广。要约收购是收购方通过向目标公司的非特定股东发出要约方式进行的收购,要约价格适用于全体股东。

(2)要约收购的交易价格高于其市场价格。要约收购价格有要约人自由定价和法律明文规定价格两种,但都高于该股票的市场价格。

(3)要约收购事先对有关信息的披露较充分。在收购前及收购过程中均需要严格的信息披露。

要约收购是国外上市公司收购的最重要的方式,我国由于不能上市流通的国有股和法人股的存在,上市公司收购的主要方式却不是要约收购而是协议收购,但近几年,我国也终于在要约收购方面开始有所进展。

与协议收购相比,要约收购要经过较多的环节,操作程序比较繁杂,收购方的收购成本较高。但是一般情况下要约收购都是实质性资产重组,非市场化因素被尽可能淡化,重组的水分极少,有利于改善资产重组的整体质量,促进重组行为的规范化和市场化运作。要约收购和协议收购的区别主要体现在以下几个方面:

1. 交易场地不同。要约收购只能通过证券交易所的证券交易进行,而协议收购则可以在证券交易所场外通过协议转让股份的方式进行。

2. 股份限制不同。要约收购在收购人持有上市公司发行在外的股份达到30%时，若继续收购，须向被收购公司的全体股东发出收购要约，持有上市公司股份达到90%以上时，收购人负有强制性要约收购的义务。而协议收购的实施对持有股份的比例无限制。

3. 收购态度不同。协议收购是收购者与目标公司的控股股东或大股东本着友好协商的态度订立合同收购股份以实现公司控制权的转移，所以协议收购通常表现为善意的；要约收购的对象则是目标公司全体股东持有的股份，不需要征得目标公司的同意，因此要约收购又称恶意收购。

4. 收购对象的股权结构不同。协议收购方大多选择股权集中、存在控股股东的目标公司，以较少的协议次数、较低的成本获得控制权；而要约收购倾向于选择股权较为分散的公司，以降低收购难度。

5. 收购性质不同。根据收购人收购的股份占该上市公司已发行股份的比例，上市公司收购可分为部分收购和全面收购两种。部分收购是指试图收购一家公司少于100%的股份而获得对对该公司控制权的行为，它是公司收购的一种，与全面收购相对应。

（三）委托书收购

委托书收购是指收购者以大量征集股东委托书的方式，取得表决权，在代理股东出席股东大会时，集中行使这些表决权，以便于通过改变经营策略、改选公司董事会等股东大会决议，从而实际控制上市公司经营权的公司收购的特殊方式。委托书收购的核心在于收购者可以借助第三方力量以低成本取得对目标公司的实际控制权。其本质是一种收购人（股权征集人）在授权范围内，代理股东行使表决权的行为，产生的是委托代理关系。这本应遵循当事人意思自治、契约自由等原则，但是，由于该行为所产生的后果可能与股权式收购一样，导致上市公司控制权的转移，同样也涉及公司、股东及债权人利益的保护问题，不予以严格的规制很可能导致委托书收购的功能被严重扭曲。因此，法律要将其作为特殊的收购行为予以特别规制。

委托书收购作为一种创新的金融工具，以委托代理关系保障了中小股东参与上市公司重大决策的权利。立法者设置委托书授权的初衷是为了让广大无法或无力参加股东大会的中小股东得以通过合法的渠道，以他们所信任的形式行使投票权。这对于公司法人治理结构的完善有着十分重要的意义。委托书收购一方面可以使股东大会的召开易达到法定人数，提高公司的运作效率，使少数股的股东通过集中表决权的行使，实现自己的股东权利；另一方面，它具有收购成本低，程序简单，既可单独使用又可配合股权式收购使用等优点，因此，在国际市场上已成为与股权式收购并列的一种收购方式。但是，委托书收购作为一种收购工具来讲，是一把双刃剑，它总是在完善法人治理结构与损伤公司及股东利益间游走，它的优点同时也使其容易沦为有效的、廉价的工具，被用来争夺公司经营权，干扰公司的正常运行；或是被用来操纵股票价格，在二级市场牟取暴利，影响证券市场的稳定发展。委托书收购在其他国家和地区二十多年的发展历史也说明了这些问题。

委托书收购是成本最为低廉的一种并购方式，资本市场作为优化配置资源的重要场所，并购方式当然应该节约成本，而正是因为它经济，就能够成为受到市场欢迎并积极应用的并购发生方式，这显然能够促进中国股东并购，更好地发挥股市优化配置资源的作用。

（四）杠杆收购

杠杆收购是指收购者用自己很少的本钱为基础，然后从投资银行或其他金融机构筹集、借贷大量、足够的资金进行收购活动，收购后公司的收入（包括拍卖资产的营业利益）刚好支付因收购而产生的高比例负债，这样能达到以很少的资金赚取高额利润的目的。这种方式也有人称之为高度负债的收购方式，这样的收购者往往在作出精确的计算以后，使得收购后公司的收支处于杠杆的平衡点，他们头脑灵活，对市场熟悉，人际关系处理恰当，最善于运用别人的钱，被称为“收购艺术家”。

杠杆收购优势在于该方式实际上是举债收购，通过投资银行安排过渡性贷款，并购企业只要很少部分资金就可买下目标企业，以目标企业的资产为担保对外举债，并且还可通过投资银行安排发行该利率的高息债券来偿还过渡性贷款；其中，银行贷款约占并购资金的60%，高息债券约占30%，而并购企业自己投入的股本资本只约占10%；该方式的股权回报率远高于普通资本结构下的股权回报率，被并购方的股票溢价高达40%；享受债务免税优惠；减少代理成本。杠杆收购具有如下特点：

1. 杠杆收购的资金来源主要是不代表企业控制权的借贷资金。杠杆收购中的杠杆即是指企业的融资杠杆，反映的是企业股本与负债的比率，发生杠杆作用的支点即是企业融资时预付给贷款方的利息。杠杆收购的融资结构为：优先债券，约占收购资产的60%，是由银行提供的以企业资产为抵押的贷款。其次是约占收购资金30%的居次债券，它包括次级债券、可转换债券和优先股股票。最后是体现所有者权益的普通股股票，是购并者以自有资金对目标企业的投入，约占收购资金的10%，如此的融资结构产生的结果是：

(1) 企业负债率大幅度上升；

(2) 如果企业赢利增加，那么每股收益会大幅度上升，因为每单位利润所承担的利息支付是固定的。

如此安排融资结构就在于并购者不希望让他人过多的分享并购后产生的利润，所以不享有企业控制权的融资方式进行融资就成为理所当然。

2. 杠杆收购的负债是以目标企业资产为抵押或以其经营收入来偿还的，具有相当大的风险性。在杠杆收购中购并企业主要不是用本企业的资产或收入作为担保对外负债，而是用目标企业做担保的。在实际操作中，一般是由购买企业先成立一家专门用于收购的“纸上公司”，再由投资银行等向并购企业提供一笔“过渡性贷款”用于购买目标企业股权,取得成功后,以这家“纸上公司”的名义举债和发行债券,然后依照公司法使两者合并,将“纸上公司”因并购的负债转移到目标公司名下,再通过经营目标公司偿债、获利。由此而发行的债券一是由于企业负债率较高;二是由于以未来收入或资产做担保,因而信用等级不到,被称为垃圾债券。

3. 杠杆收购融资中投资银行等市场中介组织的作用十分重要。以投资银行为主的市场中介组织在杠杆收购的融资中作用重大,由于杠杆融资的资金绝大部分依赖于外部融资,并且风险较高,因此只有获得金融组织的强力支持才能完成,一般的商业银行往往不愿涉足风险较高的投资,只有投资银行愿意承担较高的风险,以求获取丰厚回报,并且垃圾债券的发行也只有由投资银行进行操作,才能发行出去。而投资银行之所以愿意提供服务,是因为投资银行在获取高利率回报的同时,还可以得到巨额的佣金。因此,有人将杠杆收购归纳为投资银行和购并企业的合作博弈,双方都从中获得了巨额交易合作剩余。

4. 杠杆收购融资依赖于发达资本市场的支持杠杆。收购以外部融资为主,其中间接融资由投资银行等提供,居次债券中的次级债券、可转换债券以及优先股股票都是直接融资形式,严重依赖于资本市场的发展。首先,资本市场得允许企业以这些金融工具进行筹资,有相应市场环境和制度安排;其次,投资者也需要通过资本市场来分散风险。更为重要的是资本市场中要有进行杠杆收购的大环境,形成对杠杆收购的信任预期,只有如此,杠杆收购的融资才会顺利进行,否则,只能是一些意见而已。

杠杆收购必须考虑到债务的偿还能力,采用这种大量举债的收购方式,必须要有足够的信心偿还债务和利息。因为利息支出可在税前所得扣除,因此可减少税负,所以企业的实际价值比账面价值要高很多。杠杆收购的目标企业大都是具有较高而且稳定的现金流产生能力,或者是通过出售或关停目标公司部分不赢利业务和经过整顿后可以大大降低成本,提高利润空间的企业。因为杠杆收购需要通过借债完成,因此目标企业本身的负债比率必须较低。

第四节　企业并购的相关决策

一、企业并购的程序

在我国,企业的兼并与收购一般均在中介机构,如产权交易事务所、产权交易市场、产权交易中心等的参与下进行。在有中介机构的条件下,企业并购的程序如下:

(一) 并购前的准备工作

并购双方中的国有企业,兼并前必须经职工代表大会审议,并报政府国有资产管理部

门认可;并购双方中的集体所有制企业,并购前必须经过所有者讨论,职工代表会议同意,报有关部门备案;并购双方的股份制企业和中外合资企业,并购前必须经董事会(或股东大会)讨论通过,并征求职工代表意见,报有关部门备案。

(二)填表

目标企业在依法获准转让产权后,应到产权交易市场登记、挂牌交易所备有《买方登记表》和《卖方登记表》供客户参考。

买方在登记挂牌时,除填写《买方登记表》外,还应提供营业执照复印件,法定代表人资格证明书或受托人的授权委托书、法定代表人或受托人的身份证复印件。卖方登记挂牌时,应填写《卖方通知书》,同时,还应提供转让方及被转让方的营业执照复印件、转让方法人代表资格证明书或受托人的授权委托书以及法定代表人或受托人的身份证复印件、转让方和转让企业董事会的决议。如有可能,还应提供被转让企业的资产评估报告。对于有特殊委托要求的客户,如客户要求做广告、公告,以招标或拍卖方式进行交易,则客户应与交易所订立专门的委托出售或购买企业的协议。

(三)洽谈

经过交易所牵线搭桥或自行找到买卖对象的客户,可在交易所有关部门的协助下,就产权交易的实质性条件进行谈判。

(四)资产评估

双方经过洽谈达成产权交易的初步意向后,委托经政府认可的资产评估机构对目标企业进行资产评估,资产评估的结果可作为产权交易的底价。

(五)签约

在充分协商的基础上,由并购双方的法人代表或法人代表授权的人员签订企业并购协议书,或并购合同。在交易所中,一般备有两种产权交易合同,即用于股权转让的《股权转让合同》和用于整体产权转让的《产权转让合同》,供交易双方在订立合同时参考。产权交易合同一般包括如下条款:交易双方的名称、地址、法定代表人或委托代理人的姓名、产权交易的标的、交易价格、价款的支付时间和方式、被转让企业在转让前债权债务的处理、产权的交接事宜、被转让企业员工的安排、与产权交易有关的各种税负、合同的变更或解除的条件、违反合同的责任、与合同有关的争议的解决、合同生效的先决条件及其他交易双方认为需要订立的条款。

(六)到工商管理部门办理法人变更登记

并购双方报请政府授权部门审批并到工商行政管理部门核准登记目标公司报国有资

产管理部门办理产权注销登记，并购企业报国有资产管理部门办理产权变更登记，并到工商管理部门办理法人变更登记。

（七）产权交接

并购双方的资产移交，需在国有资产管理局、银行等有关部门的监督下，按照协议办理移交手续，经过验收、造册，双方签证后，会计据此入账。目标企业未了的债券、债务，按协议进行清理，并据此调整账户，办理更换合同债据等手续。

（八）发布并购公告

将兼并与收购的事实公诸社会，可以在公开报刊上刊登，也可由有关机构发布，使社会各方面知道并购事实，并调整与之相关的业务。

二、目标企业的选择

在企业进行并购前，应全面了解相关政策、自身实力和目标公司情况，综合衡量各种因素后，制定合理的并购战略。为了减少并购可能产生的风险与损失，并购方在决定并购目标企业前，往往要对目标企业的外部环境和内部情况进行审慎的调查与评估，发现和了解已知情况以外的其他情况，特别是一些可能限制并购进行的政府行为、政策法规等潜在的风险。从外部环境看，影响企业经营的主要因素有政治、经济、法律、技术、社会等。从内部情况看，要重点分析目标企业的综合竞争力、市场前景、市场定位、赢利能力、资本结构等。并购决策必须建立在一整套可行性分析的基础之上。目标企业选择流程如下。

（一）了解并购环境，分析可能产生的风险

环境风险又称系统风险，是指影响企业并购的财务成果和财务状况的一些外部因素的不确定所带来的财务风险。它主要包括：市场利率风险、外汇汇率变动风险、税率变动风险、通货膨胀风险等。这些风险是企业自身无法控制的风险，由市场和政府等环境因素决定。

企业在制定并购战略时，应首先分析并购公司所处的外部环境。外部环境包括一般环境和具体环境，其中，一般环境指的是经济条件、政治条件、社会条件、技术条件等；具体环境指的是供应商、顾客、竞争者、政府等。在计划决策阶段，企业必须对并购环境进行考察，从而在分析环境的基础上，可以识别优势和劣势，从而发现公司的机会和威胁。

（二）对自身进行合理评价

并购公司应根据自身的竞争能力，制定一个具体的并购战略。在制定并购战略决策时，一定要对自己的实力进行评估，衡量自己是否具有兼并对手的实力，是否具有吸收消

化被并购企业资源的能力，是否具有整合被并购企业的能力等。总之，在目标公司选择过程中，不要过高的估计自身的实力。

企业应对自身进行全面的财务分析。首先要结合企业集团的经营战略来确定企业集团的财务战略。明确了企业集团的财务战略后，在并购实施前，必须对并购企业自身进行财务分析，从而对财务状况做出评价。如通过分析企业的销售利润率、有形资产利润率、速动比率、每股收益、现金流量以及权益资本比率等财务指标，发现企业的优势和劣势，洞察企业财务状况的变动趋势，对自身的资金实力进行客观分析和评价，为确定合理的融资方式和支付方式做准备。

企业要对自身实力，特别是资金实力进行客观分析和评价，减少不现实的盲目乐观和对自身实力的夸大。另外，应该意识到企业并购活动是一种战略行为，也是一种经济行为。企业应遵循市场化原则，不能以行政命令的方式，兼并一些债务负担重、冗员多或历史包袱尚未解决的企业，领导者应站在促进企业发展的立场，从理性角度来进行决策，看企业是否有足够的实力去实施并购和是否能产生财务协同效应。企业在对自身实力，对未来经营和发展方向在客观评价和具体规划的基础上，才能为正确选择并购目标企业打下客观坚实的基础。

（三）合理评估目标企业价值

并购公司可以通过多种渠道来搜寻目标公司，概括起来主要有利用企业自身和借助外部两种。在许多并购实践中，企业是由有关人员依靠自身的经验和搜集到的信息，来搜寻目标公司的；借助外部力量指的是利用专业金融中介机构的专业化的优势搜寻合适的目标公司。选定目标企业要按照以下四个标准进行。

1. 双方经营战略上的互补性。管理大师德鲁克认为，只有并购方彻底考虑了它能够为所要购买的目标企业做出什么贡献，而不是目标企业能为并购方做出什么贡献时，收购才会成功。也就是说要控制并购风险，必须是双方的优势能互补。一般企业都希望通过并购弥补自己在战略上的某些劣势，充分发挥自身的优势，并从中获益。但事实证明，并购方不仅要从目标企业中获得好处，而且也要考虑能给目标企业带去什么，即双方在经营战略上是否具有互补性，这是并购能否成功的一个关键的因素。

2. 双方经营业务的相关性。企业间生产经营范围相同或相近，意味着在实施并购之后，并购企业不需要对目标企业进行大的调整和改造便能很快地对之进行有效的管理和控制。一般来说，如果被并购企业的经营范围和操作方法与本企业相似，即业务相关程度高，那么对之实行兼并之后，本企业供、产、销渠道必然会增加，既可以扩大经营规模，又有利于降低并购成本，还可产生经营协同效应。

课堂案例

英国石油 BP 收购阿莫科案

当时 BP 是英国最大的公司，也是世界第三大石油企业，仅次于壳牌和埃克森，核心业务主要包括勘探、石油和化工，拥有世界领先的聚乙烯技术，阿莫科则是北美最大的天然气资源公司。BP 收购阿莫科可以迅速扩大规模，可以利用阿莫科在美国的油品零售渠道，扩大销售量，使下游业务实现更高增长；双方的并购，可以加强化工业务的市场势力，增加化工业务专有技术的拥有量，实现技术优势互补。双方业务上的相关性，使双方的并购最大限度地节省勘探与开发成本，降低风险，迅速加强了天然气业务的实力，从而进入世界超级石油企业，缩小与壳牌和埃克森的差距。

讨论题

分析英国石油 BP 收购阿莫科案成功的关键因素。

当然并购双方在经营业务上是否必须具有相关性，还要看并购的目的。如果并购的目的在于扩大出口市场份额，则目标企业必须与并购企业的业务高度相关；如果并购的目的在于协同效应，则目标企业必须与并购企业的业务具有适应性；如果企业并购的目的在于通过多元化经营减少企业风险，则目标企业的经营领域与并购企业的经营领域相关程度越低越好，甚至可以是非相关业务的并购。但多元化的国际经营风险很大，且并购后的整合很困难，并购往往走向失败。如 2003 年我国民营企业德隆集团收购德国道尼尔飞机公司，因属非相关行业收购，完全不熟悉其业务，2004 年年底就宣告破产。

3. 并购整合中的可融性。并购将给目标企业带来震动，它将导致目标企业自身的丧失以及管理人员的变更，它还将影响目标企业原有的企业文化及所有者的利益。如果目标企业的可融性强，善于合作，将有利于并购过程的顺利完成和并购后的管理；反之，如果目标企业管理层与员工对并购持不合作态度，则并购成功的可能性很小，即使达成并购，也很难实现预期的并购效果。所以在选择目标企业时，也要事先考虑并购后的整合问题，特别应注意如何解决由于文化的冲突而导致的管理冲突、由于人事的变动而导致的企业员工与人才的流失等问题，否则，并购将会失败。国内外并购的案例也证明了这一点。如前所述的英国石油 BP 收购阿莫科的案例，除业务上的相关性之外，其并购成功的重要原因之一，就是英美公司文化的一致性。英美公司均推崇个人价值的发挥，在体制上确保不同业务单位的独立运作，同时公司内部对高级管理人员和普通员工间收入的巨大差距普遍认可。双方在经营管理、文化上的一致性使其很快实现了一体化经营，达到并购的预期效果。

4. 具有一定发展潜力的目标企业。一般来讲,企业价值与其赢利能力和成长潜力成正比,与企业运营风险成反比。由于不同行业具有不同的赢利能力和成长空间,行业风险也不尽相同,其市场价值也很不一样。企业并购应选择发展潜力大的目标企业。国内外的并购案例也充分证明了这一点:目标企业如果具有一定的发展潜力,市场价值较大,且具有高成长性,则并购成功的可能性也较大。国外跨国公司在中国并购的目标通常是我国国内的领先企业,如被 AB 公司并购部分股份的青岛啤酒,是国内数一数二的龙头企业,成长性也非常好。法国联合利华 1999 年租赁的"美加净"和"中华牙膏",是当时中国最具品牌知名度和影响力的牙膏品牌。很明显,跨国公司在中国市场都选择发展潜力较大的企业为自己的目标企业。而这些国外跨国公司在中国的成功,进一步验证了这一道理。

目标企业发展潜力不大,甚至是正面临亏损的"瘦狗"业务,企业在并购时,或许看到的是较低的购买价格,从而低价并购以降低并购成本,但企业忽视了购买对象的价值,导致之后的整合成本增加,并购风险增大。目前,中国企业的海外并购目标多是那些已经在该产业领域没有任何竞争优势的企业,更多的是为了甩包袱才决定出售的企业。这样的企业,要么是管理上出了问题,要么在技术创新上乏力,要么在成本制造上不具有优势,或者经营业绩不佳导致亏损或面临倒闭。并购这些企业,继续经营的风险较大。

三、企业并购交易价格的确定

并购交易价格的确定是并购决策的关键环节,科学、合理地确定并购的交易价格,是并购谈判前的重要准备工作,也是并购成功的基础。并购交易价格的确定方法有以下几种:

(一)折现现金流量法

价格以价值为基础,因此需估算出目标企业的价值,即目标企业持续经营的内在价值。对这种动态价值的评估应采用折现现金流量法,将目标企业带来的未来收益资本化。

折现现金流量法是把并购后未来一段时间内目标企业一系列会计收益或现金流量利用设定贴现率贴现而得现值(企业价值)与该企业初期投资(并购支出)相比较,从而决定是否进行并购的方法,折现现金流量法依据被贴现对象是会计收益还是现金流量又分为会计收益贴现法和现金流量贴现法。

1. 会计收益贴现法

会计收益贴现法是把并购后未来目标企业的预期收益以设定贴现率贴现而得的现值,即企业价值。其公式如下:

$$V = E_1/(1+i) + E_2/(1+i)^2 + \cdots + E_t/(1+i)^t$$

式中,V 为目标企业的价值,i 为贴现率,E_t 为目标企业未来每年预期收益,t 为计算期。

运用这种方法其优点在于对目标企业的会计信息较易取得,因此在我国过去的并购实例中,采用此法者占很大比例。其缺点也恰因采用了会计信息,而会计法和会计准则要求会计核算采用权责发生制,并且允许企业采用不同会计政策,使得利用会计收益得到的目标企业的价值与实际价值相距甚远。因此当我们很难取得目标企业的现金流量的数据资料时,可选择使用简单而易于操作的本法。

2. 现金流量贴现方法

现金流量贴现方法(DCF)是一种最基本的并购估值方法,常常被认为是最有效的。所谓贴现现金流量方法就是用未来一段时期内目标企业的一系列预期现金流量以某一折现率计算的现值与该企业的初期现金投资(即并购支出)相比较。如果该现值大于投资额,即净现值等于或大于零,可以认为这一定价对并购方是可以接受的或有利的;如果净现值小于零,对并购方来说,常常被认为是不可接受的。我们在运用这个方法时,先要确定未来的现金流量包括什么内容,再估算出未来的现金流量,这可以通过估算未来的收益增长率得到,然后再考虑应选用多高的折现率才符合目标企业未来的增长情况。

折现率增加一个百分点的判别都可能对并购决策起到决定性的作用,所以需要慎重进行选择。一般有以下四种确定折现率的方法:第一,选择目标企业现在的加权资本(负债与权益)成本作为基准折现率,然后将它调高几个百分点。第二,选择目标企业历史上的资产收益率作为基准折现率,然后像上面那样将它调高几个百分点。第三,利用对未来预期利率的估计作为基准折现率,然后将它根据行业、企业及财务结构等相关的风险因素加以调高。第四,根据公开数据,利用对同行业企业的加权资本成本的估计值作为基准折现率,然后也像上面一样根据风险因素调高。

现金流量贴现方法的主要问题是折现率的估值的不确定性。由于必须对许多有关市场、产品、定价、竞争、管理、经济状况、利率的情况作假定,所得出的数值有一个可信度的问题。运用这种方法可能会得到精确的数值,但它外表的精确可能会成为它最大的危险。也就是说,它外表的完善可能具有相当的欺骗性。因此,现金流量贴现方法的结果可能是精确的(即可重复验算),但不是正确的(即与现实不符)。尽管如此,在实际中,我们还应鼓励更多地采用这种方法,因为它的过程和结果均是重要的,尤其当它用在买方确定最高价时。

(二)市盈率方法

市盈率(价格/收益比率)也称作市盈乘数,它所反映的是公司按有关折现率计算的赢利能力的现值,它的数学表达式为 P/E(P 为价格,E 为收益)。根据市盈率计算并购价格的公式应为

$$\text{并购价格} = (P/E) \times \text{目标企业的税前或税后收益}$$

企业的利税前收益 EBIT 或税后纯利 NPAT 的数字可以从它的损益表中得到。EBIT 是不考虑融资和财务结构时公司的运营赢利能力,而 NPAT 包括融资和财务结构

在内的所有流动因素。

企业市盈率的高低主要取决于企业的预期增长率。其实企业的市盈率是用风险因素调整后得到预期增长率的一个替代值。企业并购中运用的市盈率经常是一段时期（大约3～5 年）市盈率的平均值。只有在收益有较高的预期增长时才可使用较高的市盈率值。

市盈率法的方法体系科学完整，结论有一定可靠性，简单易懂，易学易用，因其着眼于未来收益，因此也被广泛应用。我国目前股市尚未完善，市盈率不真实。因此，由此估价可能给我们带来很大风险，应当慎重。

（三）市场价格方法

市场价格方法对上市公司来说，股票市场每天都在对其价值进行评估。上市公司当前的市值——股票价格乘以所发行的股票数量可以成为并购定价的核心因素，在此基础上以适当的升水（一般在 20％～100％ 或更高）来确定并购价格。一般来说，这种方法对收购流动性较强的上市公司来说是必不可少的。

股票定价基于有效市场理论，这一理论认为：市场对每家公司的所有信息都在不断地进行评估，并将其结论用公司股票最新的现金开价和还价表示出来。当然，仅有市场价格还是不够的，所以，有必要将市场价格方法与其他分析技术结合在一起使用。

（四）同业市值比较方法

在同业市值比较方法中，通过同行业比较，看看与并购对象相似的企业的并购价格的情况，来决定并购对象的价格。在同类企业的比较中，要考虑企业的行业、企业规模、企业的财务结构、并购的时间等方面的情况与判别对象可比较的部分进行合理的组合，然后用这些可比较部分的并购价格来判断目标企业的相对价格。投资银行家常常用这种方式列出长长的单子将各种交易加以比较，向买方和卖方客户双方提出建议。

（五）账面价值方法

账面价值方法是利用传统的会计方式确定净资产来决定并购价格的方法，会计意义上的账面价值是一个反映特定时点企业的会计核算价值的确定的数字。它的好处在于它是按通用会计原则（GAAP）计算出的，并由独立的第三方提供。但它也存在巨大的欺骗性。因为账面价值往往与它的实际价格相差甚远。有时，由于企业历史、商誉等因素，它的账面价值大大低于它的市场价格；另一方面，企业由于害怕账面价值损失太大，往往去维持破旧的工厂和毫无价值的存货，在这种情况下，账面价值将大大高于真实价值。

（六）财产清算价值方法

财产清算价值方法是通过估算目标企业的净清算收入来估算并购价格的方法。而企业的净清算收入是通过估算出售企业所有的部门和全部固定资产（通常是在多项交易中）所得到的收入，再扣除企业的应付债务所得到的。这一估算的基础是对企业的不动产价值进行估算，这些不动产包括工厂、财产和设备、各种自然资源或储备等。估算所得到的是目标企业的可能的变现价格，构成并购价格的底价。这种方法可以用于收购陷于困境的企业，可以用在万一预期的并购战略未能实施的防卫措施上，也可以用于根据特定的目的所购买的一些特定的企业。

四、并购的支付方式

（一）现金支付

现金收购是指收购公司支付一定数量的现金，以取得目标公司的所有权。一旦目标企业的股东收到对其拥有股份的现金支付，就失去了对原企业的任何权益。在实际操作中，并购方的现金来源主要有自有资金、发行债券、银行借款和出售资产等方式，按付款方式又可分为即时支付和递延支付两种。

现金收购的优势是显而易见的。首先，现金收购操作简单，能迅速完成并购交易。其次，现金的支付是最清楚的支付方式，目标公司可以将其虚拟资本在短时间内转化为确定的现金，股东不必承受因各种因素带来的收益不确定性等风险。最后，现金收购不会影响并购后公司的资本结构，因为普通股股数不变，并购后每股收益、每股净资产不会由于稀释原因有所下降，有利于股价的稳定。

现金收购的缺陷在于：对并购方而言，现金并购是一项重大的即时现金负担；对目标公司而言，无法推迟确认资本利得，当期交易的所得税负亦大增。因此，对于巨额收购案，现金支付的比例一般较低。纵观美国收购历史，亦可发现"小规模交易更倾向于至少是部分地使用现金支付，而大规模交易更多地至少是部分使用股票支付"。

（二）换股并购

换股并购是指并购公司按一定比例将目标公司的股权换成本公司的股权，目标公司从此终止或成为收购公司的子公司，从而达到收购目的。

对并购公司而言，换股并购使其免于即付现金的压力，不会挤占营运资金，减少了支付成本；且收购完成后，目标公司的股东不会因此失去他们的所有者权益，只是这种所有权由目标公司转移到了收购方，使他们成为该扩大了的公司的新股东。对于目标公司股东而言，现金必须在当年申报所得，而若以股票支付，只有在出售股票时才须对利得加以课税。也就是说，换股支付方式对卖方也较为有利，既可以推迟收益时间，达到延迟纳税的目的，又可以分享新公司价值增值的好处。

这种支付方式的缺陷在于，由于目标公司的股东仍保留自己的所有者地位，因此对收购方而言的不利影响是股本结构会发生变动。有时会导致收购方股东权益的"稀释"，股权稀释的结果甚至可能使原有的股东失去对公司的控制权。从另外的角度考虑，换股并购可能对外预示并购方的股价被高估或者企业预期未来现金流量会有不利变化，表明兼并后的企业利用内部资金抓住投资机会的能力较弱。在决定是否采用换股收购方式时，并购方应权衡股权支付方式对现金支付压力的减轻与对自身股权结构和每股收益的影响，其中最关键的环节是换股价格与换股比率的确定。一般应从以下几个方面进行考虑：收购方的股权结构；股权收益率的变化；每股净资产的变动；财务杠杆比率；当前股价水平；当前股息收益率；股息或货币的限制；外国股权的限制；上市规则的限制。

换股收购的关键是换股价格的确定。一般来说，确定换股价格所使用的价值是指合并双方股票的内在价值。内在价值是公司资产未来预期现金流的现值，是一个客观存在、动态变化的价值，主要取决于企业资产负债表以外的经营管理能力、增长机会储备、与客户长期业务关系等各种价值驱动因素。一般以资本市场有效性作为公司估价的基础，在公司估价中以股票价格作为重要的参考标准。由于我国上市公司存在流通股与非流通股的区别，而这两者之间存在巨大差价，换股价格的确定将会非常复杂。对于流通股与流通股的换股比率应以市场价格为主要依据；对于非流通股与非流通股的换股比率可以以每股收益、每股现金流或每股净资产的一定倍数为定价依据；而流通股与非流通股的交换将会不可避免地在不同的定价基础上制定换股比率，这也是我国并购业务最有争议和挑战的领域。

换股比率的确定是换股并购的核心财务问题，是指为换取一股目标公司的股份需付出并购公司股份的数量。它会影响双方股东的收益，并涉及对并购双方公司甚至三个公司（包括并购后新公司）的评估，因而比现金并购中单纯对目标公司进行评估要复杂得多。由于采取的支付方式不同于现金收购，所以就会伴随着原股东控制权的稀释。如果发行新股的数量足够大，甚至会造成原股东控制权的丧失。同时，对目标公司来说，合适的换股比率也对它们的利益有着必然的联系。所以并购双方股东要仔细测算双方可接受的股权结构的变化范围，以免控制权的丧失。

（三）杠杆支付

杠杆支付在本质上属于债务融资现金支付的一种。因为它同样是以债务融资作为主要的资金来源，然后再用债务融资取得的现金来支付并购所需的大部分价款。所不同的是，杠杆支付的债务融资是以目标公司的资产和将来现金收入做担保来获取金融机构的贷款，或者通过目标公司发行高风险高利率的垃圾债券来筹集资金。在这一过程中收购方自己所需支付的现金很少，并且负债主要由目标公司的资产或现金流量偿还，所以，它属于典型的金融支持型支付方式。

杠杆收购的优点体现在：一是收购方只需出极少部分的自有资金即可买下目标公司。二是杠杆收购的股权回报率远高于普通资本结构下的股权回报率。杠杆收购就是通过公司的融资杠杆来完成收购交易。融资杠杆实质上反映的是股本与负债比率，在资本资产不变的情况下，当税前利润增大时，每一元利润所负担的固定利息等都会相对减少，这样就给普通股带来了额外利润。根据融资杠杆利益原理，收购公司通过负债筹资加强其融资杠杆的力度，当公司资产收益大于其借进资本的平均成本时，便可大幅度提高普通股收益。经验研究表明，与公布收购消息之前一个月或两个月的股价相比，杠杆收购对股票所产生的溢价高达40%。三是享受税收优惠。杠杆收购来的公司其债务资本往往占公司全部资本的90%～95%，由于支付债务资本的利息可在计算收益前扣除，杠杆收购公司可享受一定的免税优惠。同时，目标公司在被收购前若有亏损亦可递延，冲抵被杠杆收购后各年份产生的赢利，从而降低纳税基础。

然而，由于资本结构中债务占了绝大比重，又由于杠杆收购风险较高，贷款利率也往往较高，因此杠杆收购公司的偿债压力也较为沉重。若收购者经营不善，则极有可能被债务压垮。采用杠杆支付时，通常需要投资银行安排过渡性贷款，该过渡性贷款通常由投资银行的自由资本做支持，利率较高，该笔贷款日后由收购者发行新的垃圾债券所得款项，或收购完成后出售部分资产或部门所得资金偿还。因此，过渡性贷款安排和垃圾债券发行成为杠杆收购的关键。

（四）综合证券支付

综合证券支付指的是并购企业出资为现金、股票（普通股和优先股）、认股权证、可转换债券等多种形式的组合。如果能根据实际情况搭配好，使用得当，不仅可以避免支出更多的现金而造成的财务结构恶化，还可以有效防止并购方原有股东股权稀释而造成的控制权的转移。

1. 公司债券。公司债券作为一种支付工具，首先要具备在证券交易所或场外交易市场上流通的前提。相对于股票来说，发行公司债券节省了不少融资成本。对并购公司来说，并不改变其控制权结构；对目标公司来说，债券可减少信息不对称的问题，使目标公司股东减轻因市场预期而带来的烦恼。同时作为代价，将丧失对原目标公司的控制权。

2. 优先股。使用优先股作为支付工具，对并购公司而言，不会挤占营运资金，具有避免即时付现约束的优点；同时，优先股作为较廉价的支付工具，当其转换为普通股时的执行价格要高于普通股当前市价，对并购方更是有利可图。另外，优先股无表决权，避免了发行股票时产生控制权转移；也避免了像公司债券那样在并购后有无赢利都应支付利息的不足。对于目标公司股东而言，优先股既具有普通股票的大部分特征，又具有公司债券能获得固定收益的性质，在并购交易中容易被采纳。

3. 认股权证。认股权证是一种由上市公司发行的，能够在有效期内赋予持有者指定价格购买该公司发行一定数量新股权利的证明文件。对并购方而言，发行认股权证的好处是既可以达到筹资和用于置换目标公司资产的目标，也可以因此延期支付股利，从而为公司提供额外的股本基础。但是，一旦认购权予以行使，会涉及公司控股权的淡化。为此在发行认股权证时要保障并购方原股东的利益，按控股比例派送给股东。而目标公司的股东和其他认股权证的持有人，本身不能被视为公司股东，不能享受正常的股东权利，更不可能获得公司控制权。购入认购证后，持有人所获得的是一个换股权利而不是责任，行使权利与否，不受任何约束。而认股权证之所以具有吸引力，一方面，由于对并购后公司的发展前景有较好的预期；另一方面，在价格上比股票便宜，认购款项可延期支付，机动性较强，获利的可能性较大。

4. 可转换债券。可转换债券是指发行公司向其购买者提供一种选择权，在某一给定时间内，可以按某一特定价格将债券转换为股票。从收购公司的角度看，采用可转换债券这种支付方式的好处是：

(1) 通过发行可转换债券，公司能以比普通债券更低的利率和比较宽裕的契约条件发售债券；

(2) 提供了一种能以比现行价格更高的价格出售股票的方式；

(3) 当并购后的公司正在开发一种新产品或开展一种新业务时所获得的额外利润可能正好是与转换期相一致的。

对目标公司股东而言，采用可转换债券的好处是：

(1) 具有债券的安全性和股票可使本金增值的特性相结合的双重性质；

(2) 在股票价格较低的时期，可以将它的转换期延迟到预期股票价格上升的时期。

第五节 企业并购后的整合

企业并购是一个十分复杂的经济现象，它有着复杂的实施过程，任何一个环节发生失误，都会影响到并购的最终成败。这其中并购后整合是并购成败的决定性因素，是实现并购战略目标的可靠保证，是借助外力培育企业核心竞争力的有效途径。从国内外并购成功的案例来看，每一次并购成功与并购后的整合管理不无联系。所谓并购后整合，就是并购双方在并购战略目标的驱动下，通过采取一系列战略措施、手段和方法，对企业要素进行系统性融合和重构，并以此来创造和增加企业价值的过程。并购后整合所包含的内涵是极其丰富的，涉及一个企业的方方面面，任何一方面整合的不利或欠缺，都会导致整个整合活动的失败。并购整合管理主要包括有形整合和无形整合两种类型，有形整合包括管理战略整合、组织与制度整合、人力资源整合、财务整合等；无形整合主要是指企业文化整合。

一、企业并购后整合的必要性

当两个企业发生并购时，资产的所有权发生了转移，并购企业必然要作统筹安排、综合考虑，也就是要对并购吸收的人员、资产等进行有效的整合，对目标企业实行一体化经营。这是由于：

1. 企业并购前，并购方与被并购方是两个独立的企业，有各自独立的生产经营系统、经营目标和经营方式。并购后首先要解决的是原来两个独立系统如何在并购后更为有效地运行；其次是要按照专业化分工的需要，使资产得到更合理有效的运用。并购方把被并购方的资产纳入本企业的经营轨道，为本企业目标服务，才有利于并购方企业的发展。

2. 企业并购通常是市场竞争优胜劣汰的结果。在我国，被并购企业往往是劣势企业，存在这样那样的问题，或管理不善、或财务发生困境、或投资失误、或不能把握投资机会等。如果并购后不对所并购企业的人员、资产等进行改造和重组，依然保留原有的运行机制，让其继续经营，那么，不但劣势企业没有近朱者赤，优势企业反而被其拖累，这样一来，不仅不可能由此获得收益，甚至还会背上沉重的包袱，所花费的产权转让费还不如用来新增投资。因此，并购过程完成后，由并购方对接受的被并购企业进行彻底改造，按照并购方素有成效的经营管理办法进行重组，是使这些资产收益潜能真正能够发挥出来的必要步骤。

3. 从宏观角度看，并购可以改变现有资产存量结构，提高资产的效率。但这一功能的真正实现，并不是在被并购方资产被购买时，而是在并购后的有效改造重组之时。因此，没有并购方对所并购企业的重组改造，实行有效的一体化经营，兼并收购的宏观经济功能就得不到发挥，兼并收购也就失去了存在的宏观依据。由此看来，对并购后的企业进行整合，是十分必要的。

二、管理整合的主要内容

管理整合是指并购方或并购双方共同采取的一系列旨在推进并购进程，提高并购绩效的管理措施、手段和方法，主要有以下几个方面：

（一）经营战略整合

企业并购是否服务于企业长期发展战略是并购成败的关键因素之一。只有符合科学合理的企业发展战略，建立在理性并购动机之上的企业并购行为才能保持正确的方向，为企业创造效益。并购过程中的经营战略整合，就是对并购企业和被并购企业的优势战略环节进行整合，以提高企业整体的赢利能力和核心竞争力。核心竞争力是主营业务领域取得优势的支柱，没有核心竞争力，企业在主营业务领域的竞争优势和发展是不可能的。如果企业不具备一定的核心竞争力，在主营业务领域缺乏竞争优势，而力图通过并购在其他领域建立优势，就如无本之木，最后难免连仅有的一点市场优势也丢失。从另一个角度看，通过并购吸收与自己存在战略互补关系的企业是培养核心竞争力的一个有效方式。企业竞争力的培养主要通过企业内部有关专长的培养来实现。即使通过并购可以从外部获得一些核心竞争力的要素，这个比例也不可能过大。否则企业是无法有效吸收外部资源，并将其转化成自身核心竞争力的。因此，在已有领域确立核心竞争力，同时向新的经营领域获取竞争优势要素，是企业在并购过程中需同时考虑的战略性问题。

（二）组织与制度整合

企业并购中的组织与制度整合对企业并购的最终成功有很大影响，其目标是在企业并购后形成有序统一的组织结构及管理制度体系，以尽快实现企业的稳定经营。企业组织机构的调整目标是形成一个开放性与自律性有机统一的组织系统，使整合后企业的生产要素、资源更加自如、高效地结合，能适应外部环境的变化。在对组织调整中，企业必须根据统一指挥原则、权利对等原则、弹性原则、专业化原则和管理幅度原则等处理。整合管理制度是为了实现管理规范化，使企业建立起实施整套规则的管理结构和使决策能被授权并合理地实现预期结果的工作体制。除了使管理规范化，还要重视科学管理方法的采用和重组。只有提高企业管理水平，企业重组才能获得良好的效益。为了有利于沟通，更有效地控制被并购企业，在整合阶段，并购方一般都将自己的良好的制度移植到被并企业中去。对于那些组织完善、业绩优良、财务状况良好的企业，并购方可不改变其管理制度，以便保持制度的稳定性和连续性。但大多数情况下，尤其是在我国发生的企业并购中，管理不善、制度落后、机制陈旧的被并企业数量很大。因此，将被并方的良好制度植入被并购企业就十分重要。

（三）人力资源整合

一个企业的人力资源政策直接影响到企业中每一个人的业绩和表现。良好的人力资源政策，对培养企业的员工，提高企业员工的素质，更好地贯彻和执行内部控制有很大的帮助。我国企业往往只重视新进人员过去的学历和经历，却忽视培养和再教育过程，不能使新进人员尽快融入企业文化中。因此企业在兼并收购以前应该对被收购企业的人才状况有充分的了解，这种人才不能只注重其学历，而是应该考查其能力。根据一项调查显示，企业兼并后最先离开企业的职工往往是有能力的、企业需要的人才，他们往往在企业被兼并后对企业未来难以把握而被企业竞争对手所吸纳。因此我国企业在兼并过程中不但应该了解被兼并企业员工的学历情况，而且应该注重对被兼并企业员工的学习能力和动力的考查，因为学习能力强和动力足的员工无论其过去所学专业如何、工作经历怎样，通过再培训策略，能使之较快融入新的企业文化，及早适应新的工作环境，达到新的工作要求。

一般而言，人力资源整合应做好以下工作：

(1) 对被并购方人员进行必要调整；

(2) 做好主要人员(即关键人才)的选派工作，包括高层领导、财务人员、技术人员、市场人员等；

(3) 稳定人才，解除企业优秀员工的后顾之忧，给予物质上、精神上的激励，制定稳定人才的政策；

(4) 建立人才数据库，保持管理队伍的连续性；

(5) 有针对性地开展人力资源培训；

(6) 接受指导与改进管理的机会；

(7) 评价员工的适应性；

(8) 评估工作动力；

(9) 决定公司业绩的真正因素。

(四) 企业文化整合

在企业并购中，由于经营规模、行业、所在区域等方面的不同，决定了企业之间在文化方面存在明显的差异，经营思想、价值观念、工作态度、管理方式方法等方面都形成了强烈的文化冲突。因此，企业文化的整合影响企业并购的成败。当两个企业并购后，原来各企业的经营理念、待人处事方法、习惯风气和员工情结都存在一定的冲突，这是规章制度和操作规程所不能解决的问题，领导层要密切关注对于两种企业文化的理解以及它们之间的融合，尤其是在这两种文化集权程度、开放性、正规性等方面差异较大的情况下，应在文化管理方面投入足够的资源，防止出现过高的并购成本。

任何新组织的企业必须认识到，其人员来自不同的企业文化，要想把文化冲突的影响降至最低限度，就需要通过相互渗透式的融合，最终形成你中有我、我中有你的企业文化主体，而不是简单地将一种文化替代另一种文化，或者使几种文化并存。企业并购中文化的整合要遵循实事求是、取长补短和促进经营的原则。并购后企业应着重分析并购前企业的实际情况，结并购购后企业发展战略目标，研究并购后企业文化的理想模式。文化冲突在兼并中是不可避免的，处理不好会产生大量不必要的内耗。要有效地融合双方的文化，建立起新的文化，必须通过认识双方文化→确定文化差异→寻求协调办法→确定文化整合方案→实施这样一个程序来完成。

(五) 财务整合

在企业整合的过程中，财务整合是其核心。企业并购之后，财务必须实现一体化管理，被并购企业必须按并购方的财务制度运营，即进行财务整合，财务整合是指并购方对被并购方的财务制度体系、会计核算体系统一管理和监控。财务整合，不同的并购企业有不同的做法，但一般来说可以概括为“一个中心(以企业价值最大化为中心)、三个到位(对被并购企业经营活动的财务管理到位、对被并购企业投资活动的财务管理到位、对被并购企业融资活动的财务管理到位)、七项整合(财务管理目标导向的整合、财务管理制度体系的整合、会计核算体系的整合、存量资产的整合、业绩评估考核体系的整合、现金流转内部控制的整合、被并购企业权责明晰的整合)”。

运用财务整合理论建立健全高效的财务制度体系，最终达到收益最大化和对购并企业经营、投资、融资等财务活动实施有效管理。财务整合是企业扩张的需要，是发挥企业购并所具有的财务协同效应的特征。财务整合是购并方对被购方实施有效控制的根本途径，更是实现购并战略的重要保障。

英博58亿元收购雪津

——探究中国啤酒业最大的外资并购案

经过近5个月的争夺，2006年1月23日，全球最大的啤酒集团比利时英博啤酒集团(InBev)终于以58.86亿元人民币(约合6.14亿欧元)的价格，收购福建雪津啤酒集团100%的股权。

英博啤酒总部设于比利时，英博啤酒集团于2004年8月27日创立，将英特布鲁和美洲饮料公司合并为一体。因为这个合并，公司保持着健康平衡的商业综合发展和市场增长，占全球市场份额的14%，是全球最大的啤酒酿造商，在2004年销售达到2 020万吨啤酒和315万吨饮料(包括英博和美洲饮料集团)。

福建雪津啤酒有限公司创建于1986年，占地面积510多亩，建筑面积10多万平方米，2005年产销啤酒均超过83万吨，各项经济指标均以绝对优势稳居福建第一，位于全国前列，其中人均创税利和吨酒税收连续四年保持行业前两名。

并购动因：有数据显示，欧美国家近年啤酒市场正在逐步萎缩，但是中国市场却正以每年超过30%的速度成长。于是，国际巨头纷纷看中了中国这个世界上潜力最大的啤酒市场。英博自然也不例外。有消息称，2006年英博在韩国市场的占有率下降了5.4%，因此中国市场的地位显得更加重要。

根据英博和雪津双方签订的协议，英博经评估的总资产为11.51亿元人民币，负债总额为5.32亿元。此番收购溢价接近10倍。相对于AB公司2004年以51亿港元高价收购当时年产销量达100万吨的哈啤而言，英博此番近60亿元人民币收购年产销量仅为72万吨的雪津、简直堪称天价。对此，有分析认为，从英博的中国战略出发，60亿元人民币收购雪津还是合算的。花60亿元收购，比英博直接去福建兴建工厂、铺设营销网络，再与雪津这样的区域强势品牌竞争，颇具战略意义。而纳入英博体系后，雪津将会逐步被培养成中高档定位的主力品牌。为此，英博将把每年15%～20%的净销售额投入雪津啤酒的市场及销售中。同时，英博正建立全国统一的采购中心以节约成本，并在福建建立中国啤酒研发中心。

此次交易完成后，英博将整合及巩固其在中国东南部的市场地位，成为中国最大的啤酒商之一，总销量约350万千升。

并购完成10个月后，实际的情况证明了这是一个双赢的交易：通过联合，英博雪津的品牌及规模效应日益凸显。跨国并购成功与否，关键在于企业文化是否能和谐融合。通过10个月的渐次磨合和有效推行，英博雪津企业文化理念已在雪津团队中落地生根，并在经营实践中开花结果，凝聚成雪津争雄中国啤酒市场的核心竞争力。

雪津强大的团队优势、管理优势和品牌优势，而这与英博集团的资本优势、品牌优势、技术优势等相互叠加，高效融合，便产生了“1+1>2”的效果。在英博的帮助下，雪津实现了国际先进的ERP在莆田总部、三明分部及南昌分部的成功上线，搭建了数据化的管理大平台，使企业采购、物管、财务、生产、销售等环节进入信息化管理的新天地；英博还结合雪津的优势，实现中西专家互动，英博专家多次到雪津生产厂现场实地考察，雪津专业人员则到比利时总部接受技术培训，雪津技术中心还将打造成英博亚太区的研发中心。

在雪津和英博的共同努力下，莆田雪津已经承担起英博集团国际性品牌的亚洲区生产任务，优秀产品已通过新加坡出口17个国家和地区。这也标志着雪津已经具备生产世界名牌啤酒的能力，朝着品质国际化发展迈出了实质性的步伐。

（案例来源：南方日报报业集团——21世纪经济报道）

讨论题

评价本案例的成功经验。

【复习思考题】

1. 企业并购的动因是什么？
2. 并购的历史发展经历了几次浪潮？
3. 兼并有几种方式？
4. 收购有几种方式？
5. 在并购中如何选择目标企业？
6. 并购的支付方式有哪些？

【案例分析题】

2004 年联想收购 IBM

IBM,1914 年创立于美国,是世界上最大的信息工业跨国公司,2003 年拥有全球雇员 30 万多人,业务遍及 160 多个国家和地区。2003 年全球营业收入 891.31 亿美元。

联想集团成立于 1984 年,2002 年营业额为 202 亿港元。2003 年联想台式电脑销量全球排名第五。2004 年联想 PC 在全球市场占有率仅为 2.2%,而 IBM 为 5.6%,排名落后于戴尔占 16.8%及惠普占 15%,收购 IBM PC 业务后,联想成为全球第三大 PC 厂商。

从 20 世纪 90 年代开始,IBM 就转为以公司集团为主要对象提供电脑服务业务的企业,个人电脑逐渐退出 IBM 的生产领域,PC 业务对 IBM 的贡献率越来越低,并购前 IBM 个人电脑业务占其销售总额的 10%,但利润非常低,对公司每股贡献率不到 1%,所以 IBM 一直就有将其个人电脑业务分离出去的考虑。对联想而言,可以吃下 IBM 全球 PC 业务,其收获利益却是极端诱人的。

联想与 IBM 的跨国并购经历了一个长达 13 个月的马拉松式的收购过程。联系派出了强大的谈判阵容,首席财务官马雪征与高级副总裁乔松为谈判队伍的领队,而收购所涉及的联想内部部门,包括行政、研发、供应链、人力资源、专利、IT、财务等都派出了专门小组全程跟踪谈判过程,这些小组大约由 3～4 名员工组成,谈判团队人数接近 100 人。除此之外,联想还组建了一支庞大的国际化顾问团队协助谈判,例如:高盛、麦肯锡、普华永道、奥美等公司分别承担了联想的战略、投资、会计、公关等具体工作。

联想收购 IBM 的财务情况是:交易总额 17.5 亿美元,其中现金 6.5 亿美元,联想普通股票 6 亿美元,债务转让 5 亿美元,IBM 持有联想股票份额达 18.9%左右,中方股东、联想控股将拥有联想集团 45%左右的股份。以双方 2003 年的销售业绩计算,联想在此次并购之后,其 PC 的出货量将达到 1 190 万台,年销售收入额将狂增 4 倍达到 120 亿美元。此次,联想和 IBM 的并购涉及 160 个国家和地区,IBM 电脑事业部近万名员工也随之划归联想集团名下,身为本土企业的联想集团总部将设在纽约,主要运营中心则设在北京与美国的罗利。

(案例来源:新浪网财经新闻)

讨论题

联想收购 IBM 的特点是什么?

B&E

第五章 反 并 购

第一节 反并购的策略

收购分为善意收购和恶意收购，恶意收购会导致反收购的出现。反收购是指目标公司管理层为了防止公司控制权转移而采取的旨在预防或挫败收购者收购本公司的行为。目前，反兼并与反收购的策略有多种，不同国家法律对于反兼并与反收购的策略的具体规定存在差异，企业应根据本国法律的规定，在合法的前提下，有针对性地采取适当的策略。

反并购是并购的逆操作行为，是指目标企业管理层为了防止公司控制权转移而采取的、旨在预防或挫败收购者收购本公司的行为。它基于并购行为而产生，与并购行为相容相存。反并购的核心在于防止公司控制权的转移，直接目的在于阻止恶意被动并购行为的发生和发展，保持企业现有状态不变。反并购的操作主体为企业现有的所有者及经营者，内容主要是针对并购行为制定实际的可操作方案，因此，对其实践操作方法进行探讨更具有实用性和现实意义。反并购具有以下特征：(1)反并购的主体是目标公司；(2)反并购的核心在于防止公司控制权的转移；(3)目标公司反并购措施分为两大类，一类是预防收购者收购的事前措施，另一类是为阻止收购者收购成功的事后措施。

一、提高收购者的收购成本策略

(一)"金降落伞"

"金降落伞"(golden parachute)是指目标公司通过与其高级管理人员签订合同条款，规定目标公司有义务给予高级管理人员优厚的报酬和额外的利益，若是公司的控制权发生突然变更，则给予高级管理人员以全额的补偿金。目标公司希望以此方式增加收购的负担与成本，阻却外来收购。与之相对应的还有一个锡降落伞，是在金降落伞以外再规定目标公司员工若在收购后第二年被解雇，可以要求一定数量的补偿性遣散费。通过上述方式在保障有关管理人员优厚待遇的同时，增加公司被收购的难度。

（二）邀请“白衣骑士”

邀请“白衣骑士”是指被收购企业主动寻找一家友好企业即“白衣骑士”，请求充当收购者，参与恶意收购者的竞争，以挫败恶意收购者；一般地讲，如果收购者出价较低，目标企业被“白衣骑士”拯救的希望就大。如果目标公司管理层觉得没有能力融资买下自己所服务的公司，则可能寻找一个善意的收购者以更高的出价来提供收购，那么即使不能使袭击者知难而退，也可使他为购并付出高昂的代价。这样的善意收购者通常是与目标公司关系良好的企业，在美国称为“白衣骑士”。目标公司常常愿意给予白衣骑士较其他现实或潜在的收购者更为优惠的条件，如财产锁定。锁定有两种不同类型：

(1) 股份锁定，即同意白衣骑士购买目标公司库存股或已经授权但尚未发行的股份，或给予上述购买的选择权。

(2) 财产锁定，即授予白衣骑士购买目标公司主要财产的选择权，或签订一份当恶意收购发生时即由后者将主要资产售予前者的合同。

（三）“麦克罗尼防御”

“麦克罗尼防御”指目标公司将大量发行债券，且在目标公司被收购后收购方将必须以强制性的高价回购这些债券，目的是用高额的收购成本阻碍收购。

（四）股份回购

这是指通过大规模买回本公司发行在外的股份来改变资本结构的防御方法。股份回购的基本形式有两种：一是目标公司将可用的现金或公积金分配给股东以换回后者手中所持的股票；二是公司通过发售债券，用募得的款项来购回它自己的股票。被公司购回的股票在会计上称为“库存股”。股票一旦大量被公司购回，其结果必然是在外流通的股份数量减少，假设回购不影响公司的收益，那么剩余股票的每股收益率会上升，使每股的市价也随之增加。目标公司如果提出以比收购者价格更高的出价来收购其股票，则收购者也不得不提高其收购价格，这样，收购计划就需要更多的资金来支持，从而导致其难度增加。实施股份回购必须考虑当地公司法对回购的态度，美国许多州的公司认为，仅为维持目前的企业管理层对企业的控制权而取得本企业股票是违法的；但如果是维护企业现行的经营方针而争夺控制权，实质上是为了维护公司利益，则回购又是可以允许的，中国《公司法》明文禁止公司收购本公司的股票，但为减少公司资本而注销股份或者与持有本公司股票的其他公司合并时除外。

（五）死亡换股

死亡换股是指目标公司发行公司债、特别股或它们的组合，以交换发行在外的本公司普通股，通过减少流通在外股数以抬高股价，并迫使收购方提高其股份支付的收购价。但这种防御手段对目标公司有一定危险性，因为其负债比例提高，财务风险增加，即使公司市值不变，权益价值比重也会降低，但股价未见得一定会因股数减少而增加，此外，虽然目标公司股价上涨，买方收购所需股数却减少，最后收购总出价不变，对目标公司可能无任何好处。

二、降低收购者的收购收益策略

（一）“皇冠之珠”

“皇冠之珠”指目标公司将其最有价值、对收购人最具有吸引力的资产出售给第三方，或者赋予第三方购买该资产的期权，使得收购人对目标公司失去兴趣，放弃收购。

（二）焦土政策

“焦土”政策即指目标公司在受到并购袭击而又无力反抗时，通过降低公司资产、财务、业务质量，比如低价出售优质资产、制造亏损等，以达到反收购的目的。比如，目标公司手中尚有大量的现金并准备用来回购其股票、或者目标公司可能大量举债来回购其股份。这两种方式都能阻止收购者。收购者想利用目标公司现有资金弥补其收购支出是不可能了，而该目标公司可能身负债务，收购已经变得没有意义了。

（三）“毒丸”计划

毒丸计划是美国著名的并购律师马丁·利普顿 1982 年发明的，正式名称为“股权摊薄反收购措施”，最初的形式很简单，就是目标公司向普通股股东发行优先股，一旦公司被收购，股东持有的优先股就可以转换为一定数额的收购方股票。“毒丸”(poison pill)是指目标公司通过制定特定的股份计划，赋予不同的股东以特定的优先权利，一旦收购要约发出，该特定的优先权利的行使，可以导致公司财务结构的弱化或收购方部分股份投票权的丧失。这样收购方即使在收购成功后，也可能像吞下毒丸一样遭受不利后果，从而放弃收购。如 2005 年盛大网络试图收购新浪时，新浪董事会就采用过“毒丸”计划。即一旦恶意收购者所收购的新浪股权超过 20%，除其之外的在 2005 年 3 月 7 日工作日结束时登记在册的新浪普通股股东便将有权执行“毒丸计划”所赋予的权利，获得价值等于其执行价格双倍的优先股。“毒丸”计划的另一种表现形式是“人力毒丸”，指若目标公司被成功收购，整个管理团队将立即辞职。

三、帕克曼式防御

这是作为收购对象的目标企业为挫败收购者的企图而采用的一种战略，即目标企业威胁进行反收购，并开始购买收购者的普通股，以达到保卫自己的目的。这种“帕克曼式防御”(pac-man defense)的称谓来源于 20 世纪 80 年代初期美国颇为流行一种电子游戏。在该游戏中，程序设计的电子动物相互疯狂争斗，期间每一个没有吃掉敌手的动物都将遭到毁灭。受此启示，美国反收购中出现了“帕克曼式防御”，即指目标公司在受到恶意收购的进攻后，采取种种积极措施，以攻为守，对收购者提出反向的收购要约，以收购收购者的方式牵制收购者，或者以出让公司部分利益、部分股权为条件，策动一家与公司关系密切的友好公司出面收购收购方股份，达到反收购的目的。

四、适时修改公司章程

这是公司对潜在收购者或诈骗者所采取的预防措施。反收购条款的实施、直接或间接提高收购成本、董事会改选的规定都可使收购方望而却步。常用的反收购公司章程包括：董事会轮选制、超级多数条款、公平价格条款等。

（一）分期分级董事会制度

此制度的目的在于维护公司董事会的稳定，从而起到抵御恶意收购的作用。《公司法》和《上市公司章程指引》中没有禁止分期分级董事会制度，而是把是否执行分期分级董事会制度的权利交给上市公司董事会和股东大会。在一定程度上，董事会的稳定有利于公司的长远发展。上市公司可以在公司章程中沿用《上市公司章程指引》96 条的规定：“董事在任期届满前，股东大会不得无故解除其职务”，同时加入自制条款：“董事若发生违反法律、法规及其他规范性文件或公司章程规定的情形，股东大会在董事任期届满前解除其职务的，每年不超过董事会成员的 1/3”，这就意味着即使并购者拥有公司绝对多数的股权，也难以获得目标公司董事会的控制权，从而使并购者不可能马上改组目标公司。

（二）董事任职资格审查制度

这一制度是和前一制度紧密相连的。在前一制度保障董事会稳定的基础上通过授权董事会对董事任职资格进行审查，可以适当抵御恶意进入公司董事会的人选。公司同样可以在合法的前提下，在公司章程中规定法规强制规定外的公司自制的任职条件。

（三）超多数表决条款

《公司法》和《上市公司章程指引》并未对超多数条款进行限制。如《公司法》第 104 条规定：“股东大会作出修改公司章程、增加或者减少注册资本的决议以及公司合并、分立、解散或者变更公司形式的决议，必须经出席会议的股东所持表决权的三分之二以上通过。”但在使用上要慎重，因为股东大会的超多数表决条款虽然有增加收购者接管、改组公司难度的反并购作用，但同时也限制了控股股东的控制力。由于收购方控股后可立刻修改公司章程，董事会的超级多数表决条款并不构成真正的反并购障碍。

（四）发行限制表决权股票

发行限制表决权股票是一种有效的反并购对策。公司发行股票，原股东所持股份比例就会下降，股权就会被稀释。当公司受到并购威胁时，原股东对公司的控制力就会削弱。而当上市公司发行限制表决权股票时,由于目标公司集中了投票权,就可以阻止恶意并购者通过收购发行在外的股票而控制公司,既能筹集到必要的资金,又能达到防范被其他公司收购的目的。

(五)职工董事制度

《公司法》第 109 条规定:上市公司可设立职工董事,职工董事由职工代表大会选举产生。也就是说,职工董事作为董事会的成员,不由股权比例大小决定,这就保证了原有控股方可通过设置职工董事增加在董事会中的话语权。

五、法律诉讼

通过发现收购方在收购过程中存在的法律缺陷提出司法诉讼,是反收购战的常用方式。这种诉诸法律的反收购措施其实在中国证券市场上并不鲜见,方正科技的前身延中实业于 1994 年就曾采用过类似策略。虽然延中的反收购策略最终没有成功,但其做法无疑是正确的,只是由于当时的政策环境尚不成熟而未能取得应有的效果。现在,随着相关法律法规的出台,违法收购将会得到有效制止,合法的反收购行动将会得到保护。

六、其他反并购策略

(一)员工持股计划

这是基于分散股权的考虑设计的,上市公司可以鼓励内部员工持有本企业的股票,同时成立相应的基金会进行控制和管理。在恶意并购发生时,如果员工持股比例相对较大,则可控制一部分企业股份,增强企业的决策控制权,提高恶意并购者的并购难度。美国公司是鼓励员工持有所服务的公司股份的。而员工为自己的工作及前途考虑,不会轻易出让自己手中握有的本公司股票。如果员工持股数额庞大,在恶意收购发生时,目标公司则可保安全。

(二)相互持股

员工持股计划是指鼓励公司雇员购买本公司股票,并建立员工持股信托组织的计划。虽然说员工持股计划在国外的产生与发展是公司民主化思潮及劳动力产权理论影响下的产物,但在现代西方各国,员工持股计划也成为公司进行反收购的重要手段。这是因为公司被收购往往意味着大量员工的解雇与失业,因而在收购开始时,员工股东对公司的认同感高于一般的股东,其所持股份更倾向于目标公司一方,不易被收购。

国内目前的法律并未禁止上市公司间相互持股,因此上市公司可以通过与比较信任的公司达成协议,相互持有对方股份,并确保在出现恶意收购时不进行股权转让,以达到防御恶意收购的目的。

（三）管理层收购

管理层收购本是杠杆收购中的一种类型，有如前述，杠杆收购下收购者利用被收购公司的资产及营运所得贷得收购资金，而被收购公司的资产价值或营运状况在一般情况下经理人员自以为最熟悉，故有相当比例的杠杆收购系由被收购公司的经理发动。管理层为了筹得收购资金，往往会设立一家新公司专事收购，并使被收购公司大量举债；管理层也可能自己出资收购，从而令被收购公司转变为合作企业。在公司遇有恶意收购时，公司管理层出面收购自然也是解救公司的途径之一。不过管理层收购在国外屡屡为人们所反对。反对者称之为纸面游戏、财富的重新分配和大规模的内幕交易。

（四）财务内容改变

即通过恶化或预留财务指标中的“漏洞”以使目标企业的资产、财务质量下降，使并购方考虑到并购后可能产生的“财务陷阱”而产生畏惧心理，推迟并购时间或放弃并购行为。可采用的财务恶化方法有：虚增资产、增加负债、降低股东权益价值、调减公司本年赢利水平等。例如提前偿债条款指目标公司在章程中设立条款，在公司面临收购时，迅速偿还各种债务，包括提前偿还未到期的债务，以此给收购者在收购成功后造成巨额的财务危机。

课堂案例

中意电器 VS 伊莱克斯：蓄势反并购

伊莱克斯和中意股份最早的渊源开始于 1996 年，刚刚进入中国的伊莱克斯与中意电器合资生产冰箱。2003 年国内家电市场发展迅猛，伊莱克斯想更大规模的介入中国市场，于是收购中意股份在长沙的工厂。收购后伊莱克斯在战略、产品、人事以及营销各方面屡屡失误，陷入经营困境，收购后伊莱克斯长沙工厂累计投入不下 10 亿元，但每年却亏损上亿元。

在 2003 年伊莱克斯收购完成时，部分前中意员工出走，注册成立华良中意集团。由于伊莱克斯的收购不包括“中意”品牌，所以华良中意拥有“中意”商标的所有权和使用权，华良中意以“中意”品牌生产经营洗衣机、冰箱等白电业务，到 2008 年销售额超 6 亿。而伊莱克斯在华却一直没有形成正确的经营策略，效益不佳，经济危机情况下，伊莱克斯为求自保在华战线大幅收缩，工厂相继关闭。2009 年 6 月，作为民企身份的华良中意终于收购伊莱克斯在中国的这最后一家白电工厂——即原来中意股份的工厂，实现了戏剧性的“反并购”。

已经充分竞争的家电行业大佬云集，华良中意作为后来者生存并不容易，而且由于“中意”品牌影响力尚不够大，产品大多以中低端为主，华良中意此次收购中包括大量技术人员，收购之后华良中意将有机会推出中高端产品，对于这家企业而言这将产生质的飞跃。

但对于规模迅速扩大的华良中意来说，收购后的运营和人才都将面临挑战。

（案例来源：法律常识网）

讨论题

中意采用什么策略完成反并购？

第二节　国内外有关反并购的法律规范

一、美国反并购的规定

英美的并购体制有些类似但也有很大差别。在美国，竞购者受证券交易委员会和《威廉斯法》(WA)(1968)管制。WA 规定，目标公司和收购方皆有义务，要求并购双方在被购公司持股超过 5 %以上时予以披露，以防秘密积聚大量股份。

WA 规定收购开始时，要披露资金来源和收购目的等信息。投标必须开放 20 天，若出价条款变动或出现争价者时延长 10 天。“最佳价位”和“所有持有人”条例要求收购方在出价期间以最佳价位购买竞投的股票，而竞投必须向所有股东开放。WA 还将与竞投有关的内幕交易等欺诈行动定为非法。

WA 规定目标公司也有义务。要求目标公司在 10 日内将公司处于被收购的境况告知股东。目标公司必须披露利益冲突、金降落伞、提交裁决的理由、顾问的身份以及补偿条款，目标公司不能作实质性的误导声明。

由于美国公司受州法律管制，这些法律对反收购行动相当有影响。在 20 世纪 80 年代的接管狂潮后，许多个州都对他们的法律作偏向目标公司管理层的修改，州法律有时导致接管行动难以取胜。此外，企业可以获准将挫败或阻延恶意收购的有关条文，写入自己的公司章程内。像印第安纳等州已将差别对待的毒丸合法化，并允许管理层对恶意收购作出反应时考虑非股东利益。一些防御措施写入目标公司的章程并获股东批准，而其中一些则不需经股东同意。

二、欧洲各国的反并购规定

在欧洲大陆，目标公司可采用的防御措施与英美有很大差别。一般来说，恶意收购很难取胜，因为目标公司可采取整套有效的防御措施。这些区别起源于不同的哲学思想、文化和法制因素。根据盎格鲁一撒克逊传统，股东利益高于其他持股者的利益，这与大陆传统明显不同。

依照大陆传统，其他股份持有者通常有同等权力。在许多大陆国家，董事局向他们的公司负责，而不是向股东负责。前者要求董事决策时考虑股东、员工、顾客和当地社会。这种广泛的责任反映在公司法规和公司惯例上。例如，荷兰企业法规定："权力的天平不应过分偏向股东，还必须考虑利益占有者的利益，例如员工。"

Coopers & Lybrand 在一份报告上将并购活动在欧洲社会遇到的障碍分成结构性障碍、技术障碍和文化障碍几种。这些障碍使管理层和所有权不能轻易转换，从英国观点的本质看也是如此定义的，《法则》关于股东是收购价值裁定者的规定，正体现了这一点。因此，"障碍"这个词被用来指谓限制或妨碍股东自由和权力的协议或态度。这些障碍由法律和管理条例、体制和文化态度组成。它们的有力程度和对收购的影响因国不同。在并购期间，不同国家的员工有不同的权力。在丹麦、德国、卢森堡和荷兰，这些障碍因素被提交到监事会，因此对决定是否接受收购有决定性影响。

在法国，员工代表可参加董事局会议，但没投票权力。合并不一定要与工会商讨，但在员工人数超过 50 人的公司，工会可参加雇主和雇员召开的会议。收购要咨询劳工委员会，但委员会无权加以阻止。在德国，这类委员会在工作条件、雇佣或解雇事务方面有发言权。并非所有的国家都遵循一股一投票权的原则。无投票权股票的发行很普遍。在法国，上市公司可通过合同或公司条例来限制股票的转手能力。在法国，持股一定时期的股东可能获得双倍投票权。在所有欧盟国家中，荷兰给予发行有限的表决权股票的自由度最大。

荷兰公司可发行优先股，赋予持有者对发行公司很大程度的控制权。通常这些股票向发行公司的管理机构和监事机构的董事和监事发行。变更公司章程或优先股股东进行投票，可有效地委任公司董事，于是，普通股股东就被剥夺了委任股东的权力。

三、我国反并购的规定

我国《证券法》、《公司法》等法律法规中对于反收购的法律规范几乎是空白。因为缺少完善的运行规则，反收购实践中暴露了不少问题。我国反收购实践中可应用的反收购条款主要包括绝对多数条款、分期分级董事会条款与董事资格限制条款。

（一）绝对多数条款

公司的决议可以分为普通决议和特别决议。普通决议事项获得简单多数赞成即可通过，而特别决议事项则要求获得绝对多数赞成方可通过。我国《公司法》第 104 条规定："股东大会作出修改公司章程、增加或者减少注册资本的决议，以及公司合并、分立、解散或者变更公司形式的决议，必须经出席会议的股东所持表决权的 2/3 以上通过。"显然，该法未将反收购条款所规定事项完全纳入特别决议事项之中。对此，理论上可以认为，公司法一般仅就特别重要的特别决议事项作明确规定，此外还可以由公司章程予以补充规定。[11]事实上，《公司法》第105条隐含了这种自治授权。该条规定："本法和公司章程规定公司转让、受让重大资产或者对外提供担保等事项必须经股东大会作出决议的，董事会应当及时召集股东大会会议，由股东大会就上述事项进行表决。"因此，在我国，仍可依公司自治原则在公司章程中设定绝对多数条款的反收购措施。至于该绝对多数的比例，各国公司一般规定为80%以上甚至90%以上。其具体比例可以根据收购人及收购的具体情况作区分安排。就我国而言，尽管《公司法》规定的绝对多数比例为2/3，但不妨规定为更高的比例，或根据收购人的不同，作区分性规定。譬如，若收购系同行业优质企业发动的产业资本收购，则可将绝对多数比例规定为相对较低的75%～80%；若收购系金融资本收购，则可将绝对多数比例规定为较高的85%～95%。

（二）分期分级董事会条款

分期分级董事会条款（staggered board provision），也称为"交错选举董事条款"，其典型做法是在公司章程中规定，董事会分成若干组，每一组有不同的任期，以使每年都有一组的董事任期届满，每年也只有任期届满的董事被改选。这样，收购人即使控制了目标公司多数股份，也只能在等待较长时间后，才能完全控制董事会。在恶意收购人获得董事会控制权之前，董事会可提议采取增资扩股或其他办法来稀释收购者的股票份额，也可决定采取其他办法达到反收购目的，使收购人的初衷不能实现。因此，分级分期董事会条款明显减缓了收购人控制目标公司董事会的进程，使得收购人不得不三思而后行，从而有利于抵御恶意收购。

在我国，根据《公司法》第109条之规定，股份有限公司董事会成员为5～19人，董事任期由公司章程规定，但每届任期不得超过3年；董事任期届满，连选可以连任。该规定表明董事任期在3年期限内具体由公司章程规定，且公司法并未要求所有董事的任期相同。依此，在公司章程中规定每一位董事的任期不同，并不违反公司法的规定。由此，公司可以实行分期分级董事会制度，以此作为反收购措施。但是，《公司法》第101条第(3)项规定，持有公司股份10%以上的股东请求时，必须在2个月内召开临时股东大会，而依第100条及第38条之规定，股东大会有权选举和更换董事以及修改公司章程。因此，收购人可请求召开临时股东大会，通过股东大会首先修改公司章程中关于分期分级董事会制度的规定，然后再改选董事。这是收购人针对分期分级董事会制度的一项有效的反制方法。为防止收购人在获得控股地位后通过修改公司章程废除分期分级董事会制度，公司章程还可设置特定的绝对多数条款，规定必须绝对多数（确定特定比例）股东出席股东大会且取得出席会议的绝对多数（确定特定比例）股东同意才能修改关于分期分级董事会制度的条款。

（三）限制董事资格条款

限制董事资格条款，是指在公司章程中规定公司董事的任职条件，非具备某些特定条件以及具备某些特定情节者均不得担任公司董事。这就给收购人增选代表自身利益的董事增加了难度。当然，限制董事资格不能明显违背通常的商业习惯，不能仅仅为了反收购而对董事资格进行特别的不合理限制，而应同时着眼于公司治理水平的提升。

董事资格是担任董事的条件，是某人能否进入董事会的前提条件，也是法律为防止无才无德之士混入董事会滥用董事职权而确立的预防性制度。因此，各国大多对董事资格作了积极资格和消极资格两个方面的限定。董事的积极资格是指董事任职必须具备的条件，如持股条件、国籍条件、身份条件和年龄条件等。

董事的消极资格是指不得担任董事职务的条件和情形，如品行条件、兼职条件等。我国《公司法》第 147 条第 1 款对董事的消极资格作了明确规定，但未就董事的积极资格作出规定。对此，依照新《公司法》所奉行的加强公司自治的立法精神，应认为法律允许上市公司在不违背法律的强制性规定与公序良俗的情况下，通过章程对董事任职资格作进一步的限定。因此，我国上市公司可以采用这一反收购措施。问题就在于，如何具体确定限制董事资格条款是否违背法律的强制性规定或公序良俗。

【复习思考题】

1. 提高收购者的收购成本策略包括哪几种？
2. 降低收购者的收购收益策略包括哪几种？
3. 其他反收购的策略有哪些？
4. 各国反收购法律有哪些不同规定？

【案例分析题】

反并购策略案例——广发 VS 中信

一、事件经过

2004 年 9 月 1 日，中信证券召开董事会，通过了拟收购广发证券股份有限公司（下称“广发证券”）部分股权的议案。9 月 2 日，中信证券发布公告，声称将收购广发证券部分股权。一场为期 43 天、异彩纷呈的收购和反收购大战，就此拉开了帷幕。

9 月 4 日，广发证券实施员工持股计划的目标公司深圳吉富创业投资股份有限公司（下称“深圳吉富”）成立。9 月 6 日，中信证券发布拟收购广发证券部分股权的说明，称收购不会导致广发证券重大调整，不会导致广发证券注册地、法人主体，经营方式及员工队伍的变更与调整。9月10日，深圳吉富以每股1.16元的价格率先收购云大科技持有的广发证券3.83%股权。9月15日，深圳吉富按每股1.20元的价格受让梅雁股份所持有的广发证券8.4%的股权，此时，深圳吉富共持有广发证券12.23%股权，成为第四大股东。

面对广发证券的抵抗，9月16日，中信证券再一次重拳出击，向广发证券全体股东发出要约收购书，以1.25元/股的价格收购广发股权，使出让股东的股权在评估值基础上溢价10%～14%，以达到收购股权51%的目的。

9月17日，原广发证券第三大股东吉林敖东受让风华高科所持有2.16%广发证券股权，增持广发证券股权至17.14%，成为其第二大股东。9月28日，吉林敖东再次公告受让珠江投资所持广发证券10%股权，至此，吉林敖东共持有广发共计27.14%的股权。同日，原广发证券第一大股东辽宁成大公告，受让美达股份所持有的广发证券1.72%的股权，至此辽宁成大共计持有广发证券27.3%的股权，继续保持第一大股东地位。此时，辽宁成大、吉林敖东与深圳吉富共同持有广发证券66.67%的股权，三者构成的利益共同体的绝对控股地位已不可动摇。

10月14日，因无法达到公开收购要约的条件，中信证券发出解除要约收购说明。至此，历时43天的反收购大战，以广发证券的成功画上了圆满的句号。

二、收购动机分析

广发证券在全国各地拥有78家证券营业部，其中广东47家。中信证券本身的营业部主要分布于北京、上海、江苏、广东和山东，若能收购广发，则中信在东南沿海各省市的竞争力将大幅提高。

此外，广发的投行部门也颇具实力，2002年，股票发行总家数、总金额分别名列第1位和第2位，国债承销在证券交易所综合排名第7位。2003年，股票发行总家数名列全国同业第4位。收购可以大大加强中信证券的综合实力。同时，广发的人才和市场声誉也是一笔巨大的无形资产，对中信具有极大的吸引力。

另外，中信发现广发的价值相对低估，通过收购广发能够提高自身的业绩。当时，中信证券的股价虽然比最高点损失惨重，但股价仍为7元左右。而广发证券的转让价格均接近其每股净资产，约为1.2元。两家公司的股价之比高达6倍左右，中信证券的市盈率高达150倍，PS比率(股价/每股销售收入)也高达18倍，分别是广发证券对应估值比率的8倍左右。

按中信当时的市净比指标为参考，广发证券的每股定价可达到净资产的3.3倍，即4元左右，如按照中信证券的市盈率和PS指标看，广发证券的每股价格则会高达8元左右。一旦广发证券上市，则每股估计在4～8元左右，因此，只要收购价格低于每股4元，对于中信提高业绩、降低估价指标和支撑股价十分有利。

三、反收购策略运用

根据对收购动机的分析，我们可以发现在这次收购行动中，中信是金融买家和扩张者。因此，广发证券有针对性地采取了以下三个主要的反收购策略：实行相互持股，建立合理的股权结构；果断启动员工持股计划，阻止中信收购的步伐；邀请白衣骑士，提高股价和缓解财务危机。值得注意的是，在本次反收购战斗中，由于股东、管理层和员工高昂的斗志和必胜的信心，没有贸然启用副作用很强的"毒丸"计划和"焦土"战略，有效地防止了两败俱伤的局面。

1. 坚定的相互持股。广发证券与辽宁成大的相互持股关系，在广发证券反收购成功中起到了很重要的作用。广发证券工会是辽宁成大的第二大股东，持股16.91%。辽宁成大2004年年初持有广发20%的股份，2月又从辽宁外贸物业发展公司收购了广发约2538万股，约占1.3%，6月从辽宁万恒集团收购广发约8624万股，约占4.3%，至此，辽宁成大持有广发的股份比率高达25.58%，成为广发的第一大股东。在中信证券发出收购消息之初，辽宁成大即表示要坚定持有广发的股权，并于9月28日受让美达股份所持有的广发证券1.72%的股权，这种态度给广发证券很大的信心支持。

2. 员工持股计划。由于几年前公司高层已经有员工持股的战略意图，并开始运作员工收购计划，因此，吉富公司的募股非常顺利。到2004年8月20日，包括广发证券、广发华福、广发北方、广发基金与广发期货在内五个公司的员工交纳的募资就近2.5亿元。当中信公布收购广发之后，广发证券实施员工持股计划的目标公司——深圳吉富创业投资股份有限公司很快就召开了创立大会，并正式运作。在成立之后通过收购云大科技与梅雁股份所持有的广发股权，在实现自身目的的同时也有效地阻止了中信收购的步伐。

3. 白衣骑士。在本次反收购行动中，广发证券积极寻找白衣骑士也是反并购能够成功的一个最主要的原因。深圳吉富在收购云大科技与梅雁股份所持有的广发股权之后，很快就面临着资金的短缺。吉林敖东在这次反收购活动中，就扮演了白衣骑士的角色。吉林敖东原本是广发证券的第三大股东，共持有广发证券14.98%的股权，在本次反收购过程中，吉林敖东不断增持广发证券的股权，有力地挫败了中信证券收购行动。

（案例来源：中国MBA网）

讨论题

1. 中信证券收购广发证券的动机是什么？
2. 广发证券采取了哪些反并购策略，如何实施的？

B&E

第六章 管理层收购

第一节 管理层收购概述

一、管理层收购的含义

管理层收购(management buy-outs,MBO)是指:公司的经理层利用借贷所融资本或股权交易收购本公司的一种行为,从而引起公司所有权、控制权、剩余索取权、资产等变化,以改变公司所有制结构。通过收购使企业的经营者变成了企业的所有者。

二、管理层收购的特征

1. 管理层收购的主要投资者是目标公司内部的经理和管理人员,他们往往对本公司非常了解,并有很强的经营管理能力。管理层收购涉及企业的核心商业秘密,往往政府或行业管理部门都有一些优惠措施。他们通过管理层收购使原来的经营者身份变为所有者与经营者合一的双重身份。

2. 收购融资的高财务杠杆性。管理层收购计划的完成通常要借助于外部大量的债务或权益性融资,融资方案的高财务杠杆性质决定了收购本身的高风险、高回报,也决定了目标企业应当是具有较大潜在管理效率空间的企业,能够通过收购实现代理成本的明显节约和效益的明显提升。

3. 管理层收购的资金来源是管理者自筹或通过融资。

这样目标公司的管理者要有较强的组织能力,融资方案必须满足借贷者的要求,也必须为权益人带来预期利润,同时借贷具有一定的融资风险。

4. 收购后目标企业实际控制权的转移性。收购完成后,目标企业原股东部分或全部退出企业,取而代之的是目标企业管理层,目标企业在一定程度上实现了所有权和经营管理权的合一,管理层地位因此而发生根本改变,即由单纯的企业经营者变成企业所有者,目标企业的实际控制权因此而实际或可能转移到管理层手中。当然,企业实际控制权的

转移并不一定要求管理层取得控股地位或持有多数表决权股份，只要管理层能够直间接地操纵目标企业的重大经营决策即可。

5.管理层收购的目标公司往往是具有巨大资产或存在潜在的管理效率空间的企业。管理者通过对目标公司的控制权，重组公司结构，达到节约代理成本、获得巨大的现金流入。

6.管理层收购完成后，目标公司可能由一个上市公司变为一个非上市公司，然后经过一段时间后再行上市。管理者通过收购公司的资产或股份，减少公司的流通股或收购法人股来控制公司。

三、管理层收购与一般的企业兼并收购的区别

（一）收购主体上的区别

MBO与企业兼并收购的买方主角有所不同。区别在于，企业兼并收购的买主是"企业外部的"第三者；MBO的买主是"自家的"经营者，卖方是该企业的股东，是自家人之间的商业交易，二者在实际经营方式或经营姿态全然不同。由自家人收购该企业与外部人相比，收购的风险明显减少。而且收购者因为当了股东，取得了经营权，对收购之后的业务关心程度和介入方法，以及经营热情，都与企业兼并收购后的重组大不相同。实施企业收购，不会像企业兼并收购那样，让在岗人员产生消极失落感，能使"业务的连续性"得到发展，新的管理人员对企业经营的关心程度提高，能以向前看的姿态行事。

（二）收购的目的不同

一般企业并购的目的在于获取战略机会、发挥协同效应、提高管理效率、获得规模效益、买壳上市、避税效应、企业价值增值以及筹资等；而管理层收购目的是为改变本公司所有者结构、控制权结构和资产结构，进而达到重组本公司的目的并获得预期收益。

（三）融资难度不同

企业兼并收购与管理层收购虽然都需要考虑资金筹措问题，但是两者在融资难度上差别很大。实际上所需要的资金成本并不多，运用股份交换，不需要筹集收购的追加资金，而且进行收购时可以使用手里的流动资金，不足部分可较为容易地从金融交易中获得融资。收购时所需要资金，通过收购后的兼并又回到手里。管理层收购，要设立以收购为目的的公司，需要大笔资金，管理层收购计划的完成通常要借助于外部大量的债务或权益性融资。管理层收购的贷款依据不同于一般的收购，需要运用以被收购公司的现金流或资产作抵押的"贷款"，若没有资金提供者的合作难以完成。它可能将使被收购企业的财务情况恶化，这与企业兼并收购有较大差别。

（四）企业文化融合环境不同

兼并收购是在两个不同企业之间进行，所以不同文化的企业间进行收购，企业文化差别较大。不同文化的企业间进行收购，收购后企业文化的融合是一个重大课题。若把重点放在被收购企业的软件价值上，人才将流失。实行管理层收购时，自家人之间的商业交易，经营和被收购者是在相同的企业文化里成长起来的，企业文化融合不存在的障碍。

（五）谈判和毁约可能性不等

企业兼并收购和管理层收购最初阶段都要进行预备性谈判。这一阶段协议的情况对其后的进展影响很大。企业兼并收购在达成协议、进入实际作业阶段后，常常会出现各种问题。尤其是文化不同的企业合并到一起，将会出现人事、组织方面的协调、信息体制的统一等复杂问题。这些问题有时会使企业兼并收购协议最后变成一纸空文。而管理层收购一般在事前协议时可决定一切。其后的主要问题，大多是收购价格和转让资产内容的调整，其中收购价值将是最大的难题。

四、管理层收购的理论依据

管理层收购是指企业管理层通过自有资金或融资，收购所在公司股份，实现企业控制权从大股东转移到管理者手中的行为。20 世纪以来，学术界对 MBO 给出了多种理论解释，这些解释大致归纳为效率理论和财富转移理论。

（一）价值创造理论

詹森是代理成本说的代表人物。他指出，随着企业股权的日趋分散，管理层对企业的控制权日趋上升，在那些成熟的企业和行业中产生了大量的自由现金流，使管理层有了进行多元化并购的自由选择空间，任意使用自由现金流是管理层代理成本的主要体现。管理层热衷于多元化经营扩大企业规模，而不是最大化股东收益，结果出现了高现金流和低效投资并存的现象，企业资源被低效利用。因此，就产生了潜在的效率提升空间，只要提高企业负债率，就可以通过强制性的债务利息支出缩小管理层自由支配现金流的空间，降低由自由现金流而产生的代理成本，负债和破产压力也会迫使管理层提高经营效率，高负债因此成为降低管理层代理成本的控制手段。价值创造理论的支持者认为(詹森，1986)，实施管理层收购的好处在于：

(1) 可以降低代理成本，这主要是通过以下的途径来实现的：第一，管理层收购实现了所有权和经营权的亲和，管理者成为企业的所有者，管理者的报酬直接与企业的业绩挂钩，这促使他们致力于创新，挖掘企业潜力，进行长期效益的改革，从而激发了管理者的积极性和潜能；第二，股权的相对集中，使监督更为有效，而且有利于解决投资者搭便车的问题。当控制权集中在少数投资者手中时，由于占有企业的大部分利益，他们比控制权分散在很多的投资者手中时更容易采取一致的行动，继而有动力去搜集有关企业的信息和监督经理。在某些情况下，大股东还有足够多的投票权对经理施加压力甚至通过收购和代理人争夺战来罢免经理，也就是说，大股东是通过共同利益最大化和对企业资产的充分控制来解决代理问题的。

(2) 许多公众持股公司有大量的自由现金流量，但是，这些公司的管理层却不能对新项目进行明智的投资。因此，当一个公司被管理层收购之后，随之而来的高额负债会使既是所有者又是经营者的公司管理层对其投资战略做出更加科学的评价，这样会降低投资风险或者提高投资的收益水平，同时会让股东和债权人关注其现金的产生及流向。

(3) 更特殊的是，管理层收购之后，在资产的管理方面也会发生一些主要的变化。比如：将企业的外围业务转让，同时对现存的核心业务通过有效的成本缩减和现金管理来实现现有资产经营效率的提高。对价值创造理论的主要批评是这种交易中所产生的溢价对管理团队来说数额实在太大并难于弥补。要创造这样大的价值，收购前后同样的管理层必须变革管理方式和经营战略，并要很快使之行之有效——这在怀疑者看来根本是不可能的。

（二）防御剥夺理论

该理论以阿尔钦等发展起来的企业理论为基础，认为管理层对企业的投资最容易受到其他利益主体(如股东)的剥夺，为防止投资收益被侵占，管理层有动机成为企业的剩余索取者。MBO 由此而生。Alchain 和 Wood－ward 认为管理层对企业的投资具有"唯一性"，管理层的收益依赖于企业的整体绩效，其产生的准租金更容易被股东、雇员等利益主体剥夺。为防止自己专有投资的收益被他人剥夺，管理层就有可能成为激励自己投资收益的完全获取者。MBO 是管理者实现自我利益、防止专有投资被侵占的有效手段。防御剥夺说从管理层角度解释了 MBO 的动机和 MBO 的行业选择，认为 MBO 是管理层明晰投资收益的手段，是管理层为改变与贡献不相称的报酬体系而进行自我付酬的安排，随后发生的绩效改善则是管理层得到与其贡献接近的强大股权激励的结果。在企业中，管理层对企业的投资具有"唯一性"，管理层的收益强烈依赖于企业的整体绩效，因此其产生的准租金更容易被股东、雇员等利益主体剥夺。并且管理层的投资及其产生的收益，由于信息不对称存在很高的衡量成本，管理层和其他利益主体之间容易就管理层应该得到的报酬产生分歧。因此为防止自己的专用投资被他人剥夺，管理层就有动机和激励成为自己投资收益的完全获取者。

简单归纳后，可以看出其要点在于：(1)管理层对企业进行了专用投资，但投资收益容易被他人侵占。管理层有激励采取防御措施，成为企业的所有者。(2)而管理层成为所有者必须有相应的财务支持，最容易得到债务融资的行业是那些资产可塑性弱的行业。(3)这两方面推动力量促使了 MBO 的出现。

（三）企业家精神理论

MikeWright 等在发展前人理论的基础上提出了企业家精神说。Bruining and Wright(2002)将詹森的观点称为MBO中的效率定位，认为这种定位只将MBO的收益归结为成本的节约和效率的增进，这是一种过时的观点。他们认为实行MBO不应仅定位于成本的节约，而应定位于价值的创造。为此他们提出了MBO的企业家精神定位，认为实施MBO就是要使企业具有企业家精神，通过企业家精神创造更多的财富。那么什么是企业家精神呢？他们借用Lumpkin and Dess(1996)的框架，认为一个企业如果将以下五个方面有效地整合在一起，那么这个企业就具有了企业家精神。这五个方面是：(1)创新，企业要致力和发展产出新产品、新服务和新技术流程的所有新观点、新创意、新实验和新流程；(2)先发制人，企业要积极寻求机遇发现未来的需求趋势，领先竞争对手推出新产品，抢先淘汰落后做法；(3)主动竞争，企业要具备领先竞争对手的进攻态势；(4)承担风险，管理层要勇于进行规模大且风险高的投资决策；(5)自治，企业中的团队和个人要有提出自己的观点并进行实施的自由。企业具有了企业家精神就能够将外部环境变化和企业内部的组织构造有机地结合起来，使企业实现战略转变。

那么企业家精神又是如何形成的呢？为什么在实行MBO后管理层才表现出企业家精神呢？为什么以前的MBO不具有促进企业形成企业家精神的特性呢？

他们认为一些管理层具备了形成企业家精神的潜质，但这种潜在的企业家精神为管理层所隶属的大企业所不容。在实施MBO及MBO后的持续变革过程中，风险投资机构对于促使MBO企业建立起企业家精神发挥了重要作用。企业家精神理论重新解释了MBO的收益来源，不仅强调了管理层的作用，而且强调了风险投资机构的作用，认为是二者的合力创造了MBO的收益。

Wright 等(2001)区别了四种类型的MBO——效率型收购、再生型收购、企业家收购、失败型收购，详细阐述了这四种MBO在企业和行业选择、融资方案、控制手段、激励安排、要求管理层具备的风格等方面的差异。

效率型收购(efficiency buyouts)是传统的LBO，是詹森等分析的对象，上市公司和国有企业是效率型收购的适用对象，因为代理问题是这类企业面临的主要问题。通过适当集中所有权、利用高负债引入严格控制、并建立有效的激励计划，就能解决代理问题。高财务杠杆是效率型收购的关键，它留给管理层很小的自主空间并向他们施加了尽力避免无效投资和多元化的强大压力。

再生形收购(revitalization buyouts)。当一个企业的弱势竞争地位可以通过升级或渐进式创新得到改变时，该企业最适合进行再生型收购。这种机会常出现在大型企业的分拆中，因为不少企业分支机构的绩效不佳是由于缺乏足够投资和足够重视。这些分支机构的管理层多具有管理者风格，能够进行系统性的渐进式创新，使企业得到再生。由此再生型收购强调长期绩效，对融资结构的要求也不同于效率型收购，负债率要低于后者，不仅要保证给予足够的财务支持，而且留出使管理层实现变革的自主空间和时间长度。所以再生型收购的适宜收购方式是MBO或管理层和员工共同收购(MEBI)，必须有目标企业管理层的参与，而在效率型收购中可以没有目标企业管理层的参与。

企业家收购(entrepreneurial buyouts)的适宜范围是那些通过实行战略创新把握成长机会的企业和行业，一是那些管理层极度受挫且激励措施配置不当的企业，二是那些以技术为基础却遇到发展障碍的企业。前者也多出现在大型企业和国有企业中，后者则多是一些上市公司。这些企业的管理层具有企业家风格，但他们的努力得不到母公司、股东的重视，他们缺乏进行战略创新的权利和激励。通过收购实现所有权结构的转换，就能够为管理层提供进行战略创新的权利和激励。企业家收购对中介机构和融资结构的安排都不同与前者，它要求中介机构要充分理解企业的技术特点以有能力进行投资评价和控制，并且能够识别和替换那些缺乏企业家风格的管理层。融资安排上主要以股权融资为主，使用更低水平的债务，较少使用带有回购条件的融资工具，以给予管理层更大的创新余地和更长的创新时间。风险投资机构是这类收购的主导者，他们发现那些具有企业家风格的管理层，安排进行MBO或外来管理层收购(MBI)，并在收购后和管理层一起培育企业的企业家精神，实现企业的战略创新。他们对管理层的控制主要是决策控制，而不是财务控制。对管理层的激励主要是通过赋予较高比例的股权和承认并允许以才能和技术入股来进行激励。

失败型收购(failure buyouts)。从上述分类中可以看出，收购成功的关键在于适当的控制手段、正确的激励措施和管理层风格之间的正确匹配，失败的MBO就是那些没有恰当匹配三者的收购。当企业和行业的状况决定实行效率型收购最恰当时，管理层追求战略转变，大举进入难以在短期内产生现金流的新业务领域，沉重的付息压力会使企业陷入财务危机。同样当具有企业家风格的管理者受到来自于财务控制的过度约束时，MBO也会失败。

从风险的角度比较，效率型收购的风险最小、再生型收购的风险中等、企业家收购的风险最大。但是最大风险来自于管理层风格、激励手段和治理机制的错误配置。所以在MBO中重点强调的就是要充分理解参与者(特别是管理层)的不同风格、中介机构具有的不同融资技巧、治理控制和财务杠杆的不同程度以及收购交易的不同类型，以在它们之间的进行有机匹配，有效激发企业的企业家精神。他们还进一步指出以企业家精神为基础的企业家MBO的市场空间在日趋扩大，成为主流，效率型收购的空间在日趋萎缩。

Wright et al(2001)最后指出仅从节约代理成本的角度来理解MBO已经不够了，价值创造是当前MBO的主流。在创造新生价值过程中，管理层和风险投资机构的作用日趋重要，也正是他们作用的上升要求有新的融资结构和机理机制与之相匹配。管理层和风险投资机构共同推动企业生成企业家精神,完成企业的再生。

(四)财富转移理论

财富转移理论是 MBO 理论中的非主流理论。该理论认为 MBO 并没有给企业带来实质性的变化,交易之后的绩效上升,尤其是管理层的股权溢价,只不过代表财富从其他利害关系人,如股东、债权人、职工、政府等向管理层转移。MBO 所运用的手段只不过是转换企业的资本结构,通过财务杠杆将企业中已经存在和即使不实行 MBO 也会产生的稳定现金流压榨出来,支付给新债权人、MBO 投资者和管理层。其中避税理论是财富转移理论中最主要的观点,MBO 的目的就是充分利用企业潜在避税空间,避税收益同时也是收购资金的来源。

效率理论和财富转移理论对 MBO 的绩效源泉做出了完全不同的解释,二者之间互不兼容并导致了不同的政策主张。效率提高说认为应当鼓励发展 MBO,而财富转移说则主张抑制 MBO 的发展。虽然在实际的 MBO 中,绩效的改善可能既来源于财富转移,又可能来源于效率提高,但效率提高是主要的方面。这一点决定了 MBO 的生命力和有效性,也是效率观成为主流 MBO 理论的现实基础。因此,从一般含义上讲,MBO 是在产权约束和市场规制下,通过改变企业产权结构,提高企业绩效的产权交易手段;同时从运作角度来看,又是通过资本运作转换企业所有权的方式。

(五)管理机会主义理论

管理机会主义理论建立在管理层和公众持股者信息不对称的基础之上。它认为管理层购买公司的控制权是由于他们拥有的更多的信息,这意味着公司的价值被外部投资者严重的低估了,在这种动机的驱使之下,只要收购支付的费用小于购买价格和公司内在价值之间的差额,管理团队的收益就是正的,支付的费用在目标公司私有化一段时间之后通过再次上市而得到补偿。对于管理机会主义理论的批评主要在于它的可信性,因为这种理论最基本的假定是由于缺少对关键性的信息的披露而导致在收购前对公司价值的低估的说法是站不住脚的。此外,许多因素限制了管理层和其他的投资者排他性地从对公司价值低估中获得重大收益的可能性。比如:来自于其他的竞价者的竞争将迫使管理层在收购中支付与公司私有化价值相等的费用。可见,管理机会主义与价值创造理论之间是存在本质的区别:管理机会主义强调管理层对关键信息的控制和在收购完成后又公开上市的战略;而价值创造理论则认为收益的主要来源是管理者的介入。

(六)节税理论

此观点认为:尽管管理层收购可以提高生产力或者存在管理机会主义的观点有一定的合理性,但是,税收节约才是管理层收购的真正驱动力。在收购的过程中,管理层一般很难用自有资金支付收购费用,必须借助于大量的负债,为高额负债所支付的利息可以在税前扣除，使公司获得了实实在在的税收利益，从而转换成一笔相当客观的现金流入。这笔税收节约可以累积到先前为收购所支付费用的一个相当大的比例。

通过税收效应使公司价值增加主要来源于两个渠道：一是管理层收购是一种杠杆收购，管理层往往通过大量的融资以完成对公司的收购，因此收购完成后，公司的资产负债率会大幅上升，而债务利息是在公司缴纳所得税后支付的，从而通过实施 MBO 会给企业带来显著的债务节税效应。二是实施 MBO 后，可以根据实际收购价值对公司资产账面价值进行重新调整，并根据调整后的资产价值计提折旧，折旧费用的增加可以减少公司的实际税收支出。

五、管理层收购的意义

（一）有利于解决企业产权不清的问题，为企业可持续发展提供根本保证

我国国有企业尤其是国有上市公司和大多数集体企业，其国有产权主体人格化问题一直未得到有效解决，“所有者缺位”问题依然严重。我国国有企业长期以来存在所有者缺位的问题，政府部门作为所有者（全国人民）的代表，对国有企业行使所有权，有资格参与国有企业的重大决策，包括任命企业的管理层。国有企业的管理层是由政府部门任命的，他们的命运掌握在政府手中，很难要求他们考虑企业的长远发展；而且在政府监督不严的情况下，他们很可能会利用信息上的不对称，追求个人利益最大化，损害所有者的利益。国有企业管理层收购的实施和开展，使得企业原来分离的所有权和经营权得到相对的统一，从而较为有效地解决了国有企业“所有者缺位”的问题。这对深化国有企业改革、建立现代企业制度具有巨大的促进作用。实施管理层收购，国有企业的经理层控股企业，成为企业真正的支配者，政府部门只能根据其持有的股份，委派代表（董事）参与企业的经营管理，无权直接干预企业的正常经营，这解决了国有企业长期存在的“政企不分”的问题。

（二）为国有资产的退出提供了一条重要途径

长期以来，我国国有企业普遍存在效率不高的问题。为了改变这种局面，中央提出了国有经济“有进有退，有所为有所不为”的方针，要求对国有经济进行战略性重组，实现国有资本从一般性竞争部门向战略部门集中。管理层收购恰好为这一方针的实施提供了一条重要途径。

（三）有利于完善对管理层的激励和约束机制

在产权不清的企业里，由于所有者缺位，经理层的待遇由谁确定一直悬而未决。我国上市公司的长期激励问题一直是一个难题，上市公司管理层持股比例低下，导致管理层和公司投资者目标函数严重偏离，管理层经营行为的短期化问题十分严重，公司的大量资源

被用于管理层的在职消费，并最终导致公司经营业绩逐年下滑，投资者的利益受到严重侵害。在当前公司管理层还难以通过股权、期权获得正当利益的情况下，通过上市公司的管理层收购可以实现所有权与经营权的相对统一，理顺所有者与经营者的关系，充分调动他们为公司努力工作的积极性。同时，管理层收购作为公司外部治理机制的并购的方式之一，更能发挥其约束经理人员的作用，起到"公司控制的替代性机制"的作用。另外，由于管理层收购必须借助于大量的债务融资来完成，可以迫使管理层把公司的自由现金流量用于偿还债务，减少由自由现金流量所引致的代理成本。我们不能指望经理层完全依靠觉悟来全心全意为企业工作，他们也需要物质激励，必须解决他们的工作动力问题。管理层收购明确了经营者的所有者地位，将他们的利益与企业的利益紧密地结合在一起，有利于充分调动他们的工作积极性，有利于对经理层的激励和约束。

（四）有利于大型企业的资产剥离，提高经营效率

前些年，一些企业资本运营的速度过快，有的甚至是盲目扩张，将许多与本企业长期发展战略不相符的企业纳入企业的控制之下；另外，政府的行政干预"拉郎配"也使得一些企业盲目合并。由于这些企业的规模扩张并不是从有利于企业长期发展的战略下作出的，因此，并没有产生经营与管理上的协同效应。

为提高这些企业的经营效率，需要对其进行"消肿"，将非核心的及缺乏赢利的部门通过管理层收购进行有效剥离。这样，一方面可以使企业从出售资产中获得现金流量，用以购买符合企业发展战略需要的资产；另一方面，可以使企业有效调整资产结构，集中资源深入拓展核心业务；再者，由于分支机构的减少，可有效降低代理成本，提高企业经营效率；最后，对于被剥离的分支机构，由于它是由熟悉其经营业务的管理层接管，并且实现了所有权与经营权的统一，因此也有利于这些分支机构经营效率的提高。

（五）有利于我国经理人才市场的培育

管理层收购为上市公司的管理层提供了一个充分发挥自身才能的机会，有利于公司的管理层和外部投资者通过市场来评价管理层的价值，从而为经理人才市场的建立创造了条件。

第二节　管理层收购的运作

一、管理层收购的形式

（一）收购上市公司

管理层通过收购自己公司发行在外的股票，使目标公司"私有化"。

（二）收购集团某一部门或分支机构

20 世纪 80 年代各企业基于加强专业化生产和经营的要求，纷纷实行分拆，以便集中力量发展核心业务。这时它们考虑的往往是内部的管理层。因为一方面，内部管理者拥有更多有关这些部门或子公司赢利潜力以及其可能存在的风险的具体信息，可以在更为有效规避风险的同时，将这些部门的赢利潜力挖掘出来；另一方面，从卖方来看，分拆出去的企业还可能与原母公司存在一定的业务往来，为了维持这些业务关系，卖方也愿意采取 MBO 的方式。

（三）国有企业私有化

国有企业私有化有多种形式，MBO 只是其中的一种。因为，从政府而言，采用 MBO 一般可以保证企业大部分员工不至于失业；从管理者而言，原有管理者成为股东后，可以充分利用他们的经验和熟悉情况的优势，更为有效地调动其工作的积极性。

二、管理层收购的基本内容

（一）收购主体

管理层收购的主体主要是目标公司的经理、管理人员和少数技术骨干。管理层对所在公司的资产质量状况以及未来的赢利能力都很熟悉，对收购后如何运作充满信心，也就非常热衷于对目标公司资产和股权的收购。有时，拟实行管理层收购的企业会在内部成立一个职工持股会，允许企业职工购买一定数量的股份，管理者则可通过多出资的方式在职工持股会中掌握控制权，这种收购方式通过内部融资大大降低了收购成本。

（二）收购资金

收购主要通过借贷融资来完成。一般情况下，目标公司股权或资产的价格会远远超出管理层的支付能力。由于所需的资金量很大，管理层通常会以目标公司的资产作抵押通过向银行借款或发行债券等手段来筹集资金，这样一方面会导致公司股权价值的损失，另一方面也需要金融机构的支持。

（三）收购对象

收购对象一般是目标公司本身，也可以是目标公司的子公司或其他业务部门。后一种情况通常与目标公司的战略调整相关，成为目标公司剥离某种业务的一种方式。不管目标公司本身还是它的子公司，这些收购对象往往具有巨大的资产升值空间或潜在的管理效率提升空间。

（四）收购后运营

在欧美国家，目标公司若是上市公司，收购完成后多数会变为非上市公司，从而也就摆脱了上市公司的众多限制及透明化运作的要求。这样，目标公司的股权结构、资本结构以及治理结构均会发生根本性的变化，取得所有权和经营控制权的高度统一。任何企业都会面临股东和经营管理者之间的矛盾问题，管理层收购有效地解决了这一难题。通过实施管理层收购，管理者的身份由单一的经营者角色变为所有者与经营者合一的双重身份，这样就把管理者自身利益与公司的利益紧紧联系在了一起，对管理者形成强有力的激励和约束机制，使其在追求自身价值最大化的同时也实现企业价值的最大化。

三、管理层收购的操作程序

（一）目标确定阶段

并不是所有的企业都适合做MBO，因此，实施MBO的第一阶段是确定适合MBO的收购目标。本阶段工作内容主要是对MBO的可行性评估。可行性评估既可以是出让方，也可以是受让方。理论上来讲，适合MBO的企业具备以下几个特点：有良好的经营团队、产品具有稳定需求、现金流比较稳定、有较大的管理效率提升空间、拥有高价值资产、拥有高贷款能力等。如果目标确定不合理，会给以后的收购过程带来很多麻烦，甚至导致收购过程的搁浅。目标确定阶段首先要确定的是卖者愿意卖。现实产权的所有者有转让该产权的意愿，一般来讲，国有资产的战略性转移、当地政府对企业产权明晰的愿望以及企业集团经营方向的转移都会形成卖方意愿。其次要确定的是买者愿意买。企业经营层有受让企业产权的意愿，这一般取决于经营层对企业前景的判断，以及其对企业的长远打算，同时也与管理层能否接受MBO这种先进的观念相关。

（二）意向沟通阶段

在确定MBO目标之后，出让方或者有意向受让的要向对方发出要约。卖者愿意卖和买者愿意买是意向沟通阶段要达成的核心目的。出让方与受让方双方达成初步意向，以及出让方征询地方主管部门的初步意见。当上述内容均得到肯定答复时，管理层才会正式启动MBO的运作。

（三）实施准备阶段

本阶段工作重点在于组建收购主体，安排中介机构（包括财务顾问、律师、会计师、资产评估等）入场，并寻找战略投资者共同完成对目标公司的收购（如需要）。管理层在这一阶段需要决策收购的基本方式，是自行完成，还是采用信托方式，亦或寻求风险基金及战略同盟的参与。

（四）方案策划阶段

由于各个企业的情况千差万别，各地对国有或集体资产的管理归属等问题又有种种不同的规定，同时有效运用当地政策法规可极大地促进MBO的运作成功，因此成功的

MBO首先取决于良好的方案，主要包括：组建收购主体、协调参与各方的工作进度、选择战略投资者、收购融资安排等。由参与MBO的出让方和受让方以及其他中介机构共同探讨具体的实施方案，尤其要考虑一些重要的细节问题。方案策划阶段着重要考虑以下四方面的问题。

1. 国有和集体资产的处置问题。在我国的MBO操作中，经常涉及国有和集体资产的处置问题，这一方面是一个比较敏感的问题；另一方面在当前还有很多的法律、法规限制，从我国目前MBO实践来看，这一问题的处理好坏是整个过程成功的关键。

2. 融资渠道选择问题。方案策划阶段还必须探讨具体的融资渠道选择问题，因为MBO项目一般都涉及巨额的收购资金，寻找合适的融资渠道，有效利用资本市场，以最低的成本得到所需资金，关系到MBO项目能否最终实现。在国外，由于可利用的金融工具较多，管理层收购方可从银行获得大量贷款，甚至可以发行垃圾债券来筹措巨额资金。但在我国可以利用的融资工具十分有限，因此国内已经发生的MBO案例，管理层对收购资金的来源都非常隐讳。总体而言，银行对MBO融资是持积极态度的。只要操作方案设计科学，企业有良好的效益预期，融资问题其实不难解决。常用的融资渠道有：银行借款、民间借贷、延期支付及MBO基金担保融资等。这个问题的处理会直接影响到买者是否有能力买。由于长期受计划经济的影响，高级经理层（特别是国有或集体企业的高级经理层）处于相对较低的收入层次，所以收购主体的支付能力都远低于收购标的的一般价值，因此资金必须通过融资来解决。

3. 收购价格的确定问题。合理、科学的收购价格是双方达成共识的基础，也是MBO实现多赢的前提。我国近期的MBO操作收购定价绝大部分围绕企业资产净值波动。对于收购有较大管理与财务效率空间的企业来说（凡管理层提出收购的，恐怕大部分都符合这一标准），这一定价不能算是高溢价收购。从已有案例看，大部分的收购价格都低于该公司的每股净资产。如特变电工（600089）今年中期每股净资产3.36元，每股收益0.18元，净资产收益率达到5.54%。但该公司转让给不同的股东时，最低以每股1.24元转让给上海宏联，而转让给上海邦联的价格为3.1元。据公司称，之所以将价格定得比较低，是由于该公司1993年上市，为了补偿其内部职工为公司所作出的贡献而如此定价。进行管理层收购的上市公司若在定价上没有一个比较合理的原则，在今后操作上难免有将国有资产低价转让的嫌疑。可以看出，已经进行的管理层收购出现有利于收购方的倾向，这很容易侵害到国家股和中小股东的权益。理论上讲，价格确定的方法主要有：现金流量折现法（DCF模型）、经济附加值指标（EVA法）、收益现值法。

4. 股东持股比例的合理性问题。回购有利于企业MBO的操作，例如：对国有（法人）股进行定向回购，将直接导致公司资产净值的减少，并进而降低管理层的收购资金压力与融资成本。

（五）MBO 实施阶段

本阶段是实施 MBO 的关键，涉及收购方案的制定、价格谈判、融资安排，审计、资产评估，并准备相关的申报材料。这一阶段是 MBO 实施方案确认后的实际收购操作阶段，主要工作环节为：评估、定价、谈判、签约、履行。实施的焦点主要是收购价格的确定及其他附加条款的确定。操作阶段涉及许多 MBO 的实施技巧，纯熟的资本运做将减少从方案到现实的成本。实施阶段的关键是定价与融资，而各个环节的连接与配合也直接关系到收购能否顺利和成功。实施阶段的成果是买卖双方签订《股权转让协议》。一般而言，同时还会签署《委托管理协议》，在股权转让事项的审批期间，被转让股份委托收购方代行股东权利。

（六）信息披露阶段

在买卖双方签订《股权转让协议》和《委托管理协议》后，如果是上市公司还需要进行公告，披露股权转让的相关信息，同时向当地证管办和证监会报备相关材料。若非上市公司，则没有此步骤。

（七）政府审批阶段

涉及国有股的转让，其协议生效还需两级政府审批——省财政厅和国家财政部。涉及国有股的转让的 MBO 项目只有在政府审批通过之后才可能生效并得以实现。

（八）MBO 后整合阶段

MBO 后的管理整合阶段，亦称后 MBO 阶段，此阶段为 MBO 的后续整合阶段，最重要的工作是企业重新设计和改造，包括 MBO 后经营层对企业所做的所有改革，包括业务整合、资本运营、管理制度改革等，后 MBO 阶段是企业实施 MBO 后能否持续发展并不断壮大的关键，同时也是最终完成 MBO 各项初衷的关键。管理者必须对公司进行业务和资产重整，加强科学化管理，改善资产结构，剥离不良或与公司核心业务无关的资产偿还债务，积极开展获利能力强的业务，同时，还需降低整体财务费用和负债水平。通过后 MBO 阶段，解决 MBO 过程中形成的债务，同时也实现 MBO 操作的各种终极目标。至此，MBO 才画上了完整的句号。

课堂案例

康辉三剂良药终修旅游业首例 MBO 正果

2002 年 11 月 26 日，中国康辉旅行社有限责任公司新的董事会、监事会和管理层产生，康辉管理层以 2 450 万元现金从首旅集团手中买下了康辉 49%股权的方式，将历时 3 年的 MBO 尘埃落定，也成为国内旅游界首例成功 MBO 案例。

其实，早在7年前，在长江三峡的一艘游船上，康辉旅行社召开了一年一次的总经理会议，与会老总们开始酝酿：从国有企业手中买股份，进行产权多元化的改制。7年后，康辉终于把这一想法变成了现实。

不过，欣喜之余，研究个中创新做法乃是上策。譬如，自然人现金直接持股、信托方案绕过法律障碍、预留持股打通未来通道等措施应当算是修成正果的"三剂良药"。

第一，自然人现金直接持股，方案简洁明了，各方皆大欢喜。

经评估，康辉旅行社净资产为5 000万元，每股作价1元，共5 000万股本，管理层出资2 450万元持有2 450万股，占总股本的49%，其余股份仍由首旅集团公司持有。与国内有些公司进行MBO时层层设立"壳"公司的方案不同，康辉的方案非常简单——管理层直接拿现金购买股权。

康辉也没有选择贷款作为MBO的资金来源。康辉相关人士对记者解释，目前的贷款利率是5%左右，即使康辉分红达到10%，也要有一半利润给银行，所以公司管理层决定自筹现金进行收购。

第二，信托方案绕过法律障碍。康辉的管理层直接现金收购方案虽然最为简单，但实施起来却有点麻烦——康辉参与MBO的有78人，而根据公司法规定，有限责任公司的股东要控制在2～50人之间，显然78人再加上国有股东，已经超过法定公司股东人数。

康辉的解决办法是引入信托。公司高层管理人员38人为直接持股人，余下40人通过华宝信托投资公司而成为间接持股人——资金交由华宝信托管理，成为一个直接持股人，这样一来，公司股东人数就不会超过法定人数了。华宝信托代表40人参加股东大会，每年收取3万元的信托费用。

第三，预留持股打通未来通道。康辉MBO的另一精巧之处在于开放式。由于旅游行业中人力资本占有特别重要的地位，而行业内人员流动又比较频繁，为了吸引优秀人才加盟，必须设计成开放式股权，给新加盟者提供持股机会。为此，康辉在持股人中引进了一个中介基金，持有500万股份，当有新的管理人员加盟时，该基金必须按约定将股份转让给新股东，而平时则根据所持有股份参与分红。不过，对此方案持有微词的也不在少数。

一位MBO研究专家分析，康辉的MBO与国外MBO有相当多的不同，多少带有些股份合作制的影子。另外，康辉承诺股东回报率不会低于10%，这又多少带上些内部高息集资的嫌疑。再者，一位准备实施MBO的大型国有公司老总说，"我们公司的管理层可一下子拿不出那么多钱，现金购买股权根本无法实施"。

国家旅游局人士曾透露，我国将全面开放非国有经济进入旅游服务业和进一步扩大对外开放。要实现到2020年建成世界一流的旅游强国的宏伟目标，必须进一步降低民营资本和外资进入旅游服务业的门槛。

如此看来，旅行社的改制风暴将方兴未艾。事实上，和康辉同属中国旅行社第一方阵的其他一些国有大型旅行社，他们的改制也已有所行动，只是方式不同。中青旅已经上市，中旅和国旅正忙着扩张、并购。

（案例来源：新浪网财经新闻）

讨论题

分析康辉 MBO 案例与国外的 MBO 案例有什么区别。

四、我国管理层收购实施中存在的问题

（一）现有金融法律、法规不能满足 MBO 的需要

目前，我国缺乏 MBO 方面比较系统的法律法规，如有关收购主体合法性问题。实施 MBO 的基本为高级管理层，大多采用的有三种方式：一是成立新公司，该收购主体受到《公司法》有关对外投资超过净资产的 50％的限制；二是职工持股会，由于职工持股会的性质是社会团体法人，按照有关法律规定，社会团体法人是非营利性机构，不能从事营利性活动，职工持股会不能从事投资活动，因此这种方式与法规相冲突；三是有限责任公司的原股东在股东转让股份时，具有优先购买权，因此股份公司的原股东在股东转让股份时也应具有优先购买权。我国《贷款通则》中明令银行贷款不得用于权益投资以及借贷资金不得进入股市，且《公司法》中对债券的发行有严格的要求，使得我国实施 MBO 的管理层很难从合法的途径取得贷款或通过发行债券融资。从已经发生的 MBO 案例中，不难发现一些违规操作行为的存在，而且管理层对收购资金来源的透露往往显得非常隐讳。

（二）收购主体问题

从我国现行的法律、法规和各种规范性文件的规定看，公司的董事和经理等高层管理者、中层管理者或技术骨干、员工组成的职工持股会都可以成为收购主体。欧美等国的常用方式是管理层以个人名义对本公司进行收购，而这种方式在我国却难以实行。虽然我国法律并不禁止管理层个人作为国有产权受让人。但在进行公司收购的实际操作时却存在无法克服，也无法绕过去的法律障碍。我国《证券法》第四十一条规定：禁止个人持有公司超过 5％的普通股。《股票发行与交易管理条例》第四十六条规定："任何个人不得持有一个上市公司千分之五以上的发行在外的普通股。"在《外经贸股份有限公司和有限责任公司内部职工持股试点暂行办法》第七条中规定："公司内部员工只能以职工持股会的方

式对改制企业持股，不允许以自然人方式对改制企业持股。”等规定对管理层个人受让产权设置严重障碍。

国内的收购主体通是组建的“壳公司”或者职工持股会。成立新公司有利于融资，可以降低收购风险。但是组建投资类公司，经常会面临两个障碍：一是投资公司的对注册资金规模要求较高，设立时的资金压力较大。二是成立新公司必然要涉及税收问题，从而会增加收购成本。

（三）收购价格的公正性问题

在西方发达国家，管理层收购是一种市场行为，收购价格由收购者和目标公司进行谈判来确定，基本上能反映股票的市场价格。在我国，一方面，由于股票市场还不能反映股票的价值；另一方面，国有公司所有者缺位，形成内部人控制，由内部人来进行收购，很难保证转让价格的公正性和合理性。从我国目前已实施管理层收购的几家上市公司来看，大部分的收购价格低于公司股票的每股净资产。

目前国有股一般是按净资产的价值转让的。这样的定价明显偏低，已经引起了社会公众的不满。从那些公司股价的变化情况来看，社会公众已经选择了“用脚投票”。上市公司的净资产很大程度上是来自社会公众股东高额的认购款。如果转让法人股，让管理层几乎不付代价地分享上市公司的财产，就相当于国家在帮助管理层掠夺公众股东的财富。国有股的价格偏低，使管理层面临的债务负担大大减少，不需要努力提高经营业绩就可以偿还债务并获利，那么管理层收购的激励效果就大大降低。另外，国有股的贱卖，也可能助长管理层的投机行为而不是激励他们改善公司业绩。

（四）融资渠道不够完善、融资工具缺乏创新

管理层进行收购所需的资金除少量靠自筹外，绝大部分资金要通过债权融资和债务融资等融资方式进行筹措。欧美国家通用的方式，是利用大量的债务融资和少量股权资本，买下目标公司，在企业经营业绩提高后，再通过出售或转让，赚取高额利润，而且可供选择的融资渠道非常多。与欧美国家不同，国内管理层的融资十分狭窄。首先，目标公司的自有资金不能用来收购，同时也不能用目标公司的财产为管理层融资提供担保。公司法和《关于规范国有企业改制工作的意见》均不允许董事和经理挪用公司资金或者将公司资金借贷给他人，不得以公司资产为本公司的股东或者其他个人债务提供担保，经营管理者筹集收购国有产权的资金时，不得向包括本企业在内的国有及国有控股企业借款，不得以这些企业的国有产权或实物资产作标的物为融资提供保证、抵押、担保、贴现等。因而国内管理层收购可供选择的融资方式主要是民间资本借贷和银行贷款方式。

由于我国金融法规的一些限制，MBO 的融资无法依赖于银行信贷与发行企业债券，但在政策法规之内，我们仍然可以借鉴国外的做法，开发出一些适合我国特色的融资工

具，探索出一些新的融资渠道，MBO 基金、信托投资公司、风险投资、投资银行都可以为我国 MBO 的实施提供融资服务。

（五）信息披露透明度不足

管理层收购主要采用协议方式进行。在这种方式下，参与者局限在较小的范围之内，收购的管理层掌握企业的大量经营信息。为了谋取利益，可能采取违背道德的手段，利用自身在拥有信息的优势地位，向大股东隐瞒或者编造虚假财务信息，隐瞒利润、加大账面亏损，从而压低转让价格。待转让后，再通过账面调整，把隐藏利润用于高比例分红。为了防止上述现象的发生，需要建立信息披露制度，规范地对收购信息进行公开，增加交易的透明度。

五、完善我国管理层收购的对策

（一）政府应制定明确的 MBO 政策法规

首先，明确能够进行管理层收购操作的产业范围，如制定合理的产业发展政策和产业结构政策，明确界定需要保留和退出的领域以及如何退出；其次，对 MBO 提供政策支持，尤其是税收优惠政策等方面的支持；最后，应鼓励企业实行管理层与职工持股，而不是单纯的管理层收购。

目前我国没有专门指导 MBO 的法律和法规，现实操作一般参照其他法规运作，但均不是很明确，因此应首先明确这些法规条款有多少适用于 MBO；其次应逐步完善和细化证券市场监管的法律，使之形成连贯的、具有可操作性的法律体系。特别是应尽快建立民事赔偿制度，面对可能引起的民事赔偿，如高额的民事索赔、行政罚款以及旷日持久的诉讼官司，拟实施 MBO 的管理层不得不权衡违法成本。

（二）完善《公司法》，给收购主体以合法地位

前面提到管理层收购中，有关壳公司的一些操作明显地违反了现行《公司法》的一些规定，而要使管理层收购得以在合法的框架下实施，就需要对《公司法》进行一定的修改。为实施管理层收购而修改《公司法》，国外早有先例。英国在 20 世纪 80 年代初国有企业民营化的过程中，就放宽了《公司法》的限制，允许收购者以被收购公司的资产为抵押来筹集资金，从而推动了管理层收购在英国的实施。另外，要使管理层收购切实起到完善公司治理结构、改善公司业绩的作用，还应完善其他相关法律、法规，并实施更为严格的监管。

（三）开展公开竞价模式，并以评估价格为基础协商出价

由于我国上市公司股权结构的独特性，我们不能全盘照搬国外关于管理层收购的经验，但我国国有股转让定价必须追求公允性，合理、公允地确定转让价格。如可以每股净资产为基础，综合考虑公司的赢利能力、负债能力、每股现金流量等因素而形成转让价格，同时允许其他公司的管理层参与收购竞争或竞标，防止国有资产流失以及定价混乱的局面。

要在信息公开的前提下，通过产权交易市场，进行合法、公正的评估，并以评估价格为基础协商出价。定价时可根据资产的现时重置成本减其各项损耗价值来确定，并适当考虑管理层人员对公司的贡献而给予适当优惠。

（四）大力拓展融资渠道，并建立和完善其退出机制

由于管理层收购的标的金额较大，通常远远超过管理层个人的支付能力，而缺乏合适的融资渠道和融资机构，迫使我国上市公司的管理层收购大部分通过借贷民间资本来解决。大量通过个人间协议流动的民间资本，一方面反映了管理层收购对融资的现实需求；另一方面却隐含了到期不能还债而潜在的金融风险和社会不稳定因素。因此，大力拓展我国管理层收购的融资渠道显得尤为必要。考虑到我国资本市场上的机构投资者已经初具规模，借鉴西方发达国家的经验，当前可以发展信贷托投资公司、管理层收购基金、资产管理公司、信用担保公司、风险投资公司等机构投资者，解决管理层收购的融资问题。另外，加快创新可展期银行贷款、优先级从属票据、可转换债券等金融工具，也可以极大地丰富我国上市公司管理层收购的融资渠道。

在西方发达国家，管理层收购融资的还款来源主要是公司部分资产的变卖、公司经营活动现金流入、公司转卖或非上市公司的发行上市。而在我国上市公司管理层收购的实践中，由于企业产权转让市场还不活跃，管理层收购融资的还款来源主要依靠公司经营活动的现金流入，退出途径相对比较单一，因此有必要建立和完善我国上市公司管理层收购融资的退出机制。

（五）建立一套完善的信息披露机制

国有产权的收购严格，按照其他性质的产权可以参照《国有企业产权交易暂行办法》规定的信息披露要求和程序，其他性质的产权可以参照该暂行办法对交易的整个情况进行公告。收购开始前，要公开目标公司股东、管理层及其近亲属的名称、地址及其持股状况。对收购决定、收购股数、价格、金额做出公告。在收购价格宣布之前，执行人不得交易公司的股票，也不得建议其他人交易该公司的股票。在收购过程中要一直保持信息的公开。当收购完成后，管理层要对目标公司的营运计划、人事安排进行报告。

【复习思考题】

1. 说明管理层收购的含义和特征。
2. 说明管理层收购与普通收购的区别。
3. 阐述管理层收购的意义。
4. 阐述管理层收购的程序。

【案例分析题】

剑南春实施管理层收购案例

一、基本状况

剑南春集团是1996年批准组建的国有独资企业，注册资本12 048万元，截至2002年12月31日，剑南春集团总资产285 455万元，净资产130 920万元。剑南春股份有限公司总股本为10 040.59万股，剑南春集团持有其国有法人股7 950.59万股，占79.18%，该公司还包括352万社会法人股和1 738万股个人股。

二、方案实施过程

2003年4月，剑南春集团得到绵竹市委同意对其产权制度进行改革，采取"由剑南春集团现有领导层作为经营团队融资控股、职工持股并引入战略投资伙伴"的产权改革方式。剑南春管理层按政府规定不以国有资产抵押融资，但其骄人的业绩已为通过个人融资收购国有股权打下了坚实基础。

剑南春改制，充分利用了社会中介力量。为做好清产核资，防止国有资产流失，先后受到四川、北京、海南等地的五家中介机构介入改制进程和绵竹市政府多个部门协同监控。资产评估报告初稿受到各相关监管部门认真审核，交市政府部门反复讨论，并将意见反馈给评估机构。

2003年4月10日，审计评估机构进场，对剑南春集团及下属23家公司进行审计评估。北京中兴财会计师事务所审计报告显示，截至2003年3月31日，剑南春集团(本部)总资产为200 165.74万元，净资产为124 439.41万元。剑南春集团2003年4月1日至2003年8月31日间的净利润为1 933.18万元，剑南春股份公司实现净利润3 442.10万元。

2003年9月，四川华衡评估师事务所资产评估报告书显示，截至2003年3月31日，四川剑南春集团公司资产总额为278 099万元，国有净资产为120 489万元。

在绵竹市国资委主持下，经各方协商，对剑南春集团由于多元化投资形成不良资产做了相应减值处理，同时扣除了应支付职工的各项费用，最终确定剑南春集团国有净资产为92 930万元(不包含商标等无形资产)，并以这个价格为转让价。转让给同盛投资有限公司69.54%(经营团队持股64 625万元)，剑南春集团工会持股16.47%(职工持股15 305万元)，四川蓝剑公司8.61%(8 000万元)，四川融信投资有限公司5.38%(5 000万元)。

2003年9月30日，资产转让各方签字，剑南春产权改制尘埃落定。国有资本从剑南春集团全部退出。剑南春完全摆脱国有企业"所有者缺位"的状况。

2004年1月6日，剑南春集团公司MBO改制方案正式获得四川省财政厅批复。

三、出资状况

由于剑南春拥有较强的经济实力和较好的经济业绩，给出了相当优厚的安置补偿，而且绝大部分职工在产权改革后在本企业仍有岗位。继续留在企业的职工，将安置补偿金直接转为股份，成为企业的股东。通过工会，职工持股达16.47%，成为仅次于经营团队的第二大持股方，对企业经营决策拥有不容忽视的发言权。

四川同盛投资成立于2003年9月15日，注册资本2 000万元，法定代表人是剑南春集团董事长乔天明，占同盛投资25%股权。剑南春集团四位副总以及各部门部长20人是同盛投资的注册股东，而实际股东包括剑南春管理层146人的经营团队。按《公司法》的对外投资不得超过净资产50%的要求，同盛投资的注册资本今后必须将至少增加1亿元的注册资本。

同盛投资收购剑南春集团将以现金方式在5年内分期支付，首期支付总价款的40%，应付余款在以后年度每年支付总价款的15%，应付余款不计利息，首期付款后即办理股权转让工商变更登记。

同盛投资第一期付款将近3亿元，运作中采用特定资金信托的形式，主要向以战略投资者身份，进入的蓝剑集团借款。此次信托也是由成都衡平信托公司设计，向蓝剑集团借了近3亿元。总期限是5年，其余的几亿元同盛投资将通过收购的剑南春集团分红，或者变卖部分资产来付款。为了表示合作态度，衡平信托公司自己借了1 000万元给同盛投资。

四川蓝剑集团公司投资5 000万元取得8.61%股权，四川蓝剑是西部啤酒界的风云公司，蓝剑集团与剑南春集团的合作其实由来已久。早在20世纪90年代，双方就在绵竹啤酒厂项目上有合作。2001年4月29日，两家公司在文君酒厂、文君酒经营有限责任公司上开始同舟共济，剑南春集团是上述两家公司的大股东各持股62%，而蓝剑集团则各持股上述两家公司余下的38%股权。

四川融信投资占5.38%，该公司是1996年5月经四川省外经委批准成立的中外合资公司，注册资本2 000万元，法定代表人为梁昌飞(四川信托投资公司总经理)。

剑南春MBO收购概况表

收购方	收购金额	持股比例	备注
四川同盛投资	64 625万元	69.54%	实为剑南春经营团队持股
剑南春集团工会	15 305万元	16.47%	通过工会，职工持股
四川蓝剑公司	8 000万元	8.61%	与剑南春合资建立两家公司，剑南春控股
四川融信投资	5 000万元	5.38%	四川省外经委批准成立的中外合资公司

四、遗留问题的处理

剑南春集团公司MBO，绵竹市留下了剑南春的无形资产没有出售，而剑南春系列商标无形资产肯定是剑南春集团最值钱的资产，只是完成了有形资产改制的剑南春集团接下来更艰巨的任务是进行无形资产的处置。无形资产的定价有待评估机构评估。对于MBO实施到无形资产评估处置方案出来这段时间，由绵竹市政府向剑南春集团使用剑南春无形资产收取使用费，但具体费用尚没有规定。

（案例来源：中国管理传播网）

思考题

1. 剑南春实施管理层收购具备了哪些有利的条件？
2. 剑南春集团公司如何更好地解决遗留问题？

B&E

第七章 战略联盟

第一节 战略联盟概述

一、战略联盟的界定和产生背景

（一）战略联盟的界定

自20世纪以来，由于企业竞争环境急剧变化，企业间的竞争越来越剧烈，特别是随着全球化经济的不断发展和信息技术的不断进步，竞争的广度和深度日益延伸到全球范围，使得任何单个企业在从事经营活动时，必须面对世界范围内的挑战。此外，由于技术要素的飞跃性变革，尤其是知识型经济的发展，使得企业力图取得的核心资源的内涵和途径发生了重大变化，从而使得企业战略发展方向面临着重大的调整。美国著名管理学家彼得·德鲁克在1995年曾指出，工商业正在发生的伟大变革，不是以所有权为基础的企业关系的出现，而是以合作伙伴为基础的企业关系的加速增加。在这种背景下，要更好地应对挑战和发展的机遇，继续沿用传统的战略方式已无法使企业真正建立起强大的战略优势。战略联盟作为一种有效的战略发展途径，不仅使企业迅速取得了生存发展的空间，同时也因为提高了劳动生产率，推动了创新，以及刺激了新型市场和业务的出现而加速了整个经济的健康发展和社会组织的不断变化。战略联盟正作为一种新型的竞争方式在全球展开。

企业战略联盟最早是由美国的DEC总裁简·霍兰德和管理学家罗杰·奈格尔首先提出的。后来，不同的学者又从不同的角度对战略联盟进行了诠释。波特认为“联盟是超越了正常的市场交易但并非直接合并的长期协议”。提斯认为企业战略联盟是两个或两个以上的企业为实现资源共享，优势互补等战略目标，而进行以承诺和信任为特征的合作群体。

总的来说，企业战略联盟是指由两个或两个以上的有着对等经营实力或者在资源、能力、渠道、市场等方面以及在价值链的创造上有互补作用的企业或特定事业和职能部门，为达到共同拥有市场，共同使用资源，研发新产品，增长新知识等战略目标，通过各种契约而结成的优势相互促进,风险共担,要素双向或多项流动的松散型网络组织。

(二)战略联盟产生背景

企业战略联盟作为一种新的合作竞争模式,它的出现并不是偶然的,而是有着深刻的政治经济背景,它是社会经济发展的产物。

1. 为实现总体战略目标提供了一条新的途径。战略联盟以一种全新的思维和观念,为企业的扩张、全球战略目标的实现提供了一条新的途径,传统的与所有权密切相关的股权安排正在被新兴的以合作为基础的战略联盟所代替。采用战略联盟形式进行合作,既可以保存原有资源,又能在共享外部资源的基础上,相互交换经营所需的其他资源,从而实现其全球战略目标。

2. 世界经济一体化的需要。任何企业面对全球市场范围的竞争都显得势单力薄,必须加强联盟和合作,从而为企业战略联盟的形成和发展提供强大的推动力。建立战略联盟是企业适应全球竞争的需要。

3. 分担风险并获规模和范围经济的需要。激烈变动的外部环境对企业的研发提出了三点基本要求:不断缩短开发时间、降低研究开发成本、分散研究开发风险。通过建立战略联盟,扩大信息传递的密度与速度,以避免单个企业在研发中的盲目性和因孤单作战引起的重复劳动和资源浪费,从而降低风险。

4. 区域经济集团化的需要。由于区域经济一体化,区域内部各国取消或减少关税和非关税壁垒,使成员国的企业几乎全部暴露在没有本国政府保护的环境之中,加剧了成员国企业间的直接竞争。企业在市场扩大和激烈竞争的推动下,力求扩大生产规模,增强资本实力,因而趋向于建立和发展国内或跨国联盟组织。

5. 防止竞争损失的需要。为避免丧失企业的未来竞争优势,避免在诸如竞争、成本、特许及贸易等方面引起纠纷,企业间通过建立战略联盟,加强合作,可以理顺市场、共同维护竞争秩序。

6. 科学技术发展日益发展的需要。在技术全球化的今天,产品和技术的生命周期越来越短,要想在很短的时间内研制出更先进的产品和技术,对单个企业来说常常是不能胜任的。通过建立战略联盟以共同的战略目标为导向,各种科研机构和企业依照分工与协作的需要紧密组合在一起,为实现经营资源的优势相长而组成灵活、协调的联盟网络,从而适应当代科技飞速发展的需要。

7. 提高企业竞争力的需要。在产品技术日益分散化的今天,已经没有任何企业可以长期拥有生产某种产品的全部最新技术,单纯一个企业已经很难掌握竞争的主动权。战略联盟的出现使传统的竞争对手发生了根本的变化,企业为了自身生存的成功,需要与竞争对手进行合作,即为竞争而合作,靠合作竞争。企业建立战略联盟可使其处于有利的竞争地位,或有利于实施某种竞争战略,最终的目的是提高企业竞争实力。

8. 战略联盟是国际分工的发展和深化的结果。第二次世界大战前和战后相当长一段时间国际分工的主要形式是垂直分工，其特征是经济落后国家与少数发达国家在原料、初级品和加工制造领域实行的纵向分工。而在经济全球化的新阶段，国际分工则以水平分工为主，并且分工日趋深化。西方国家为了利用对方的优势，不约而同地开展行业间、企业间乃至生产流水线上的水平分工协作，从产品专业化到零部件专业化，再到工艺流程的专业化；分工的范围和领域更加广泛，各个生产工序已延伸到了几个、十几个国家。国际分工越发展，各国企业之间相互依赖和协作的关系就越密切，这些越发促进了企业战略联盟的形成和发展。

二、战略联盟的类型

战略联盟的类型主要有以下几种。

（一）合资

由两家或两家以上的企业共同出资、共担风险、共享收益而形成的企业。这种方式目前十分普遍，尤其是在发展中国家。通过合资的方式，合作各方可以以各自的优势资源投入到合资企业中，从而使其发挥单独一家企业所不能发挥的效益。

（二）研究与开发协议

为了研究开发某种新产品或新技术，合作方可以制订一个合作开发协议，联盟各方分别以资金、设备、技术、人才投入联合开发，开发成果按协议由各方共享。这种方式由于汇集了各方的优势，因此大大提高了成功的可能性，加快了开发速度，另外，由于各方共担开发费用，降低了各方的开发成本与风险。

（三）定牌生产

如果一方具有知名品牌，但生产能力不足，另一方有剩余生产能力，则有生产能力的一方可以为知名品牌一方生产，然后对方冠以知名的品牌进行销售。这样生产能力不足的一方不但可以迅速获得一定的生产力，增加产品销售，扩大品牌影响，而另一方则可以利用闲置的生产能力，谋取一定收益。对于拥有品牌的一方，还可以降低投资或并购所产生的风险。

（四）特许经营

合作各方还可以通过特许的方式组建战略联盟。其中一方具有重要的无形资产，可以与其他各方签订特许协议，允许其使用自己的品牌、专利或专有技术，从而形成一种战略联盟。这样特许方可以通过特许权获取收益，并可以利用规模优势加强无形资产的维护，而受许方可以利用该无形资产扩大销售，提高收益。

（五）相互持股

相互持股是合作各方为加强联系而持有对方一定数量的股份，这种战略联盟中各方的关系相对更加紧密，各方可以进行更为长久、密切的合作，与合资不同的是双方的资产，人员不必进行合并。

三、战略联盟的原则

战略联盟必须遵循下面几个原则。

（一）技术领先性原则

选择战略联盟进行合作创新活动，首先必须遵循技术发展规律要求和技术创新内在要求，尤其要注意创新技术项目的先进性和发展性，从而能真正使合作企业通过这一项目的合作得到技术水平的提高，锻炼和培养一批技术创新的业务骨干，真正发挥合作创新的独特作用。

（二）体现互利互惠原则

战略联盟必须要使参与联盟的各方都能分享到联盟所带来的利益，这也是企业选择和加入战略联盟的动因所在，是战略联盟存在的必要前提和持续而稳定发展的可靠保证。联盟的结果应是友好合作、协同作战的结果，因此利益分配一定要体现互利互惠原则，这是合作是否成功的关键所在。

（三）集合效应原则

战略联盟的合作活动，不仅可以调动合作各方的优势，而且在优势互补的基础上，彼此以他人之长补己之短，互补联动，实现资源的优化配置，这将形成一种显著的集合效应。这种集合效应，既包括创新的经济效益，又包括积极的社会收益效应。如促进技术扩散、促进产业技术进步，从而取得依靠企业自身根本无法获得的整体优势，实现技术创新能力的整体提高。

（四）和谐一致原则

在通过战略联盟进行的合作创新活动中，影响创新效果好与坏、成与败的关键因素除了上述三条基本原则之外，还有一条重要的要求就是合作伙伴间要在战略目标和战略实施上达到和谐一致，以减少不必要的冲突和内耗。

四、战略联盟的特征

战略联盟的特征主要有以下几方面。

1. 组织灵活。这种新型的组织模式一般由一些独立公司包括制造商、供应商等，有时甚至是昔日的竞争对手临时组成，它们聚集迅速灵活。

2. 边界模糊。传统的企业组织均具有明确的层级和边界，而战略联盟则是企业之间以一定契约联结起来对资源进行优化配置的一种组织形式。它一般是突破行业界限而组成的战略联合体。

3. 关联松散。它不是通过行政方式进行协调，也不是通过纯粹的市场机制进行协调，而是兼具了市场机制与行政管理的特点，合作各方主要是通过协商方式解决各种问题。

4. 运作高效。战略联盟的实力，单个企业是无法比拟的，它可以综合各方面的资源优势来完成单个企业难以胜任的各项经营任务，具有提升企业竞争力，分担风险、防止过度竞争，扩张市场以及获得规模经济效应等高效功能。

5. 技术先进。战略联盟借助信息网络，彼此联系，共同工作。联盟关系依赖于利用彼此的技术优势，可以使产品迅速达到世界一流水平。

6. 发挥优势。联盟组织的每个公司都将自己的"核心优势"贡献出来，所以可能构成一个"一切都是最优秀"的机构。每项工作，单个环节都可能是世界一流的，而这正是单体公司难以做到的。

7. 彼此信任。联盟成员之间彼此依赖是必不可少的，这也就要求它们比往昔更多地相互信任。它们将要有"一种共同的使命"，即每个伙伴公司的命运都将依赖于另一个。

五、战略联盟的动机

（一）战略思维动机

多数学者以战略思维动机认识战略联盟，主要观点有：迈克尔·E.波特(Michael. E. Porter，1985)认为"联盟是和其他企业长期结盟，但不是完全的合并，比如合资企业、许可证贸易和供给协定等。联盟是指同结盟的伙伴一起协调或合用价值链，以扩展企业价值链的有效范围"。

Doz，Yves L & Hamel，Gary(1998)认为，战略联盟是范围广泛的合作伙伴关系，结成这种关系的企业可以来自不同的国家。

蒂斯(Teece，1992)认为，战略联盟是两个或两个以上的伙伴企业为实现资源共享、优势互补等战略目标而进行的以承诺和信任为特征的合作活动。包括：

(1) 排他性的购买协议；

(2) 排他性的合作生产；

(3) 技术成果的互换；

(4) R&D 合作协议；

(5) 共同营销。

康特拉克特(Contractor,1988)认为"近年来的伙伴关系,许多涉及经营过程各阶段的联合行动,如联合研发、联合生产、联合采购,经常是规模实力大致相等且都从事国际经营的公司之间的联合,双方做出的贡献是类似的而不是互补的。"

邓林(Durning,1995)认为,战略联盟可以采取股权共享的方式,如企业合并、合资新建,同时也包括R&D伙伴、合作生产、共同营销和分配等非股权形式,以上学者从建立合作伙伴关系的战略管理角度对战略联盟产生动机进行了诠释。

(二)资源互利共享动机

Stuart,Toby E(1998)等学者认为,战略联盟是参与企业根据各自已有资源的异质性,本着互惠互利的原则,结合资源的互补性,追求共同利益的行为。这是一种企业资源视角的战略联盟观点,把战略联盟界定为一种资源整合的组织行为。在技术更新速度较快的高技术领域,这种资源观主导的战略联盟比较普及,但是,它不能圆满解释存在于其他行业的所有战略联盟现象。

(三)社会学动机

Gulati,Ranjay(1998)等学者认为,战略联盟是一种社会网络,是企业之间的一种自发行为,目的在于追求共同的经济利益和组织目标,并通过协定关系形成排他性的企业进入壁垒。这是社会学视角的战略联盟观点,认为战略联盟这种社会网络的形成基础是企业社会存在的客观性和融入性的要求,企业潜在地希望进入一种协定关系以形成某种排他性的进入壁垒。这种界定能够在一定程度上解释战略联盟存在的普遍性,但是,战略联盟毕竟是一种企业的市场行为,社会学角度的战略联盟的界定需要经济学思想的补充。

(四)公司治理动机

Beamish,Killing(1997)等学者认为,战略联盟是一种对企业交易时契约不完备性的一种治理结构,是管理企业能力结构的一种特殊系统。John Child也认为,战略联盟指企业之间为了提高合作双方的能力以达到其战略目标而进行的合作。这是一种企业能力视角的战略联盟观点,对战略联盟进行了经济学界定。相对于动态的市场和产业变化,企业之间市场交易关系的契约因为本质上的信息不完全而呈现不完备性,不完全契约蕴涵着对企业交易的产权效率的重新优化配置,战略联盟被视为在这种状态下的一种治理结构,因而,它是企业市场交易行为的一种补充。

(五)合作竞争动机

西尔拉(Sierra,1995)等学者认为,战略联盟是由很强的,平时本是竞争对手的公司组成的企业或伙伴关系,是竞争性联盟。这种观点强调战略联盟这种合作组织的竞争性,从战略联盟的合作表象下揭示其竞争的根本属性,视战略联盟为一种合作竞争组织。

六、战略联盟的优势

(一) 增强自身实力

企业间的竞争将越来越激烈,在这个激烈竞争的环境中,企业要想获得持久的竞争优势,在市场上立于不败之地,必须善于利用各方面的力量,以提高竞争能力。企业通过与自己有共同利益的企业建立战略联盟,彼此之间可以通过加强合作而发挥整体优势,尤其是在对竞争对手的看法上,战略联盟提出了新观点——是一种超越竞争的合作,在合作中竞争,最终达到双赢的结果。

(二) 创造规模经济

小企业因为远未达到规模经济,与大企业比较,其生产成本就会高些。这些未达到规模经济的小企业通过构建联盟,扩大规模,就能产生协同效应,即“1+1>2”效应,提高企业的效率,降低成本,增加赢利,以追求企业的长远发展。

(三) 可以降低风险

现代市场竞争千变万化,以后这种情况将更加严重,因此,企业经营存在着巨大风险,而通过战略联盟的方式则可以分担风险、降低风险。

(四) 实现优势互补

企业各有所长,这些企业如果构建联盟,可以把分散的优势组合起来,形成综合优势,也就可以在各方面、各部分之间取长补短,实现互补效应。

(五) 可以有效地占领新市场

企业进入新的产业要克服产业壁垒,企业进入新市场也同样要越过壁垒。通过企业间的联盟合作进入新市场,就可以有效地克服这种壁垒。

(六) 有利于处理专业化和多样化的生产关系

企业通过纵向联合的合作竞争,有利于组织专业化的协作和稳定供给。如丰田公司只负责主要部件的生产和整车的组装,减少了许多交易的中间环节,节约了交易费用,提高了经济效益。而通过兼并实行联盟战略,从事多样化经营,则有利于企业寻求成长机会,避免经营风险。

小鸭集团与东芝战略联盟

小鸭集团应对加入WTO的举措之一是:与东芝战略联盟,借“入世”跨进国际市场。东芝是世界级的家电巨头,是日本最重要的洗衣机生产商,在日本境内拥有20%

的洗衣机市场份额。根据达成的意向，合作在两个方面展开。一是东芝将洗衣机方面最先进的技术提供给小鸭，使小鸭的洗衣机产品创新发生质的变化。目前，利用东芝技术开发的静音、变频、节能等全新洗衣机已进入批量生产并正式投放市场，其中基于东芝技术的DD电机超静音洗衣机，洗衣时的噪音只有38分贝，可以说只听到美妙的流水声，听不到机器工作的噪音。另一方面的合作是，小鸭利用自身的管理、技术人才，生产制造东芝品牌的洗衣机，并利用小鸭的市场，在国内销售，部分产品返销日本。

目前，发达国家的家电企业也在进行产业结构的调整，国际知名企业正在利用其资本优势、品牌优势，将目标转向新兴技术领域。小鸭要紧紧抓住世界家电企业的链条，争取成为其中重要的一环。小鸭与东芝合作，就是利用东芝进行全球产业调整的机会，让东芝把家电业的重心放在中国。小鸭与东芝的战略合作，使小鸭成为国际知名品牌的生产基地，把国内的人力资源优势和生产优势与东芝的技术优势和品牌优势嫁接起来；在深层次上，小鸭看重的是东芝的品牌优势、管理优势、技术优势，它既能给我们力量，又能给我们借鉴。此次合作，不仅能提升小鸭的管理、技术层次，更能凸显小鸭产品的科技魅力，打造国内洗衣机市场的差异化格局。与东芝的合作，一定程度上意味着小鸭的“凤凰涅槃”，意味着小鸭在新世纪的“新生”。

小鸭融入国际化的进程是全方位的，在与东芝战略合作的同时，小鸭也在与德国的AKO、ACTEIS公司进行着技术合作，并已正式聘请了国际商务专家、原伦敦市长乔里夫爵士为公司顾问，小鸭的国际化战略是务实的、认真的。

（案例来源：MBA案例库）

讨论题

小鸭集团与东芝战略联盟的目的是什么？

第二节　战略联盟的理论

因为对战略联盟认识的不同视角及对战略联盟概念的不同界定，自然就产生了不同的关于战略联盟成因的理论研究。具有代表性的理论研究有：

一、价值链理论

美国企业战略专家波特认为，企业是一个综合设计、生产、销售、运送和管理等活动的集合体，其创造价值的过程可以分解为一系列互不相同但又互相关联的经济活动，也称为

“增值活动”，其和即构成企业的“价值链”。企业的每一项经营管理活动就是这一“价值链”上的一个环节。

价值链由两种价值活动构成，即基本增值活动和辅助增值活动。基本增值活动是指一般意义上的生产经营环节，包括材料供应、生产运行、成品发运、市场营销和售后服务，这些活动都与产品的实体流转直接相关。辅助增值活动包括组织建设、人事管理、技术开发和采购管理。“价值链”各环节之间相互关联，相互影响，一个环节的运行质量直接影响到其他环节的成本和效益。

根据产品实体在价值链各环节的流转程序，其价值活动又分为“上游环节”和“下游环节”两大类。价值链各环节所要求的生产要素各不相同，任何企业都只能在“价值链”的某些环节上拥有优势，而不可能拥有全部增值环节的绝对优势。因此，不同的国际企业只能在具有比较优势的环节上发展自己的核心能力。

而要实现各个环节对价值链增值的最大贡献，就必须在各自成功的关键因素——价值链的优势环节上展开合作，从而达到整体利益的最大化，这是企业建立战略联盟的原动力。

二、企业能力理论

20 世纪 90 年代以来，企业能力理论得到瞩目，企业能力理论实际上是一系列具有特定密切联系的理论的集合体。包括“企业资源基础论”、“企业动力能力论”和“企业知识基础论”，这些理论的共性是：更加强调企业内部条件对企业竞争优势的决定性作用，认为企业内部能力、资源和知识的积累，是企业获得超额利润和保持企业竞争优势的关键，企业能力理论为战略联盟作出了最新的解释。

企业之间通过组建战略联盟，在价值链各环节上相互合作，从而能在价值活动中创造更大价值的深层原因就在于企业之间存在着资产互补性。通过联盟可获取合作伙伴的互补性资产，扩大企业利用外部资源的边界。这里的资产包括企业资源、核心能力和知识资源，解释如下：

(一) 资源基础理论

20 世纪 80 年代中期，以沃纳菲尔特(B. Wemerfelt)、格兰特(R. M. Gromt)、巴尔奈(J. Barney)等学者的研究促成了战略管理理论的新流派一资源基础理论(Resource-based Theory)的产生。这一理论认为资源不仅包括有形资产，而且还包括无形资产，有形资产和无形资产共同构成企业的潜在能力。同时，各企业的资源具有极大的差异性，也不能完全自由流动。企业的可持续竞争优势就来源于选择性资源的积累和配置以及要素市场的不完善。战略联盟使企业资源运筹的范围从企业内部扩展到外部，在更大范围内促进资源的合理配置，从而带来资源的节约并提高其使用效率。

（二）核心能力理论

以普拉哈拉德和哈默为代表的核心能力理论认为“组织中的积累性学识，特别是关于如何协调不同的生产技能和有机结合多种技术流的学识”。其最主要的基本特征是独特不易模仿性，是在特定的“路径依赖”中积累形成的。企业在市场竞争中需要彼此互异的核心能力以形成更大的竞争合力，是促使双方建立联盟合作关系，聚合彼此核心能力的原动力。

（三）知识资源理论

帕维特（Pavitt）、纳尔森（Nelson）、福斯（Foss ）和格兰特（Grant）（1996）等人提出的企业知识理论认为，生产的关键投入和企业价值最重要的来源是知识，社会生产是在知识的引导下进行的。企业知识可被划分为显性知识和隐性知识两大类。企业拥有的许多知识属隐性知识，难以表达，难以转移，只有通过应用和实践才可外现并获得。以进行知识转移和共同创建新知识为目的结盟通常被称为知识联盟。Inkpen（1998）把通过知识联盟转移的知识称为“联盟知识”。通过战略联盟和对方建立合作关系是获取隐性知识的良好途径。博格、顿肯和佛里德曼（1982）的研究表明：20 世纪 80 年代初期，50％的联盟企业在合作过程中是为了获取对方知识，因此把这类为了转移和学习知识的联盟称为“知识联盟”。

三、组织学习理论

该理论一反传统竞争优势的分析思路，从组织学习的角度出发，强调企业学习能力与动态竞争优势的紧密相关性。它把企业视为一个学习型组织，可以通过内部的“干中学”、“用中学”以及外部的“从相互作用中学习”、“产业间外溢”等基本的学习途径，不断提高，从而达到增强企业竞争优势，改善企业整体经营效率的目标。

鉴于企业知识的多样性和复杂性以及在创新过程中重要性的不同，该理论引入知识的两个维度：编码化知识和经验性知识。编码化知识是指那些显性的、已成体系并可用正规系统的语言传播的知识。因此这种知识可以通过书本、技术规范、设计和机器附带的材料获得。相反，经验性知识是隐含的，根植于企业文化或人的大脑和身体中，很难系统地编辑和交流，只能通过某一特定情境中的行动、承诺和涉及程度来表达，并且也只能通过观察、模仿和实践经验才能获得。

组织学习理论认为，战略联盟是组织学习的一种重要方式，其核心在于学习联盟伙伴的经验性知识。由于企业在技术创新中持久的竞争优势更多的是建立在企业拥有的经验性知识基础之上，而经验性知识存在于组织程序与文化中，其转移是一个复杂的学习过程。联盟则是解决经验性知识转移的有效途径。通过缔结战略联盟，创造一个便于知识分享、移动的宽松环境，采取人员交流、技术分享、访问参观联盟伙伴的设施，增强联盟各方的联系频率等办法，可以使经验性知识有效地移植到联盟各方，进而扩充乃至更新企业的核心能力，真正达到企业间合作的目的。

以组织学习为本质的企业合作动机并不是以资源互补为中心，而是以获取企业核心能力为重要内容；以学习为中心建立的战略联盟不是被动地适应环境，而是主动去创造环境，因而极具生命力；同时，围绕以知识的不断创新为基础建立的战略联盟，能够适时地调整企业间的关系，促进不同价值观知识和异文化在企业中的融合，使之成为企业革新的重要推动力。因此，通过学习过程来积累企业知识资产是企业选择合作而不是市场交易的一个重要原因。

四、网络理论

网络理论认为，具有网络型组织的企业，对于增强企业组织的活力和形成企业之间的价值连锁起着很大的作用。网络理论并不要求形成严格的层级结构，而是将组织的各部分松散地结合起来。这有利于保持组织的灵活性，能够较好地适应市场因产品和技术周期缩短、竞争缴烈所导致的动态发展要求。网络结构在协作群体企业的共同防御和相互配合中发挥重要作用。网络组织既有利于提高各成员企业的自律性，又有利于在相互协调、共同运作的基础上促进彼此的交流，从而不断提高企业对环境、技术和市场急剧变化的适应能力。

战略联盟是连接市场与企业的中介，发挥着“组织化市场”的功能，因而较好地体现了信息化时代把市场竞争和组织管理关联一体、综合运作的要求。传统的市场机制往往根据竞争者之间相互关系分配资源，而传统的组织则是根据企业组织管理的目标来配置资源，两者都不能使资源的获取成本降至最低。而战略联盟能发挥乘数效应，通过对联盟内资源进行有效组织，实现要素的共享，从而保证从投入到产出全过程的“节约”。当这种多主体和多组织相结合的联盟形式跨越行业界限时，联盟的出现有可能改变竞争的性质，产生更为复杂而难以预见的多行业综合竞争，这意味着企业必须从工业化时代的预测系统走向网络化时代的学习系统。

战略联盟作为企业间的网络化系统，其最大着眼点是在经营活动中积极地利用外部规模经济。当企业内不能充分利用已积累的经验、技术和人才，或者缺乏这些资源时，可以通过建立战略联盟实现企业间的资源共享，相互弥补资源的不足，以避免对已有资源的浪费和在可获得资源方面的重复建设。战略联盟的建立，使企业对资源的使用界限扩大了，一方面可提高本企业资源的使用效率，减少埋没成本；另一方面又可节约企业在可获得资源方面的新的投入，降低转置成本，从而降低企业的进入和退出壁垒，提高了企业战略调整的灵活性。

五、交易费用理论

交易费用经济学认为经济活动总是伴随着交易而进行的，而交易过程又是有成本的，交易费用理论以交易费用为分析工具，研究经济组织和各种制度安排的产生和发展。交易费用理论认为战略联盟作为介于企业与市场之间的一种组织形式，具有稳定交易关系、降低交易成本、便于监督的特点。

诺贝尔奖获得者罗纳德·科斯(R. H. Coase)在1937年发表的《企业的性质》中提出“交易费用”(Transaction Costs)概念，认为市场运行中存在着“交易费用”。在科斯看来，交易费用至少包括两项内容：

(1) 运用价格机制的成本，即在交易中发现相对价格的成本，其中包括获取和处理市场信息的费用。

(2) 为完成市场交易而进行的谈判和监督履约的费用，其中包括谈判、订立合约、执行合约并付诸法律规范因而必须支付的有关费用。

此外，科斯认为，交易费用还包括由未来不确定性风险而导致的费用，以及度量、界定和保护产权的费用。

交易费用在企业生产总费用中占有很大比例，且在不断增加。威廉姆森是交易费用理论的代表人物，他把高比例交易费用的决定因素归纳为：

(1) 契约人的行为假设，即契约人面对外界不确定性、复杂性时有限理性的不足假设与机会主义行为倾向假设。

(2) 交易过程的三个维度的特性：资产专用性、交易的不确定性及交易频率。

这两组因素导致交易活动的不确定性和复杂性，使交易费用增加，使某种制度安排和交易方式的选择成为必要。

战略联盟被认为是这样一种新的制度安排，它顺应了企业节约市场交易费用的需要，通过建立较为稳固的合作伙伴关系，从而稳定双方交易，减少签约费用并降低履约风险。从威廉姆森的交易费用决定因素来看：

(1) 战略联盟的建立将促使联盟伙伴之间的“组织学习”，从而提高对方对不确定性环境的认知能力，减少因交易主体的“有限理性”而产生的种种交易费用。同时，联盟企业之间的长期合作关系也在很大程度上抑制了交易双方之间的机会主义行为，使因这一行为带来的交易费用控制在最低限度。

(2) 从资产专用性特征看，企业之间趋于以战略联盟替代市场机制以稳定交易关系，降低交易费用。资产的专用性越高，交易双方签约关系保持长期稳定性越有意义，企业之间合作的意愿越强，尤其战略联盟对专用性资产的“共同占有”更是降低风险与费用的有效选择。

从交易的不确定性特征看，建立战略联盟，可充分利用联盟组织的稳定性抵消外部市场环境中的不确定性，进而减少由不确定性引致的交易费用。

(3) 交易频率是通过影响相对的交易费用而决定交易合约和制度安排的选择，这类与交易发生的频率有关的联盟常常发生在有纵向联系的制造企业和经销商、供应商之间，这些处于上下游的企业之间由于存在较高的交易频率，乐于建立供销联盟来稳定交易关系，节约交易费用。

六、合作竞争理论

西尔拉(Sierra，1995)等学者认为：战略联盟是由很强的，平时本是竞争对手的公司组成的企业或伙伴关系，是竞争性联盟。这种观点强调战略联盟这种合作组织的竞争性，从战略联盟的合作表象下揭示其竞争的根本属性，视战略联盟为一种合作竞争组织。

显然，像对任何事物的认识一样，角度不同，观点也就有所差异。我们不妨从不同角度、不同阶段的不同定义中去发现共性以认识整体：

1. 组织的松散性。参与联盟的企业数量常常在两个及两个以上，联盟企业之间是一种合作伙伴关系，既超越一般的交易关系，又不存在控制与被控制的隶属关系，在密切合作的同时又保持着各自企业的独立性与平等性。

2. 目标的多样性。战略联盟概念界定的困难实际上反映了战略联盟目标的多样性，这种多样性说明战略联盟能在许多方面悄然为企业提供着各种各样的价值。

3. 合作的互利性。基本上是相互利用、提升竞争能力的合作伙伴关系，希望通过合作获取大于各自“独立”或“对立”行动所获取的利益。以此可以区别垄断性质的卡特尔(cartel)、辛迪加(syndicate)、垄断高级形式的托拉斯(trust)及垄断高级复杂形式的康采恩(konzern)。

4. 竞争的根本性。“合作”是为了更好地竞争，战略联盟是合作竞争组织，竞争是其根本属性。而且，联盟企业之间的合作并不一定是全方位的，可能在某些领域合作，而在另一些领域竞争；也可能一边合作，一边竞争。合作常常是在一个约定的领域内进行的。

5. 战略的长期性。是一种旨在为企业创造长期竞争优势，属于公司层面战略的长期性安排，以此可以区别短期的企业合作行为。

考虑以上战略联盟之共性，可以得出企业战略联盟概念的一般界定：战略联盟是由两个或两个以上有着对等实力或者互补资源的企业之间，出于对整个市场的预期和企业总体经营目标的考虑，为达到共同拥有市场、合作研究与开发、共享资源和增强竞争能力等目的，通过各种协议而结成的优势相长、风险共担的松散型合作竞争组织。

七、战略联盟博弈理论

鉴于战略联盟各方所形成的错综复杂的相互关系，最新的跨国公司理论引进了博弈分析方法来进一步说明战略联盟的成因。在博弈模型中，根据局中人是否合作，博弈可分为合作博弈和非合作博弈，而这两者的区别主要在于博弈各方的行为相互作用时，各方能否达成一个具有合作性的协议。如果有，就是合作博弈，否则，就是非合作博弈。非合作博弈强调的是个人理性、个人最优决策，其结果可能是有效的，也可能是无效的；合作博弈强调的是团体理性，强调的是效率、公正、公平，其结果往往有 1+1>2 的效果。

第三节 战略联盟的运作

一、战略联盟运作应具备的前提条件

1. “双赢”的经营成果，使各个成员在互利基础上达到各自的经营目标。其基本原则如下：

(1) 双方愿意拿出来用于共享的知识一般都是各自的非核心技术，即甲方的非核心技术正好是乙方所需要的，乙方的非核心技术正好是甲方所需要的，否则合作很难成功。

(2) 双方共享的技术或产品在各自优势的市场区域不存在大的竞争。

(3) 合作双方的实力、规模不能存在特大差异。很难想象一家不知名的软件公司会和微软有实质性的合作。

(4) 合作双方的主导产品最好分属于不同的领域。

2. 多个企业应针对不同的联盟建立相应的合作部门，并采用创新的组织结构适应全球资源管理，避免利益冲突。

3. 成员间分享共同的价值观，在平等的基础上协商解决问题。

4. 建立不同的决策体系，有预见性的划分行使权力的界限以推动成员的共同关系。

随着当代经济全球化的不断深入，战略联盟的形成也在深化和发展，越来越多的跨国公司将它们之间伙伴关系发展成“超级联盟”。它们之间合作所拥有的优势，超越了单个国家对垄断的限制，并享受在主要市场上“本地”公司的政策优势，这一切同时又不断加强和扩大了它们的垄断优势。

二、战略联盟运作要素选择

国外有专家说过，与人合作，如何管理最头痛。管理单一企业已经不容易，要同时管理几家文化与战略都不一样的企业，难度可想而知。如何准确实施战略联盟，发挥其最大

的好处？下面四个要素缺一不可。

（一）选择共同营运的合作模式

并非每一种战略联盟都要求合作各方共同管理合资企业，通常的情况是合作企业依旧各行其是，遇问题再来共同协调。然而，尽管这种联盟方式有保护企业机密的好处，却无法让你的企业真正了解联盟伙伴，得到从新环境测试原有流程的好处。因此，在机密外泄的风险不大时，宁愿选择共同营运，让每个企业都有机会审视对手，让对手也能够审视自己。

（二）投入最佳的管理干部与人员

干部需要伯乐来辨认，新的机会也需要具有伯乐眼光的人才来发掘。参与联盟计划的干部与人员，一定要具备极佳的能力与心态，来与对手互动。

（三）轮调参与计划的人员

既然战略联盟看不见的好处之一是要挑战自己的组织，就应该让更多的人接受挑战。如果你的对手所带来的考验明显而有益，尽量定期轮调参与计划的人员。

（四）将改善作为永远的联盟目标

向组织内部说明联盟计划时，除了解释各项战略考虑，务必还要让大家了解，战略联盟的目的之一是要不断寻求各种方法，来改善企业本身的流程。规划得当，管理良好的战略联盟，可使你的组织维持健康与竞争力。

进一步分析能发现，可能制约合作的因素主要来源于以下四方面的冲突：

(1) 市场占有的冲突，如争夺同一性质的客户；

(2) 经营资源的冲突，如抢控人才；

(3) 管理思想的冲突，如对信誉、服务、定价、效率等经营的主要决策存在不可调和的差异；

(4) 经营机会的冲突，如企业间如果恰巧在同一时期正各自专注于自己独立的事务。

归纳起来，企业以获取最大利润为目的，是企业间合作的最大障碍。

三、有效战略联盟的建立程序

美国学者戴维·雷等人考察了一些企业战略联盟，结果发现有效的战略联盟在建立过程中非常注意以下三个阶段的实施步骤。

（一）挑选合适的联盟伙伴阶段

企业在联合与合作之前，首先要树立明确的战略目标，并据此来寻找或接受能帮助实现战略意图、弥补战略缺口的合作伙伴。这是一项艰巨的任务，它需要高级管理层了解双方在一定时间里的目的和战略。一个合适的联盟伙伴的基本条件是：能够带来本企业所渴望的技术、技能、知识、风险分担和进入新市场的机会等优势。还要注意，文化上相容、相似的企业比有较大文化差异的企业更适合成为本企业的合作伙伴。

（二）联盟的设计和谈判阶段

成功的联盟不仅是以交叉许可安排、联合开发、合资经营、股权共享等联盟方式为基础的初始合作协议，还包括厂址选择、成本分摊、市场份额获得等通常的细节以及对知识创新、技术协同等方法进行设计。企业的高级管理层还应就联盟的共同目标与主要的中层经理和技术专家进行沟通。另外，由于联盟伙伴之间往往存在着既合作又竞争的双重关系，双方应对联合与合作的具体过程和结果进行谨慎细心的谈判，摒弃偏见，求大同，存小异，增强信任。

（三）联盟的实施和控制阶段

战略联盟的最终目的是通过联盟提高企业自身的竞争能力。联盟内的企业应该把通过联盟向对方学习作为一项战略任务，最大限度地尽快将联盟的成果转化为我方的竞争优势。联盟往往需要双方进行双向信息流动，每个参加联盟的企业都应该贡献出必要的信息供对方分享，从而提高联盟的成功率。同时企业要合理控制信息流动，保护自身的竞争优势，防止对方得到我方应予以保护的关键信息，作出有损我方的行为，因为联盟伙伴极有可能成为将来的主要竞争对手。

四、战略联盟伙伴的选择

（一）战略联盟伙伴的选择应考虑的因素

战略联盟伙伴的选择是建立企业战略联盟的基础和关键环节，慎重地选择合作对象是联盟顺利发展的前提条件。曾经有学者提出联盟伙伴的选择应坚持3C原则，即兼容性（compatibility）、能力（capability）和承诺（commitment）。这一标准的科学性后来被很多国际战略联盟的成功实践所证实。

1. 兼容性。兼容性是一个成功的联盟所必须具备的最重要的条件之一。两个进行合作的企业，如果缺少兼容性，那么不管它们的业务关系在战略上多么重要，也不管它们彼此都多么有能力，都将很难经受时间的考验，也很难应付变化的市场和环境，因为它们首先要做到的事情是能够在一起工作。

2. 能力。潜在合作伙伴的能力也是决定联盟能否成功的一个因素。合作者必须有能力与你合作，合作才有价值。在评价合作对象的能力时，公司应当为每一个潜在合作对象准备一份档案资料，以更好地评价它们的优势和弱点。归纳起来，主要应评价以下几点：第一，在拟合作的领域，你与合作伙伴谁更活跃？第二，对方的市场实力如何？第三，对方的技术水平、生产能力、销售网络如何？第四，对方是市场的主导者还是落后者。总的来讲，大部分公司都要求他们的合作伙伴具有能够对联盟投入互补性资源的能力。

3. 承诺。找一个与自己有同样的投入意识的合作者是联盟成功的第三个基石。就算合作者显得很有能力且与自己很相容，但是，只要他不愿向联盟投入时间、精力和资源，联盟就很难应付多变的市场条件，所以，在最终决定与潜在的合作者组建联盟之前，必须通过测试以确定对方与你一样有积极的投入意识。对投入意识的测试可归纳为以下两点：联盟的业务是否属于合作对方的核心产品范围或核心业务范围；确定合作伙伴退出联盟的难度。

（二）选择合作伙伴思路和方法

战略联盟伙伴的选择是一个高度敏感的战略过程，传统的方法已经不再能够满足需要了。在现在这种复杂的商务环境中，管理者在关注伙伴关系的发展能带来的机会时需要新的思路和方法。要获得合适的联盟伙伴，一个企业需要关注如下几个方面。

1. 战略创新。为规避风险而对本企业进行战略定位，现在的企业多数都意识到对企业各方面进行不断的创新是提高企业竞争力的需要，战略创新是其中关键性的创新。只有那些能对自身进行彻底改造的企业才能在未来立于不败之地。改造的途径之一就是合作，与那些初看起来与自身业务没什么互补性的企业结成联盟的主要目的可以是战略创新。企业将自己置于一个联盟网络中再也不是仅仅为了获得更多的资源，而是为在未来应对不可预知的挑战和发展做准备。

为了更有效地应对未来的挑战，一个企业有必要对自己的用户在未来的需要有一个清晰的认识，以便能加入正确的网络。这种清晰的认识有助于企业得到能最大限度地提高自己价值的合作伙伴，另一方面通过跨行业网络发展有竞争力的产品也可以有效地规避风险。在新经济时代，一个企业首先是一个提供一组产品和服务的合作关系的组合。在企业的合作关系网中有许多内部的相互依赖关系，一个合作关系的变化就有可能影响到许多个合作关系的力量平衡。这种复杂性要求企业具有特别的联盟能力，而且这种能力必须不断地得到发展。

2. 构建联盟能力。成功地管理一组各不相同的合作关系要求企业具有高超的联盟能力，所需要的联盟能力要与企业的联盟战略相适应。比如说，一个企业只在一个目标上涉及双边合作，管理这个联盟将主要是负责业务单元的管理。如果企业涉及广泛的合作关系，而这些合作关系之间存在着潜在的冲突，董事会就有必要参与管理，董事会要针对整个企业的业务需要制定联盟方针。管理的重点再也不是对单个合作关系的管理，而主要是集中于管理一组合作关系中的利益冲突和相互依赖。在广泛的合作伙伴间建立信任和承诺已经成为了有效开拓新的战略机会的关键。拥有一组合适的合作关系并且确实了解合作伙伴，这将是一个企业战略地位的巨大优势。

联盟从双边向多边转变使得企业需要关注合作关系的各个相关方面，一旦与合作伙伴建立起一个积极的关系，这种关系将在很短的时间里推动一个新的项目的产生，而且通过其他合作伙伴的宣传，这也将促进其他的合作关系。因为在选择合作伙伴的过程中，一个企业必定会评估其潜在的合作伙伴是否能够建立信任关系，而这主要是依靠以前的历史记录和潜在的合作伙伴目前在联盟网络中的状况。

有经验的企业在与合作伙伴进行讨论的过程中使用技术发展图，以此明确长期服务于用户所需要发展的技术，这些技术是产品发展的基础。不过，如果一个企业不具备吸收知识和参与发展创新的能力，即使明确了技术的需要也是没有用的。因此企业需要发展学习的能力以便能最大限度地学习、分享、吸收知识和技能。一个非学习导向的企业很难从合作关系中增加自己的价值。管理多边复杂联盟向企业提出了一个紧迫的管理问题。如果合作伙伴(尤其是当它是竞争者时)和你存在着各种各样的业务影响，你如何平衡你的贡献和收益呢？企业必须综合考虑伙伴的特征以及它们在合作关系中的表现并对合作关系进行评估，这将有助于企业对合作关系的表现和特点具有一个深刻和公正的洞察力。

3. 建立共同体。每一个联盟都有一个明确的联盟目的，并确定了所有合作伙伴都认同的要达到的目标。伙伴们各自的贡献以及它们通过努力将获得的回报都应该清楚，联盟协议可能涉及联盟的各个方面，但是如果没有真正的承诺，任何协议都是空谈。联盟要完全达到预期的目的，合作伙伴间必须要有融洽的关系。通过关注各基本层面的融洽关系，一个真正有效的商业共同体就有可能产生。在商业共同体中，大家有着共同的理念，大家共同分享价值，相互间步调一致并且有着明确的原则和方针。共同体中的企业将由于合作而共同受益。

4. 确定合适的合作伙伴。那些最知名的企业并不总是合作伙伴的最佳选择，有时候它们与你具有太多的相似性而不能给你提供多少具有突破性的思想。因此一个企业在建立联盟以前，必须明确知道自己需要什么样的合作伙伴。只有在全面分析了潜在合作伙伴的各个方面并确定其是真正适合自己的合作伙伴后，与其结成的联盟才有可能达到预期的成功。

五、战略联盟的谈判

在选定联盟伙伴以后，合作双方应着手进行联盟的谈判工作。由于联盟并非是一体化，合作伙伴之间仍保持着各自的相对独立地位，因而市场交易中得到的风险和机会主义行为也常常会带进联盟里面。从博弈理论来看。参与联盟的企业如果都追求自身成本最小化，利益最大化，结果会使联盟陷入“囚徒困境”。这样将直接影响企业联盟的绩效，甚至威胁到联盟关系的存续，导致联盟的解体。因此，联盟之间的谈判是至关重要的。战略联盟的谈判要遵循以下原则：

1. 带着战略思想参加谈判。要求公司在谈判前应确定参与联盟要达到的战略目标；在谈判期间，谈判人员要不断地根据战略目标审核联盟的可行性。

2. 知道自己和对手的讨价还价能力。谈判者只有充分了解双方在谈判桌上的讨价还价能力及各方的利益所在，才能够在谈判中进退自如。

3. 披露信息时不可忘乎所以。当和潜在伙伴谈判时，不要立即把公司的底牌都亮出来，在不能确定谈判是否会成功时，不要冒风险去披露太多的信息。谈判时必须永远警觉"伙伴"同你的关系可能只是到结束谈判时为止。

4. 共同撰写新闻发布资料。在谈判中期，应双方共同拟定有关联盟要达到的目标以及达到目标的方式的公报，以反映合作双方在合作目标上是否达成了共识。

5. 不要作出不能兑现的承诺。任何联盟谈判都会涉及对等的相互让步，承诺要视对方情况而定，不要要求太多，也不要作出超出实际能力的承诺。

6. 做好撤退的准备。如果谈判时矛盾已经形成，公司应该停止这场谈判。宁可达不成协议，也不要在协议中含有本方不能接受的条款。

第四节　战略联盟的管理

一、战略联盟人力资源管理

（一）战略联盟人力资源管理的基本特征

战略联盟的人力资源管理不仅具有一般企业人力资源管理的基本特点，而且由于联盟形成的复杂性，它还拥有自己的独特方面。

1. 联盟双方具有平等的地位。战略联盟是以平等互利的原则形成的经营联合体，联盟组织中的各方都是平等的。首先是实力的平等，每一合作方都必须持有重要的王牌，无论是在技术、市场准入、人员或其他领域。任何一个合作者都不会要一个软弱的合作伙伴。其次是权力的平等，权力的平等不仅仅是股权结构比例大小的问题，也是一个思想观念问题。合作的一方不能凌驾于另一方之上，联盟中势力较强的一方在制定管理决策时要考虑另一方的要求。第三是利益分配的平等，在联盟中，各方必须获得与其付出相应的收益。不能一方所得丰厚，而另一方所得微薄，这样的联盟是无法维持下去的。

2. 战略联盟的雇员来源多样性。联盟雇员往往来自两个或更多的公司或国家，有不同的企业文化和价值观及思维方式。而不同国家、不同企业的文化往往存在冲突的可能，具体来说可能有以下原因：一是不同国家的社会文化存在差异，而联盟伙伴之间采用"自我参照标准"来进行思考，从而导致伙伴间缺乏了解，引发冲突；二是同一国家的不同企业由于在价值观、企业目标、道德标准等方面存在差异，也会引发联盟伙伴的文化冲突；三是由于语言、方言、语言习惯上的障碍和信息理解上的障碍导致的沟通障碍所引发的文化冲突;四是由于对联盟中文化差异与冲突的认识与意识不足,或联盟伙伴企业对此态度的不正确而导致增大其范围、可能性与频率。

3. 信任是实现联盟人力资源有效管理的前提。在战略联盟的管理中,联盟的合作者之间必须相互信任。因为合作各方都希望从对方那里学到一些知识或是与对方共同创造出一些新知识,但很多这样的知识是蕴涵在公司的实践和文化中的,很难用简单的语言将它们表达出来,只有在一种没有沟通限制和障碍的工作关系中的合作者们才有可能学到这些知识。如果双方不信任,经理们都以戒备和怀疑的心态来对待对方,而来自双方的员工们也随之相互提防、封锁消息,合作就会受到很大的限制,联盟则失去了活力,甚至面临分裂解体的可能。

(二)战略联盟人力资源的整合

1. 联盟高级管理层的整合。战略联盟的 CEO 必须是独立的,并且能熟练地从原来企业的管理角色中转变过来。他必须在联盟自己利益和合作企业利益之间找到平衡。他必须知道战略联盟需要实现的目标,同时在作出决策的时候有足够的自主权。他必须对所有伙伴的利益给予同样的重视。他必须是自信的,能清楚地知道他代表谁,他对联盟应负的责任。他必须是诚实的,并且忠诚于联盟。为了在雇员中间创造一种合作的精神,他常常不对他们直接行使职权。从在这个意义上说,他必须成为一个真正的领导者。他必须能够在合作者之间促进和创造一种信任的气氛。为了这个目的,他应当知道怎样和其他人交往,以及怎样和不同国家的、不同公司的文化联系。

联盟的 CEO 确立后,接下来就要着手组建一支有开拓精神的、团结的、能力结构合理的经理队伍。每个公司都应当按照合同的要求派出专业的经理。而且,公司应当派最好的经理到联盟去。联盟的经理应善于同来自不同国家文化和公司文化的合作伙伴紧密合作。一方面公司需要挑选有能力去推进联盟业务的经理;另一方面这些经理必须有必要的外交技巧来有效处理不同联盟伙伴间微妙的关系和互动性。在寻找有才能的联盟经理时应集中注意以下五点:一是挑选善于跨文化管理的技术员。这不是指找一位中层经理来主管技术,而是需要一位管理技巧高超的人,他能理解母公司以及联盟具有的不同文化。联盟建立的主要目标是确保得到合作伙伴的信任和尊重,并能对它们施加影响,因此,那些心胸宽阔能同时容纳自身文化与对方文化的经理承担这一任务会更合适。二是挑选具有上升潜力的经理。最初任命到联盟的经理是合作伙伴对联盟给予支持和投入的强烈信号。如果联盟任命的是一位将要提升到母公司高级职位的经理,这将极大地提高联盟员工的积极性,注意不要安排平庸的雇员担任联盟的领导工作。三是挑选一位善于听取别人意见的人。四是根据联盟企业的条件来选择经理人才。五是挑选受联盟各方尊重的联络人员。

2. 联盟员工的整合。一般来说,联盟的员工来自三个地方:母公司总部、外部和子公司;如何合理安排来自不同地方的职工进入联盟中来,使之产生整体效益,是联盟中的人力资源整合的重点内容。从总部抽调员工为联盟职员的优点是有利于总部的指示在联盟中贯彻,缺点是人事变动大、成本高,不利于母公司在其全球战略的关键三方,即母公司总部、当地子公司的业务点和联盟中进行交流和合作。从子公司的员工中挑选联盟的职员的优点是可节省总部人事变动的费用,可以帮助母公司把它的产品和操作融入联盟的业务中来。使用子公司的员工,母公司可以在其全球战略的关键三方,即母公司总部、当地子公司的业务点和联盟中创造连续的交流和合作。如果联盟设在外国合伙者总部附近,那么传统上就由当地子公司提供大部分低级员工,母公司只投入主要战略决策者,如董事长、财务处长、营销主任等。这里并不是指望少数几位经理就能真正控制和管理好联盟,而是通过把公司在当地子公司的一些员工安排进联盟较低层次的工作岗位,可以促进母公司在联盟中的地位并为子公司的员工提供一个难得的培训和锻炼机会。但这种做法有其致命的弱点是很难规避任人唯亲和打破裙带网络。招聘外部员工的优点是使企业有机会打开当地市场,获得新的业务机会,同时也会鼓励联盟发展自身的文化——与合作双方公司的文化不同的文化。外部员工分析政治变化、解释新法规、雇用和管理工人等方面比海外派去的人更具优势,尤其是当地经理在造就有奉献精神的劳动力队伍方面能起很大的作用。其弱点是他们毕竟是外人,不可避免或多或少的难以融合与沟通。

3. 联盟沟通渠道的整合。切斯特·巴纳德认为,信息沟通就是把组织中的成员联系起来实现共同目标的手段。哈罗德·孔茨更明确地指出,“没有沟通就不可能进行群体活动,不可能进行协调和变革”。某种意义上说,有效的沟通是一种组织资源,有效、持续的沟通是管理好联盟的重要因素,是战略联盟中的人力资源整合的基础性工作。发展稳定的交流系统有助于促进联盟之间的相互信任,而信任对联盟的成功至关重要。虽然整合联盟中的沟通渠道需要做许多艰苦的工作,也同样有很多的困难,但这对联盟具有重大的意义。因此在联盟中建立一个清晰的沟通体系,其构建的路径如下。

(1) 建立基本的联系渠道。在联盟中,合作企业间应建立起一个清晰的沟通体系。跨国公司可以让它们的海外子公司作为同海外合伙者沟通的基本媒介。沟通的基本形式有:召开联盟间不同层次的定期会议,经常性的会议可让员工有机会检查联盟是否在预定的目标上运行;创造条件让员工之间互访和交流;进行正式的、跨文化的培训项目。这种交叉关系是推进沟通、评估发展情况、加深关系、解决问题的最好的途径。经常举行礼节性的联盟活动以便增进双方的信任,信任能够促进沟通,鼓励合作,并降低冲突。

(2) 建立“与一个合伙者的多重联系”的沟通模式。这类联盟涉及合作双方的股权关系。因而,在整合沟通渠道时应着重从这一角度来进行。随着联系的扩大,联盟希望在不妨碍较低层次发展个人关系的情况下对交流也保持一定程度控制。连结点既有互相加强的作用,又有制约和平衡的功能。主要的连结点有:经理的高峰会议,联盟的高级经理至少每年会面两次,进行正式讨论或非正式的聚会;战略协调员;战术协调员;人员交流,双方交换人员以加强交流。交流可以通过同一项目合伙双方的联盟经理之间的交往,也可以通过联盟各方的或一方合伙者的联盟经理与对方公司的高级主管直接接触来进行;有时,可以把联盟地点放在目标市场的一方,便于双方进行沟通。

(3) 建立"与多个合作伙伴的多重联系"的沟通模式。这个模式讨论的是跨国公司与众多合伙者建立跨国联盟后如何进行沟通的情况。跨国公司与众多的合作者有广泛的网络联系。由于管理与多个合作伙伴关系的复杂性,大多数的跨国公司将主要的沟通与管理工作下放给下属分公司。母公司总部管理层对联盟的横加干涉是不允许的,当然,为了避免利益冲突,母公司的核心管理层在一定程度上对下属分公司进行监督也是很必要的。企业联盟的实际运作表明,与在母公司层次建立一个管理小组来管理不同联盟的所有职能和业务相比,直接管理合作参与部门——分公司更便捷、更有效。在分公司同竞争对手建立联盟关系时,总部就成立一个总监管委员会参与其中的工作。当分公司拟进行某个对总部有威胁作用的联盟时,高级管理委员会就可对之加以协调和制止,避免产生严重的后果,造成不必要的损失。

4. 企业联盟的文化整合。增进文化间的理解,超越文化隔阂是企业联盟战略应完成的艰巨任务。这一项任务完成得越好,联盟活动就越顺利,反之则易陷入困境。不同企业间的相互信任是联盟的一种社会资本,也是其组织的无形资产。为了培养不同单位、不同文化之间的信任,联盟需要跨文化培训。需要建立信息共享系统,也需要强调对联盟绩效的贡献。通过跨文化培训方式培养联盟员工的协作精神和团队精神。全球性的战略协作以其地理上的柔性、多样化以及对当地市场和当地政治的应对性,在优化联盟企业重大活动方面发挥着重要作用。全球性的协作是对各联盟成员所构成的跨国网络中的资源流动,共同体意识和范围经济的管理,而在联盟中,职员之间的有效合作显得更加重要。协作,这种企业最重要的战略优势,是建立在完整性基础上的,这需要在协作技能方面进行持续的培训,也需要在报酬体系中体现对协作行为的激励。在联盟中,团队合作是完成任何任务所必需的,通过团队合作,协作机制就能逐步形成。人力资源管理需要在激励机制中更多地强调团队合作。鼓励员工之间的相互帮助。在有些联盟中,协作的培养可以储备信息系统,尤其是工作群体的系统。联盟战略中的人力资源整合是极其重要的理论问题和实践问题。

联盟中的文化冲突表现在战略制定过程、领导风格、联盟绩效的评估等各种经营管理环节上。为了实现战略联盟的目标,联盟内部必须进行有效的文化整合。

(1) 文化整合要求合作关系中涉及的人员具有交流的技术和文化的意识以沟通他们之间的差异。

(2) 文化整合应当从理解对方的思维方式和行为方式开始。

(3) 应当努力地利用培训来增进文化理解。通过跨文化培训方式，培养联盟员工的协作精神和团队精神。文化整合的最终目的是培养合作双方的信任度，让具有不同文化背景的联盟企业之间、管理人员之间，以及其他联盟雇员之间相互理解、相互尊重对方的文化，并创造出各种文化相融度很高的合作。

(4) 营造充满活力的企业文化，提高企业对员工的凝聚力。企业只有建立和完善具有自己特色的企业文化，并将其作为企业成员工作的导向，企业才能实现在生存中发展，在发展中求创新。企业文化是企业在长期的生产经营过程中精心培育出来的企业的灵魂，它对企业的组织创新、管理创新和技术创新都有着积极的推动作用。

二、战略联盟知识管理

（一）企业战略联盟中的知识流的内容

企业战略联盟中的知识流从内容上可以划分为三部分：技术或诀窍、一般管理经验和战略联盟经验。企业建立战略联盟，尤其是知识联盟的初衷就是学习合作伙伴的专业技术或诀窍。这一类知识是企业核心竞争力的一部分，也是与其他企业合作的资本和寻找合作伙伴的重要衡量标准。合作伙伴的管理知识、市场经验、组织流程甚或有效的组织结构也是值得借鉴的，这方面的知识可称为一般的管理经验，尤其是不发达经济企业在联盟中应该向发达经济企业学习的。除此之外，合作双方对联盟的管理过程本身也是一种学习经历，特别在合作伙伴是外国企业的情况更是如此。社会文化、民族特征、公司文化等差异构成了联盟的障碍，分析相互之间的差异，并相互适应这种差异，就会强化合作关系。在经济全球化发展的今天，管理战略联盟经验对大多数企业而言都是至关重要的资源，也应作为联盟中知识流的一部分。

（二）企业战略联盟中的知识具有三种特性

企业战略联盟中的知识有三种特性：知识的可见性、知识的专用性和知识的相关性。知识的可见性是指知识在联盟中显现的程度，据此可分为显性知识和隐性知识。显性知识是指能够用正规、系统的语言明确表达和传递，其存在于合同、备忘录、数据库或产品中。而隐性知识是指难以表述、隐含于过程和行动中的非结构化知识，具体表现为个人的技能、经验或诀窍、心智模式、解决问题的方式或组织惯例等。隐性知识不易被模仿，因而对企业来说更具有战略意义，但也更难以在企业之间传播和共享。知识的专用性是指合作双方投入到合作项目中的知识的可转移的程度。技术或诀窍一般与联盟共享的知识与合作项目密切相关，专用性较强，转移到企业其他非合作业务的难度比较大。同时也提高了联盟伙伴退出联盟的成本，减少其采取不合作态度的道德风险。而一般管理经验和战略联盟经验则具有普遍的适用性，对提高企业整体的管理效率有很大帮助。而且，这些经验对同行业或其他行业的企业也有借鉴意义。知识的相关性是指合作双方所拥有知识的互补性程度。互补性越强,联盟双方也更乐意拿出自身的知识来共享以提高双方的竞争力,合作的效果也越好。

企业联盟间的知识管理内容与企业内部的知识管理略有不同,其更侧重于知识的整合和碰撞、传递和共享。而且,由于联盟中的知识跨越了企业边界,还存在知识的保护问题。因此,根据战略联盟中知识管理的特殊性,可以建立战略联盟知识管理的流程。

首先,应当注意培养系统思考、全面思考的能力。联盟学习过程是一个系统学习的过程,它受多方面因素的影响,既可能受战略联盟内雇员的素质、组织状况等的影响,还受联盟的文化、思维模式等多方面因素的影响。系统的某部分的微小的波动都可能导致联盟的失败,通过系统思考恰当的调整学习管理战略。

其次,应当创建学习型组织。随着知识在当今社会中的地位与作用越来越重要,组织知识传递、知识积累也要求组织向柔性化转化。而最有效的知识积累组织是学习型组织,创建学习型组织是战略联盟学习管理的必然途径。在追求创建学习型组织这一目标过程中,至少有 5 个相区别而且十分不同的战略选择,需被发展与执行。它们分别是信息系统、智慧财产的管理战略、组织学习战略、知识管理战略和创新战略。

再次,整合知识转移的通道。在战略联盟伙伴关系中,知识的转移与传递的渠道是各式各样的,这会直接影响联盟伙伴们的学习。对知识转移通道进行整合就是消除联盟伙伴间影响知识转移的壁垒,对各种差异较大的渠道进行整合,使知识标准化,容易为伙伴的成员所接受。要整合知识转移通道,要做好以下几个方面的工作。(1)相互确定知识转移的范围;(2)要尽量使知识标准化;(3)要建立知识转移的渠道体系;(4)对各渠道进行测评,提高知识转移的效率。

最后,要进行学习文化的培养与整合。学习文化对联盟伙伴的团体学习有重要的影响。不同的企业其学习文化与氛围是不一样的。而学习文化不浓的企业,在联盟中也不会注意对学习伙伴的先进的知识为自己所用,以提高自身的能力。由于学习文化不好,而忽略了对有用知识的吸收,又可能使其联盟的目标不能完成。因而对联盟学习文化培养与整合是战略联盟进行学习管理的重要任务之一。而学习文化的培养与联盟的高层领导的提倡与促进有关,高层领导自身的示范作用会带动下属员工的学习,逐渐的能取得对学习的认同,从而形成文化。文化的形成与培养是一个长期的过程,需要联盟领导制定学习文化的培养战略,并认真执行它。

三、战略联盟风险管理

(一) 战略联盟风险含义

随着时间的推延,当战略联盟各成员方的贡献变得不平衡或联盟一方已经没有任何

合适的资产和技能或其他资源可以用以贡献时，便会产生风险，使联盟的成员企业遭受损失，如失去核心竞争优势、被兼并等。企业战略联盟的风险主要表现在以下三个方面。

1. 可能丧失核心竞争优势。战略联盟虽然不十分强调"强强"联合，但强调加盟企业必须具备自身的核心优势及与其他组织成员达到优势互补的目的。企业加入联盟组织后，在为了达到共同目的的合作过程中，有可能无意识地将自身的核心技术或市场知识转移给其他组织成员。而这些核心技术或市场知识正是企业在联盟前的竞争优势所在，是战略联盟形成的必要前提，是企业能与其他成员平起平坐的保证。因此，当企业的竞争优势完全丧失后，联盟也将解体。而当联盟解体后，成员间将展开新一轮的剧烈竞争，丧失核心竞争优势的企业极有可能在竞争中处于十分不利的位置，甚至成为其他企业兼并或收购的对象。

2. 可能产生技术创新方向的偏离。有些企业加入联盟的真正目的并不在于联盟成功给它们带来的共同利益，它们加盟的目的在于借助联盟的技术优势去研究开发其他项目。如果一个联盟组织存在数个这种成员企业，那么它们将在联盟过程中将技术创新发展方向朝有利于自身的方向引导，从而使某些企业蒙受损失。

3. 可能因文化差异导致联盟失败。当两个或两个以上具有不同文化背景的企业进行联盟时，便会产生一定程度的文化摩擦。这种文化摩擦常常表现为企业组织和员工行为相互之间的冲突。文化冲突的化解必须花费很高的协调成本和妥协成本。而当这种文化冲突无法协调时，一些企业很有可能不得已退出联盟，使得联盟分裂，导致联盟企业蒙受损失。

（二）战略联盟风险的防范

1. 谨慎选择和评估合作伙伴。联盟伙伴的选择是建立企业战略联盟的基础和关键，慎重地选择合作对象是联盟顺利发展，降低战略联盟潜在风险的首要条件。选择合适联盟伙伴是战略联盟成功的关键，因此，企业管理者理性地认识和评估潜在合作伙伴是完全必要的。

当外部企业要求与本企业结成联盟时，必须根据自身的战略目标、资源特点和所处的竞争环境，利用所收集到的相关信息对合作伙伴在资源、能力及文化等方面的互补性和兼容性，以及潜在的风险和收益等进行评估，方可确定为联盟伙伴，并进行追踪管理；当对方无法或不愿提供相应的资源及能力而提出终止联盟，或本企业认为合作难以达到预期目标时，从外部企业中重新选择理想的合作伙伴。

2. 确保联盟的弹性与刚性的平衡。在高度竞争的市场环境中，联盟弹性对联盟的形式和成功都是相当重要的。但是，结构刚性也是必要的。结构刚性是指具有较高的联盟程度和较高的紧密程度，它有助于巩固联盟关系和增强合作伙伴关注联盟成功而不是随时准备退出。因为具有较高的相互联系的合作伙伴才能够共享更多的共同利益，同时也能够容忍可能的机会主义行为。但是,结构刚性也有可能使联盟陷入"路径依赖"之中,从而容易导致过度专业化和僵化,可以选择外部新伙伴的余地随着联盟数量的增加而变得越来越小。在这种情况下,一旦联盟面临市场和技术变革压力,联盟就很难通过技术转型或加入其他联盟形式而存活下来。因此,企业战略联盟需要在弹性和刚性之间寻求平衡,也就是要克服由于弹性而使联盟过于分散以及由于刚性而使联盟过度专业化和僵化的危险。

3. 建立风险预控体系。风险预控体系(risk preset system)主要是以风险核对表等工具为基础,通过风险管理机构的调查及成员企业自身的监控对各类风险指标进行跟踪和预测,从而达到及时防范、减少损失的目的。风险预控主要包括以下一些步骤:识别风险;设立相应的风险评价指标及评价方法;收集风险信息;评估风险并分析风险的变动趋势;给出适当的风险防范措施,并监督执行。

4. 建立有效的信任机制。物流企业战略联盟实质是一种合作博弈的战略选择,通过合作实现竞争主体效用的最大化,而这一合作的形成是以最终相互诚信为基础的。就企业的联盟而言,其合作通常会经过较长一段时间的持续投入期,使得战略联盟在业务量获取上逐步形成一定的规模优势,才可能实现赢利。因此,这就要求联盟双方必须着眼于长期利益,建立互信机制,为赢得更大的市场份额奠定基础。

惠普与阿尔卡特朗讯建立全球战略联盟

惠普(纽约证交所:HPQ)与阿尔卡特朗讯(巴黎证交所和纽约证交所:ALU)宣布,双方已经签署了一份为期10年的合作协议,通过建立全球战略联盟帮助客户从电信和IT融合中受益。

一旦正式协议执行,两家公司将共同推广解决方案和服务,从而帮助服务提供商和企业实现端到端转型。

双方计划启动一项全球性的"走向市场"计划(go-to-market program),该项目旨在推动通信网络向下一代融合基础设施转型。成功转型后的服务提供商能够高效提供新型服务,以增加营业收入。惠普和阿尔卡特朗讯还计划提供各种服务以管理现有和新型基础设施,从而满足客户对灵活性外包方案的需求。

惠普和阿尔卡特朗讯还计划共同走向市场,为大中型企业和公共部门提供通信解决方案。阿尔卡特朗讯在IP电话、统一通信、移动、安全和联络中心等领域的产品,将与惠普IT解决方案实现全面融合。这些合作解决方案将通过惠普代理商或以托管服务的方式向企业提供。

此外，该联盟将利用两家公司在企业和电信市场的产品组合优势，建立全新的端到端客户解决方案。

绑定协议中涉及的“走向市场”计划包括所需要的全部投资，并将得到业务发展与销售方面的专业支持。一旦得以实施，该计划将在10年时间内为惠普和阿尔卡特朗讯创造数10亿欧元的净收入。

借助惠普在IT转型领域的技术与经验，两家公司还计划由惠普负责阿尔卡特朗讯的大部分IT基础设施的转型和管理。这样，阿尔卡特朗讯就能加快其运营演进的步伐，以期在性能、质量、效率和成本方面达到最高标准。阿尔卡特朗讯之所以选择惠普是因为惠普拥有先进的数据中心技术和在托管服务方面的领先地位。

“我们期待该联盟能够能够为客户创造新的商业机遇，并帮助其提高运营效率。”惠普董事长兼首席执行官马克·赫德(Mark Hurd)表示。“结合我们两家公司在IT和通信领域丰富的专业知识与技术，惠普和阿尔卡特朗讯会帮助客户将其技术需求成功转变为竞争优势。”

“今天成立的全球战略联盟是一项重要的转型合作，必将惠及我们的客户。IT和电信正在以一种前所未有的方式进行融合。能够亲眼目睹我们作出的种种努力正在加快行业创新步伐，我感到非常高兴。”阿尔卡特朗讯首席执行官韦华恩(Ben Verwaayen)表示。“此外，我还相信，惠普将为阿尔卡特朗讯提供性能最佳和成本最低的解决方案，以满足我们的IT需求。”

全世界的服务提供商和企业都在努力满足新的客户需求和商业要求，应对新的竞争挑战和不断变化的商业模式。随着电信和IT的逐渐融合，众多企业开始对基础设施进行现代化改造或外包。

通过对两家企业的产品和通用解决方案进行整合，惠普和阿尔卡特朗讯计划建立一个“一站式服务”，以使服务提供商从此无须应对在协调IT和电信基础设施转型方面的沉重负担和万千头绪。此外，两家公司还计划帮助企业高效打造并管理真正集成的通信环境。

阿尔卡特朗讯还将利用惠普先进的IT和电信技术以及高效的供应链来搭建其下一代平台架构，从而为服务提供商提供基于运营商级和IT应用通用技术的先进解决方案。这种方式将有助于服务提供商充分利用标准的服务器、处理器以及操作系统技术。

协议中规定，阿尔卡特朗讯将授权惠普负责其大部分的IT运营业务。借助惠普的先进技术及其在转型领域的专业知识，阿尔卡特朗讯计划以更快的步伐，向先进IT基础设施及服务迁移，以提高运营效。阿尔卡特朗讯希望在这10年的合作中，可大幅节省总成本，并从实质上改善现金流状况。

（案例来源：网易科技频道新闻）

讨论题

惠普与阿尔卡特朗讯建立全球战略联盟的目的是什么？

【复习思考题】

1. 战略联盟产生背景是什么？
2. 战略联盟的类型主要有几种？
3. 战略联盟有哪些特征？
4. 战略联盟的优势有哪些？
5. 战略联盟运作需哪些要素？
6. 战略联盟运作需要哪些程序？

【案例分析题】

三年三步棋构筑渠道战略联盟

242年，对于一个企业的发展将会有多少故事发生？242年，对于中国漫长的历史也许就相当于一个朝代。致中和，始创于1763年，却已经历了三个时代的变迁，从清朝到现在。致中和，从乾隆年间一个小小的酒坊，通过连锁经营、各地加盟专卖，渗透到了全东南亚，一直发展到现在的市场经济营销联合，致中和深知稳定渠道伙伴的至关重要。

1998年，一个现代的致中和酒业公司成立，从此致中和开始了现代意义的市场营销和策划，市场份额一路飙升。然而致中和真正意义上的渠道革命，还是源自于2001年之后。致中和1998年的崛起，是一个典型的毛泽东思想的实践者，通过农村乡镇的精耕细作，然后逐步包围城镇，最后在一级城市实现生根发芽。而渠道伙伴也从开始的“多而小”逐步整合到现在的“少而精”。2001年可算作是一个分水岭。2001年前的致中和，还是一个五加皮酒的代名词，虽然五加皮有系列的品项，如从瓶装到礼盒装等。然而单一产品的局限性也是摆在面前，经销商也显得多而密，但经销商实力却多不强。那时候单单一个浙江就有将近150家一级经销商，渠道的混乱和松散程度可想而知。

而从2001年开始，致中和开始了大刀阔斧的渠道变革，采取区域特约经销商制，与经销商建立长期而紧密的战略伙伴关系，产品结构上也从单一的五加皮酒扩大到相关渠道产品多元化。而原来“一个门面坐到晚”的副食市场内的经销商因不适应发展逐渐被淘汰，取而代之的是具有区域终端紧密关系的革新型经销商。目前也以浙江省为例，在产品从一个增加到五个的前提下，致中和的一级经销商也不过70多家。

从2004年开始，致中和高层更以一个三年的规划，期望建立一个覆盖华东、华南、大西部、环渤海区域，进而渗透全国的特色快销品战略渠道联盟。2004年开始的央视广告和2005年9月即将开始的央视一套黄金广告，将为致中和这一渠道规划提供空中支援。三年规划，三步举措，为致中和构筑全国渠道战略联盟提供强力保障。

第一步：建立长期战略合作，厂商各献优势

致中和认为，厂商资源的优劣不同和互补性，决定着厂商合作的权利和义务，任何以单方的厂家操作市场或全部以经销商操作市场都将会浪费太多的现有资源。经销商的最大优势是区域的渠道关系和本地的市场经验。而厂家的优势在于产品、品牌与市场的整合能力。这两种优势的合作才是市场营销的最大杀伤力，而且这种合作会随时间越长而更加熟练和紧密。

2005年，致中和的招商广告提出的就是"开朝元老级"经销商，所谓开朝元老，其意即是在全国新市场区域，致中和所有合作的经销商都是建立在一种长期的战略关系基础之上(除非主观意愿或出现重大过失)，一旦双方这种关系确立，则意味着经销商有更优越的保障和稳定性进行区域开发，这一区域相当于成为了经销商经销致中和产品的自留田，致中和的新品在与经销商渠道资源相一致的情况下，将源源不断地优先与战略伙伴建立关系。致中和把这种合作关系称为"结婚"，"执子之手，与子偕老"。

而这样的经销商必须在营销理念上、优势资源上、渠道关系上与致中和十分匹配，新市场真正符合这种要求的经销商并也不是十分的多。在这一点上，致中和坚持宁缺毋滥，如果在某些地区未能物色到优秀的经销商，致中和不会仓促进入，而宁愿选择放弃，就算前期浪费大量开发费用也在所不惜。

一段时间以来，关于经销商的未来角色及发展趋势，行内讨论很多，一种主流的看法是这种处于中间状态的经销商由于受到厂家和终端的压力，将趋于分化和消亡，这种观点一度十分流行，特别是常常被厂家利用于恐吓经销商。致中和认为，在目前中国的特殊国情下，经销商在中国还将会长期地发挥重要作用，特别是在商品过度的今天，具有市场策划能力和优秀渠道操作能力的经销商还会发挥越来越主导的作用。未来的中国市场竞争，谁拥有良好的渠道资源和品牌能力，谁将会在竞争中趋于主动，而厂商的关系也将回归到各自原有的本色，各自发挥其优势范围内的主导作用。

第二步：特色产品套餐组合，构筑合理的产品结构

一直以来，经销商心理最欢迎的产品当然是全年都旺销的产品。然而这样的产品基本上很少甚至没有，这样的心理作为厂家也一样。致中和意识到这里面的机遇方向：产品不能全年两旺，但合理的产品结构可以弥补单一产品的这些缺陷。

以五加皮酒起家的致中和，始创于1763年，一个长三角区域性冠军品牌，以生产和销售致中和五加皮酒而在行内成名，2003年致中和的香红黄酒以其独有的产品包装和文化理念，成为中国最具特色的黄酒品牌之一，成为黄酒企业的一匹黑马；2004年推出的每日养身酒以做餐饮为主，掠去了劲酒相当的份额。

致中和如今的产品结构已经不可与往日相比。五加皮酒、每日养身酒、香红黄酒构成下半年酒类产品的旺销铁三角；罗汉果饮料、龟苓膏两个产品构成了夏季凉品的高峰。上下半年的产品销售时机基本趋于平衡。

2005年对于致中和来说是一个战略年，2005年的致中和动作不断，先是以近5 000万元的代价成为2005年度央视中标的一匹黑马，9月份全面投放，欲借助央视这一载体建立全国性强势品牌；接着，他们又宣布进军凉饮料行业，以一个非常具有差异化的产品——罗汉果饮料切入；几乎在同一时刻，他们又宣布进军龟苓膏行业。

罗汉果是一个清凉饮料，类似于王老吉凉茶，但又不完全等同于凉茶，而是介于凉茶和功能果汁饮料之间。这种与凉茶若即若离的产品定位，表明了致中和对市场的深思熟虑后良苦用心。龟苓膏，一个两广成熟的特色产品，如今正向全国蔓延，如今正处于建立全国品牌的机会。

产品结构的丰满，让致中和的高层信心十足。据一手引进龟苓膏的致中和副总经理兼销售总监杜新跃介绍："龟苓膏在两广及港台澳已经非常成熟，并且已成为年轻男女的时尚小食，加上其近800年历史的生命力，我们相信龟苓膏与致中和绝对是一种完美的结合，致中和需要的也是这样一种有特色、有内涵的产品来丰富我们的品牌。致中和全国特色产品渠道平台的建立，相信我们丰富而又四季平衡的产品结构将对经销商更具吸引力。"

对于产品结构的丰满追求，致中和董事长白智勇先生说得很明确："在致中和，我们这几年一直在为品牌建设准备两件事：第一件是产品的结构丰满和平衡布局，这件事到今年年初我们基本完成了雏形；第二件是全国战略的布局，全国营销队伍的建设我们已基本形成，除长三角外，珠三角、环渤海、大西部是全国市场的战略要点，在产业结构的布局上，龟苓膏只是我们走出的第一步。黄酒不是我们的终极目的，龟苓膏也不是，致中和的终极目的是要建立专业的'草本调养专家'形象，只要是符合这个要求的产品，都可以把它整合到致中和的全国生产基地和全国销售渠道中来，以完善致中和的产品结构。"

第三步：贴身式营销服务，全程扶持经销伙伴

致中和的营销模式，是一种贴身式的营销服务模式。所谓贴身式，就是全程的渠道协助开拓与市场拉动支持。致中和认为，在品牌和产品建设上，厂家的作用无可厚非地处于主导地位，在渠道和市场拉动建设中，作为厂家也应该发挥重要的作用，只有厂家的全程参与，才能设计出一个符合产品特色的渠道和对应产品的市场拉动模式。

致中和历来注重品牌建设，近年来每年投入到广告上的资源就达几千万元，7年来在

广告的投入上已经达到了2亿多元。央视2005年9月开始的《新闻联播》前后黄金广告段位投放就达近5 000万元。除了中标段外，根据突发事件还可追加配套广告投入，进行事件营销传播。现致中和龟苓膏正在湖南卫视"超级女声"投入广告，这就是致中和参与全国性事件营销传播的一个案例。

地面上，致中和根据区域规划，基本上每导入一个重要地区，就会在当地配套建立营销服务机构，组织优秀的业务团队，配合战略经销伙伴作渠道指导、制定市场启动方案、进行市场拉、组织促销动活动，共同操作市场、启动市场，避免经销商单打独斗。待市场趋于成熟，然后把市场的主要维护工作交给经销商，而当地办事机构转变为市场管理和协调维护为主，所谓扶一程、送一程。

事实上，致中和自1998年以来一直以此模式开发市场，获得了巨大成功，就是在长三角致中和最成熟的地区，致中和的各地区营销服务办事处一直到今天都在发挥巨大的作用。全程贴身式的营销服务、当地经销商的优势互补，加上致中和产品线的不断丰富，这种模式已经越来越显示出它强大的市场开拓力和生命力。特别是在新产品导入阶段更显优势。

242年的品牌文化正在释放无穷张力。致中和，中正和谐之境界，不偏不倚，亦即和谐。

致中和的无限内涵以及其统括中华传统文化的精神，为品牌赢得无限张力，《中庸》第一章开篇曰："不偏之为中，不易之为庸；中者，天下之正道，庸者，天下之定理。""喜怒哀乐之未发，谓之中；发而皆中节，谓之和。中也者，天下之大本也；和也者，天下之达道也。致中和，天地位焉，万物育焉。"这就是致中和三字的渊源。

现在，致中和"百年草本调养专家"的定位，为致中和各色渠道产品的包容打开一扇宽广的窗户。据悉，在稳步拓展长三角区域的前提下，致中和渠道联盟目前在珠三角，两湖、华中等地已形成较紧密的覆盖。我们相信致中和的"全国特色产品渠道战略联盟"必定会获得非常成功。

（案例来源：新浪财经纵横）

讨论题

分析致中和建立战略联盟的过程。

B&E

第八章 买壳上市

第一节 买壳上市概述

一、买壳上市概念

买壳上市又称“后门上市”或“逆向收购”，是指非上市公司购买一家上市公司一定比例的股权来取得上市的地位，然后注入自己有关业务及资产，实现间接上市的目的。一般而言，买壳上市是民营企业的较佳选择。由于受所有制因素困扰，无法直接上市。

买壳上市是资本市场发展到一定阶段，随着证券市场的成长而产生和发展起来的一种高级形态的资本运营模式，是企业超越常规跳跃式发展的一种更高形态的经营方式，它是企业转变经营管理体制，建立现代企业制度的良好契机。

二、买壳上市的动机

（一）寻求更大的发展空间

买壳的公司往往都是原主业发展空间已经有限，所以试图通过买壳上市，既取得间接上市的资格，又达到寻求新发展空间的目的。持这种动机的非上市公司一般具有规模大、实力雄厚等特点，它们所寻找的壳公司一般也是所在行业前景较好、基础较扎实、主业潜力较大，只是因为某一方面的原因而使经营遇到困难或陷入困境的上市公司。买到壳之后，控股公司大多不会调整壳公司的主业方向，壳公司的资产和治理结构是它们整合的重点。

（二）获得直接融资渠道，从根本上解决困扰企业发展的资金问题

由于主客观原因，现有商业银行对民营企业的信贷政策偏紧，发放的贷款以短期为主，不利于企业资产负债结构的优化。买壳上市，成为上市公司则可充分利用证券市场的筹资功能。

（三）突破自身机制的局限性，获得规范化和超常规发展

企业在市场经济的环境下成长，具有适应市场和机制灵活的优势，然而同时也存在粗放式和家族式管理的弊端。买壳上市，通过引入现代企业制度，实现规范化运作，为企业的长远健康发展打下良好基础。在这类买壳上市案例中，非上市公司一般都有明确的主业，并且其主业经营大多还比较成功。这类公司买壳的目的是为了利用证券市场更快地扩张自己的主业，在对壳公司控股之后，会对壳公司的主营业务、资本结构等方面进行全方位的整合，使壳公司发生脱胎换骨式的变化。从某种意义上说，这种做法才是真正的买壳上市。

（四）投机牟利型买壳上市

在这类买壳上市案例中，拟买壳上市公司的动机是为了获得投机性的收益，而不是为了间接上市，其控股的短期行为比较明显。严格来讲，这种类型的买壳上市仅仅具有买壳上市的形式，而不具有买壳上市的实质内容。投机牟利型买壳上市在国外一般表现为控股公司买壳上市之后，采用一定的手段对上市公司进行整合包装，然后再将手中的股权转让出去，获取差价收益。在我国，采用这种买壳方式谋求投机收益的难度较大，一般是在控股之后，控股公司利用控股权在壳公司与控股公司之间进行不公平的资产置换，获得投机性的收益，即买壳公司不仅仅可以从中收回买壳的费用，甚至还可以赚取一笔收益。

三、买壳上市的优势

企业买壳上市目的各有不同，但根本目的大多在于获得直接融资渠道，同时又能避免本企业全部业务的法定信息披露义务，以利于企业更好地参与市场竞争。当前我国企业上市限制较多，比如受严格的审核标准的限制，受行业甚至是所有制方面的限制，等等。相对于直接上市，买壳上市则显得省时、省力，还可以避开某些限制和障碍，达到上市目的。企业买壳上市带来的好处很多，又常因方式不一和政策环境不同而异，我国目前采取买壳上市的好处大致可以归纳为以下几点。

（一）拓宽融资渠道，改善企业资产负债结构

以前我国的企业融资几乎单一的依靠银行贷款，致使债务负担过重，财务成本过高，影响了企业的赢利水平和自身发展。企业通过买壳上市，使上市公司能够直接从资本市场融资，可以根据企业发展需要，溢价向社会配售新股，低成本进行融资。这种方式不像向银行贷款或企业举债一样，需要定期还本付息，而是属于权益性投资，能够大大改善企业的资产负债结构。企业资产负债结构的改善，又有利于企业其他融资方式的从容选择，使企业走向良性循环，以利于企业的稳健高速发展。例如上市公司可以为控股公司发行债券或者向银行贷款提供担保，也可以购买控股公司资产或者直接向控股公司项目投资，

还可以与控股公司合资建厂,这些都可以大大缓解控股公司的资金压力。

(二) 获得上市公司的政策优势或经营特权

上市公司的良性运作、政策环境、赢利状况、快速发展和壮大,通过在深沪两市的信息披露而不断为广大投资者所了解,从而成为展示地方经济发展的窗口、宣传地方投资环境的窗口和吸引投资者直接投资的窗口,一个地区上市公司的整体市场表现和股价的高低甚至成为反映当地经济发展状况的一个重要"指数"。因此,为了促进上市公司的发展,地方政府纷纷为其提供各种优惠政策和某些特许权。这些优惠政策和特许权也成为买壳方决定购买行为和对象的一个考虑因素。

(三) 获得业绩效应

通过收购后的优势互补,资产置换有助于提高收购公司和目标公司的业绩。从表面上看,将优质资产注入目标公司会使其他股东得益,实质上,其他股东并不能获得资产的支配权。而且,只要公司不采取现金分红的分配方式,其资产的增值部分依然留在公司,仍由控股股东支配。最后,如果能顺利实行配股,社会公众股股东还必须将资金投入公司。

(四) 可以有效穿越地方保护主义壁垒,为企业经营开辟新的市场

众所周知,由于现行的财税体制,地方保护主义在各地还有不同程度的存在,在有些地方甚至还很严重。企业收购异地的一家上市公司,通过系列资产置换和业务重组,就可以有效地克服地方保护主义的障碍,推销自己的产品或服务,当然这本身也有利于当地经济的发展。日本五十铃公司收购北京北旅,就是为了避开我国对汽车进口设计的高关税。

(五) 获得互补效应

可以利用目标公司与收购公司的行业差异相互取长补短,共同提高,选择一业为主,多种经营的发展方式,逐步形成农工商、运输、房产、娱乐、服务等多种经营的格局,以增强抗风险能力,避免因某一单个行业不景气而面临困境。其实,即使是同一行业的兼并,也往往可以进一步提高竞争能力,降低竞争成本,促进业绩的提高。

(六) 合理避税的实现

在税法、会计处理惯例以及证券交易等内在规律的作用下,买壳交易可以带来纯货币收入的效益。实际上,合理避税的影响贯穿整个交易过程。在市场经济中,不同类型的资产所使用的税率是不相同的,企业可以根据不同的税率采取不同的财务决策,以达到合理避税的目的,最常见的就是亏损递延条款的运用。所谓亏损递延是指估算在一年中出现了亏损,该企业不但可以免付当年所得税,其亏损还可以向后递延,以抵销以后几年的赢

利，估算抵销以后的盈余缴纳所得税。当一家上市公司连续几年亏损或亏损数额达到一定数量时，往往成为被收购的“壳”。此外，随资本市场的发展和不断创新，股票置换及可转换债券的发行，还可以降低所得税并减少资本收益税。

（七）获得广告效应和市值效应

通过买壳上市的收购活动，收购公司在国内外的声望将有极大的提高，这对于收购公司来说是一种重要的通过其他途径难以获得的无形资产。股票上市以后其资本的价值就有了市场表现，即通过股价反映出来的股本市值。简言之，不足二元净资产的股票有望达到十元以上的市场价格。特别是对于以远远低于市价获得国家股、法人股转让的收购公司，一旦国家股、法人股允许上市，收购资金的投资回报率将十分惊人。

（八）使企业运营更加规范化

一个非公司制企业通过买壳上市，加之后续的资产重组，将自己逐渐变为一家上市的股份有限公司，建立起合理的法人治理结构，并由于受来自股东、社会中介机构和证券监督机构的监督，其经营管理不得不更加科学化、民主化、透明化，其经营活动也有必要规范进行，这无疑有利于企业的稳健发展。

四、买壳上市的主要弊端

针对我国的资本市场，买壳上市的主要弊端如下。

（一）成本收益比难达到令人满意的水平

对收购公司来说，要在短时间内筹集数额较大的收购资金成本较高，而且暂时并不能产生效益。目标公司可能在人事、经营管理方面因收购而出现暂时的不稳定现象，导致效益的下降。如果目标公司长期效益低下，即使采取合并报表也不一定能达到配股要求。而且，即使通过努力达到配股条件，但也不能保证立即获得管理层的配股批准。

（二）优质资产收益被稀释

如果买壳上市完成后，买壳方将自己的优质资产注入上市公司，那么，买壳方公司股东对其原先控制的优质资产便形成了间接控制的关系，原核心资产收益也要和其他公众股东共同分享，这样，面临着原优质资产收益被稀释的风险。

在投机盛行的市场中，收购方会选择通过内幕交易或对二级市场股价进行操作来补偿优势资产收益被稀释带来的损失，但在监管环境日趋严格的市场中，这种“补偿”会越来越难获得。

（三）无法再融资

如果买壳上市成功后，无法进行后继股权融资将是买壳方最大的损失。出现这种情况一般原因有三点:其一,注入的优质资产利润水平不高,无法支撑上市后庞大的资产规模;其二,"壳"公司遗留问题没有处理完,还需时间来消除;其三,收购重组的波动影响正常的业务经营(比如管理层的更换等)。

(四)失去控制权

在全流通背景下,上市公司控制权的争夺将更加激烈。过去,买壳方多以协议受让方式成为上市公司第一大股东,其控股比例往往很高,加上股权流动性障碍等因素制约,一般买壳后可以稳保第一大股东地位。但这些情况目前已经有所改变,任何一个潜在的收购者都有可能通过协议方式或者二级市场收购上市公司股份,从而夺取上市公司第一大股东地位。

(五)容易暴露商业秘密

政策法规和社会舆论对上市公司的信息披露要求较高,因此,成为上市公司以后,企业的一举一动在很大出程度上必须暴露在大庭广众之下,自身的主动权会受到一定限制。

(六)政府支持力度不够

在上市公司经营发生困难的情况下,很多地方政府为了使当地上市公司尽快摆脱困境、保壳、解决国企困难和下岗职工问题,往往极力促进买壳上市活动的发生,许诺帮助解决上市公司债务和处理历史遗留问题,并开出种种优惠条件。但过多的承诺也意味着风险蕴藏其中,随着政府工作规范程度的提高及商业活动更加高层化,地方政府不能随便左右当地税务、工商等行政机构和银行来提供非市场化的优惠承诺,那么,买壳方必将陷入被动。

(七)业务整合难

战略性并购已渐渐成为资本市场内的主流动向,买壳上市将成为很多有实力的企业集团进行行业整合的利器。但经验显示,即使是相同或相近的行业,两家不同的企业整合到一起,因为存在着技术水平、工艺、人员素质、地域、文化和产品质量等多方面的差异,企业磨合依旧会成为新股东买壳后要面对的重要问题。对于买壳企业来说,获得收购中的"协同效应"通常不是收购的主要目的,收购企业和目标企业往往身处不同行业,业务整合的难度更大。

五、买壳上市的方式

(一)二级市场公开收购

这是一种场内交易的买壳上市,又称要约收购,是指非上市公司通过二级市场收购上市公司的股权,获得上市公司的控制权,然后再反向收购自己的资产,从而实现买壳上市。《证券法》规定:任何投资者直接或间接持有一家上市公司发行在外的5%的股权时应做出公告；以后每增加或减少5%，需再做出公告；持股比例达到30%时要发出全面收购要约，一般要约期满后持股比例达到50%以上可视为收购成功。

（二）非流通股股权有偿转让

又称股权场外协议转让。上市公司的非流通股股东将自己拥有的股权以商定的价格转让给收购方，受让企业成为上市公司的控股股东，从而实现买壳上市，这就是我国目前常见的买壳上市。在我国，股权协议转让又分为国家股有偿转让和法人股有偿转让。目前股权转让主要按净资产定价，有溢价转让、平价转让和折价转让三种情况。主要取决于买壳上市公司对壳公司壳价值的估量。

（三）吸收合并

吸收合并是指非上市公司以自己的资产或股权与上市公司合并，改变上市公司的注册资本和股权结构，使自己成为上市公司的一部分，从而实现间接上市的一种并购行为。吸收合并目前又分为以下几种类型：一是上市公司向控股母公司以外的企业实施实物或现金配股，使配股企业持有上市公司股份，有机会通过逐渐提高份额控股上市公司，实现买壳上市。这种方式暂时被证监会禁止，但是定向增发新股又提供了此种方式的变通实现途径。二是上市公司直接合并非上市公司，使其成为上市公司的一部分。三是上市公司合并上柜公司。上柜公司是指地方性证券交易市场上挂牌交易的公司。

（四）间接控股

间接控股是指非上市公司通过控股上市公司的控股母公司而达到控股上市公司，实现间接上市的一种并购行为。此种方式由于一般不动用现金，又能避开发起法人股三年内不能转让的限制，所以越来越受到关注。

青鸟天桥的买壳上市

1998年12月北京天桥(600657)以1 264万元的价格收购北京北大青鸟有限责任公司所属子公司北京北大青鸟商用信息系统有限公司98%的股权，以5 323万元的价格收购北京市北大青鸟软件系统公司的两项无形资产：青鸟商业自动化系统V2.0软件技术和青鸟区域清算及电子联行业务系统。

随后北京北大青鸟有限责任公司分别与北京天桥的原大股东，北京市崇文区国有资产经营公司、北京住宅开发建设集团总公司签署法人股转让协议书，共受让公司法人股11 269 870股，占总股本的12.31%。在此之前，北大青鸟已经分别受让了北京市京融商贸公司、深圳市莱英达集团股份有限公司、深圳市莱英达开发有限公司持有的公司法人股，共计4 080 000股，占公司总股本的4.45%。此次转让后，北大青鸟共持有公司 15 349 870 股，占公司总股本的 16.76%，为公司第一大股东。

（案例来源：人生指南网）

讨论题

结合案例说明青鸟天桥的买壳上市采用什么方式运作。

第二节 买壳上市的运作

一、买壳上市的一般操作程序

买壳上市的方式多种多样，操作过程相当复杂、烦琐，不同方式的买壳上市其动作过程也不尽相同，各具特色。

（一）立项

这是企业买壳上市的开端，主要是由企业高层管理者作出买壳上市决策并征得民主同意或得到董事会批准，国有企业还要取得上级主管部门的批准。随后就要挑选至少包括一名高级主管在内的专业小组专门负责买壳上市事宜，小组成员一般还要包括财务人员，企业管理人员（尤其是懂资本运营的管理人员）。小组成立后首先要根据买壳上市目的和自身的经营状况及融资能力，初步计划为买壳上市所付出的代价，勾画壳目标的大致轮廓。

（二）选择中介机构为财务顾问

由于资本运营在我国还处于不成熟阶段，企业一般缺乏专业的资本运营技术专家，所以要选择财务顾问帮助自己顺利、高效地实施买壳上市。买壳上市在国外通常是由专业的投资银行充当财务顾问，国内则通常由一些证券公司、信托投资公司和投资咨询公司担任。为了项目的顺利进行，企业应选择那些实力强、信誉高、社会关系良好的公司充当财务顾问。企业可以就某一特定的壳目标与中介机构签订全面委托的财务顾问协议。好的中介机构也未必个个精兵强将，还应力争中介机构安排最强的人员为你服务。这一阶段要明确买壳上市所要达到的成效和双方各自的权利义务，避免日后的不必要的纠纷。

（三）目标搜寻

这一阶段主要是通过各种渠道捕捉壳目标，经过分析比较，最终确定适合自己的壳目标。求寻目标可以是企业自行联系，也可以委托财务顾问进行，还可以公开求售；并无定式，应视具体情况而定。一般而言，企业买壳上市若着眼于长远发展，可以用较低的成本收购一家业绩差甚至是亏损的上市公司，通过资产重组和管理重组，恢复其融资能力；若是希望尽快通过证券市场直接融资，则应选择有配股权的上市公司，当然成本也相应提高。选择规模小，流通股比例低，国家股、法人股相对集中的上市公司容易实现绝对控股，但是流通盘子太小又不适合二级市场的操作；选择三无概念股和其他股权分散上市公司则容易实现相对控股。此外，带B股的上市公司由于对配股不利不宜选择。除了上市公司本身的情况要有大致的了解以外，这一阶段还应了解上市公司所处的地理环境和政策环境对买壳上市可能产生的影响，以便进一步确定自己买壳上市的主攻目标。

（四）初步磋商

企业想对某一家上市公司实施收购，就要在调查了解的基础上，找到项目进行的突破口。一般首先应该和上市的控股股东及其管理人员协商，国家股转让则应先与地方国资局协商，征得初步同意后，双方签订收购意向书，并签订保密协议。这一阶段一般还要制定一个收购后的资产重组方案，报地方证管办或地方政府审批。这是买壳上市过程中的一个关键阶段，需要你的诚心、毅力和技巧，要取得转让方的信任，尽量使本次收购成为一次合作式的善意收购，要描述出对买卖双方都有利的双赢前景，提早排除（防范）可能出现的人为障碍。这一阶段是企业买壳上市的必经阶段，一般不能跳跃。

（五）目标公司的综合评价

这一阶段的工作主要是为买壳上市最后决策提供依据：是否收购，收购价格多少和将来如何实施资产重组，在企业管理和企业文化融合方面有哪些工作要做。评价内容包括公司章程制度，财务状况，技术水平，企业管理与企业文化，劳资与环保，资产评估，税务以及法律方面的评价等。其中上市公司的或有负债和潜在的法律纠纷应该引起特别的重视，对这些方面的忽视轻则给企业造成不必要的损失，重则造成整个买壳上市的失败，甚至有可能拖累、拖垮买壳公司。

（六）方案设计

这一阶段主要的工作是根据自身的情况和所掌握的上市公司及其控股股东的资料，对买壳上市中控股比例，交易报价，支付方式，融资方式和资产重组等进行策划，设计一个收购协议，列出需双方议定的各项条款。方案设计的好坏，主要取决于掌握信息的多少，当然，财务顾问的经验水平也起到非常重要的作用。

（七）谈判

双方经过充分接触，深入了解后，就进入实质性谈判阶段。谈判可能一次性成功，也可能需要多次反复。非上市公司可以直接参与谈判，也可以全权委托财务顾问进行。谈判不仅要求谈判代表掌握尽可能多的信息，还要求有较高的谈判技巧，要善于观察，敏于反应，精于推测和计算，长于口头表达，要有全局观念，避免陷入细枝末节的争论，要坚持原则性与灵活性的高度统一，还要有足够的耐心和毅力。

（八）签约成交

当协议所有内容经过双方谈判，达成一致意见后，制定正式的收购协议或股权转让协议，由双方法人代表签字成交。

（九）报批

买壳上市首先要经过买壳企业的有权审批者的批准，或者是股份制企业的股东大会或者是国有企业上级主管部门。买壳上市的最终审批权在国家证监会，但在这之前一般要首先通过壳公司所在地省一级证券监管部门的审查，国家股转让还得事先征得省级或省级以上的国有资产管理部门的同意。

（十）履行协议

按约付款，办理股权过户手续，改组董事会，重新变更登记（名称、住址等），并进行公告。

（十一）资产重组

这一阶段虽然不对收购的前期进展造成影响，但却是买壳上市能否获得成功的关键一环，只有对上市公司成功实施资产重组，买壳上市篇章才能完美地画上一个句号。一般资产置换要注意几个环节：(1)置换资产的交接；(2)资产处置所涉及的有关工商登记；(3)置入房产的过户；(4)置出股权类资产的股权变更；(5)置换资产经营场地的使用；(6)置换后若涉及同业竞争问题的处理；(7)置换后若涉及关联交易问题的处理；(8)资产置换后公司的治理情况等。

二、买壳上市的方法

目前买壳上市的方法主要有两种：

（一）直接买壳上市

海外直接买壳上市是指中国企业直接以自己的名义到海外证券市场买壳。相对而言，NASDAQ主板或副板市场对买壳公司的条件（企业的规模、业绩、设立时间、赢利水平等）要求较为宽松，尤其是美国的NASDAQ副板对企业买壳上市门槛较低，而且NASDAQ副板市场设立的目的就是为中小型企业和新兴企业提供筹资途径，这种市场上的投资者的投资目的不是控股，而是通过资金和技术援助取得部分股权，促进公司的发展，待公司资本增值、股票上涨后再获取赢利。所以，美国NASDAQ副板市场上市是我国民营特别是高科技、高成长性企业的理想选择。美国NASDAQ副板市场的最大优势在于成本最低，手续最少。

（二）间接兼并上市

间接兼并上市是指我国企业收购已在海外上市公司的部分股份，然后注入国内企业的资产和业务，以达到间接海外上市的目的。间接兼并上市的优点在于可以避开国内对海外上市的限制以及申请、注册、招股、上市等繁杂的手续，避开不同国家在体制、会计制度及有关法律方面的差异，而且程序简单，成本较低，所需时间较少，一般仅需大约 6 个月。这是一种高度有效的模式。要求代理商有丰富的经验和相应的渠道。

三、“壳公司”的选择

买壳上市能否成功的一个关键因素是目标公司的选择，一般而言，一个理想的“壳公司”应该符合下列条件。

（一）产业结构简单

目标公司的产业结构越是简单，收购完成以后的资产重组过程就越是方便，双方在经营管理等方面就容易找到融通和互补之处，同时，产业的优化和调整相对而言也会比较容易。如果目标公司的产业结构过于复杂，涉及的行业过多，尤其是涉及收购公司所极为生疏的行业，就会对今后的管理带来很大的困难。

（二）企业负担较轻

目标公司应以新兴企业为宜，因为新兴企业一般不存在人员结构老化和庞大的离退休人员等难以承受的社会负担。

（三）经营面临困难

通常而言，收购处于经营低谷期的公司相对比较容易成功，因为“壳公司”的持股人容易形成转让意愿，要价也会较低。相反，收购一家正在高速成长或业绩优良的公司，原有股东就会产生惜售情绪，甚至出现反收购。

（四）股本结构简单

目标公司的股本要有相对集中的特点，如国家股或法人股占相对多数，这样就便于通过一次性的股权转让迅速完成整个收购过程。当然，如果目标公司的股本主要集中在流通股，那么通过二级市场的收集，也是一种可以尝试的途径。另外，目标公司的股本大小也是一个需要考虑的重要因素，因为股本总额越大，为了达到控股比例而须购入的股数也就越多，由此就会造成资金上的重大压力。相反，收购一家小盘公司不仅所费资金较少，而且使收购公司买壳上市后实现融资，进行自身的扩张有了很大的空间。

（五）反收购能力不强

在买壳过程中一旦遇到反收购，不仅买壳成本会急剧增加，而且可能导致收购的最终失败。所以，目标公司决策层是否熟悉金融市场，是否具有大额融资的能力以及可能采取的反收购措施都在考虑之列，以便及时应对。

（六）员工便于安置

收购完成以后，随着资产重组的展开，目标公司原有员工的重新安排必然提上议事日程。因此，在选择目标公司时，其员工结构如何、素质高低、数量多少、离退休人员和正式工以及合同工的比例也是不可忽视的因素。

（七）资产易于处理

对目标公司的资产结构和性质也需要进行一定的分析。如果目标公司的固定资产数量较大，而且相当陈旧，利用价值不高，实际处理就会十分困难。另外，目标公司的实际净资产到底有多少，是否存在未入账的隐性负债，这些因素都会对实际的收购成本产生重大影响。

四、"壳"公司价值的估算方式

企业价值有多种表现形式和相应的估算方法。在企业收购中，企业价值的估算主要有通过以下几种途径。

（一）净资产法

上市公司定期公布的资产负债表最能反映公司在某一特定试点的价值状况，提示企业所掌握的资源、所负担的债务及所有者在企业中的权益。因此资产负债表上各项目的净值，即为公司的账面价值，通过审查这些项目的净值，可为估算公司真实价值提供依据。

一般的通过净资产法收购上市公司，买方公司在收购前要聘请注册会计师，审查目标公司提供的资产负债表的真实性。一方面，要根据企业固定资产的市价和折旧、企业经营中的债权可靠性、存货、有价证券的变动来调整企业资产负债表中的资本项目。另一方面，对企业的负债项目中也要详细列其明细科目，以供核查和调整，只有如此，才能估算出目标公司的真实价值。

在我国，通过净资产法评估企业购买价格已经成为买壳上市中最常用的定价方法。主要原因可能有两点：一是卖"壳"方认为公司的资产中有大量低效甚至无效资产存在，按账面价值确定公司的价值，其实是高估了；而对买"壳"方来说，"壳"公司的资产低效或者无效是资产结构不合理赞成的，通过自己的重组可能发生巨大的变化。二是按账面作价可以加快交易速度，减少交易成本。但是，其缺点是不能把上市公司的潜在赢利能力、目前公司是否陷入流动性危机等问题体现出来，只是一种最原始的企业定价模式。

（二）市盈率法（收益资本化）

市盈率反映的是投资者将为公司的赢利能力支付多少资金。市盈率越高，说明投资者对该上市公司的前景抱乐观态度，在我国，市盈率法一般是按各部门、行业计算平均比

率,作为对比标准。

在实际动作当中,市盈率的计算通常还包括收购双方对未来收益能力的判断,在分析整个市场和所处行业平均市盈率的基础上,收益能力较强则意味着较高的市盈率。

市盈率法基本反映一家企业的发展前景,是目前证券市场中对该上市公司的公允价格,是最市场化、最合理的方式。采用这种方式估算企业价值的基本要求就是上市公司的所有股份都能够流通。但是这种情况在我国目前的上市公司中尚不存在,我国上市公司国家股、法人股均不能流通,而且由于中国股市的初生性,使得股票价格甚至也不能反映流通股的真实价值。在我国目前市场操纵行为较为普遍的情况下,同国际市场相比,我国市场中平均市盈率高估倾向明显,对平均市盈率水平认同上的差别将是市盈率法难以广泛应用的关键,这也是为什么迄今市盈率法在我国买壳上市中仅有恒通收购棱光这一例的原因。随着我国证券市场走向成熟,企业股票在二级市场的价格高低可以成为"壳"价格的重要坐标,如果我们假设所有股票间的相对价位都是企业价值相对状况的反映,那么股票价格越高,"壳"的价格也应当越高。

(三)现金流量法

和西方国家股市最大的不同点,是我国股票上市过程形成了巨大的卖方市场,大多数公司急于上市的目的,不是为了规范企业经营或管理体制,也不是为了接受广大股东的监督,而主要目的是为了筹集资金。"买壳上市"也充分体现这一特点,因此运用现金流量法更能反映我国交易资产的真实价值。

现金流量分析法包含的内容很广泛,既可以配股能力折现,也可以分得的红利或税后利润折现计算现金流量,以确定购买价格是否合适。从国外的购并实例看,对还没有确定目标的购并方来讲,分析具体上市公司的自由现金流量,对选择购并暂时陷入财务困难,而又有赢利能力的上市公司具有极大的意义。这是因为,一家赢利企业可能因资金周转不灵无法偿还到期贷款面临清算,而一家亏损企业却会因现金流量正常而维持经营,在我国目前销售疲软、部分行业竞争极为激烈的状况下,这一现象更值得重视:即利润的多少不等于现金的多少,企业有经营收益并不说明企业有充足的现金来应付收购者的目光。

自由现金流量=净利润+折旧和摊销-资本支出-营运资本变动(流动资金-流动负债)-债务本金支付+新增的债务

在这里公司的经济生命被描述成自由现金的流入和流出,即现金流。在考虑时间和风险因素的基础上将预期的现金流折现,并与投入公司的原始资金作比较,来进行收购决策。

现金流量分析法最重要是要确定:

(1)不同的增长和赢利情况下现金流量的估计数值;

(2)并购成功后最低可接受的报酬率;

(3)确定在不同情况下愿支付的最高价格;

(4)根据收购方目前的融资和财务能力,确定现金或其他方式收购;

(5)评估收购成功后对收购方每股收益(EPS)和资本结构的影响。

(四) 资本资产定价模型

资本资产定价模型(CAPM)是描述上市股票内在的各种证券的风险与收益之间关系的模型,它以资产组合的方式帮助人们有效的持有各种股票,以回避非系统性风险。

个股收益率=无风险收益率+β(整个市场组合的收益率-无风险收益率)

β是指系统性投资风险,通常根据历史数据确定,用来对未来绩效进行评估预测。一旦评估出了β的大小,就可以确定该上市公司所要达到的预期收益率,同我们根据公司并购价格和未来现金流倒推的内部收益率进行比较,当前者大于或等于后者时,就可以认为该买壳定价比较合理。

该模型在我国应用很少,主要原因是我国没有形成一个有效的证券市场,市场价格不能完全反映上市公司的价格。对证券市场有重要影响的信息不能均衡和对称地传达到投资者那里,因此该方法在我国尚难应用。

(五) 清算价值估算法

买"壳"企业买壳是为了注入自己的优质资产,达到上市的目的。买壳后通常对壳公司的资产进行清理及出售变现,以便获得大量现金购进自己的优质资产。所以,在壳公司众多并且相互之间公平竞争、待价而沽的情况下,对壳公司的企业价值的估算应该采取企业的清算价值,即企业资产能够在市场上实现的价值。这种估价方式能够有效剔除对企业资产中对大量存在的低效甚至无效资产的高估,有利于交易双方合理评价交易底价。

企业与企业的资产是两个不同的概念,企业是各种生产要素,包括其所拥有的各种资产、公司员工、不同技术系统、管理系统及技能的有机结合的生命体,企业的资产仅仅是企业诸多要素中的一个。企业的价值也不等同于企业资产的价值。对企业的广大股东来说,关注核心的问题应该是企业的价值,而不单纯是具体的资产。这就如同汽车所有者,他最关心的不是这辆车每个零部件的性能和值多少钱,关心的是整车的价格及性能。但如果这辆车内部各系统之间已经无法协调运转而将停止行驶,需要转让,对购买者来说,他关心的是有哪些零部件还可能再利用,即买方更关心的是企业的资产的价值。这样,买卖双方在选择估价方式时会产生矛盾,而矛盾的解决更多地取决于交易双方的地位和条件,谈判经验有时候可能比分析技术更为重要。

五、买壳上市的融资安排

企业买壳上市,一般需要大量的资金,要筹集买壳上市所需资金,一方面要采用多种方式,多渠道融资,一方面要进行并购方式创新,尽量减少现金流量。

企业的并购资金来源一般有以下几种：一是自有资金；二是银行贷款；三是向社会举债。其中银行贷款似乎受到不明确的政策限制，但有办法克服，企业利用自有资金进行买壳上市，再向银行贷款补充资金。将来应该鼓励银行贷款给实力强、潜力大的企业，进行买壳上市，支持大型企业通过资本运营，进一步发展，并开辟新的银行贷款还款渠道（如，配股融资）。实际上从商业银行角度看来，贷款给买壳企业跟贷款给企业进行项目投资或进行技术改制并无区别。企业既可以发行一般的企业债权，还可以根据需要发行可转换债权，大力发展杠杆收购。

再者是进行并购方式创新。比如允许企业以自己的股权和上市公司的股权通过股权置换，实现对上市公司的并购，达到买壳上市的目的。1998 年实施的大额度定向配股也是减轻买壳公司资金压力的有效方式之一。

最后，买壳公司应当尽量争取采用分期付款方式，以争取较为充裕的时间采取多种方式筹集索取资金，甚至还可以利用上市公司筹集资金。例如，买壳公司通过上市公司配股融资，再反向购买买壳公司的优质资产，利用时间差，买壳公司便获得了收购资金。

六、提高壳资源利用的建议

（一）进一步强化和完善信息披露制度，遏制虚假重组现象

各国的收购信息披露制度主要由两部分组成：一是持股信息披露制度，二是邀约信息披露制度，我国也不例外。由于发展时间短和一些历史原因，我国在信息披露制度方面还存在许多不完善的地方，特别是持股信息披露制度，为市场操纵留下了很大余地。根据美国 1968 年《威廉姆士法案》的规定，持股信息披露分为有收购意图和无收购意图两种：对于没有收购意图的，只需简单披露；如有收购意图的，必须详细披露持股人的基本情况、收购资金来源、收购目的、进一步收购计划与发展计划以及一致行动人等，尽量让投资者了解收购方的实力和意图，以便投资者作出理性的判断，减少市场操纵的可能性。我国《证券法》规定超过 5％的股权必须进行持股权益披露，不问有收购意图与否，均是简单披露。

（二）增强买壳方风险防范能力，提高壳资源利用效果

1. 不断增强受让主体自身实力

首先买方要有优良的资产，这样才能在买壳后向壳公司注入优质资产，使壳公司迅速启动，带来配股、增资等上市后的融资优势；其次买方要有相对雄厚的资金实力，因为买壳上市最终成功将是一个长期的过程，其间获得控制权要付出巨额资金，控股后还要不断投入才能维持壳公司运营，使其业绩好转；最后，买壳方要有足够的人才、管理技术及信誉优势，这样才能应付买壳中及买壳后的复杂关系，减少成本，缩短磨合时间。

2. 正确选择中介机构，充分发挥中介机构的功能作用

在选择中介机构时，我们可以从这样几个方面来考察：（1）业绩。过去曾经做过成功

的并购策划及操作的中介机构，在今后更有可能帮助客户成功。(2)历史。一般来说，中介机构存在的时间越长，其经验就相对较丰富，信用也更好一些。(3)专业化程度。中介机构不仅要具有并购策划与操作的专业知识，还要具备针对我国特殊的制度环境的专门知识，才能为客户提出周密而简洁的方案，同时降低交易费用。(4)人员构成与规模。中介机构要有足够的人力资本、智力资本，还要具备一定规模，这样才会更专业化，更有条件做好相应的工作。

3. 慎重选择壳目标，以防范债务风险

壳目标的选择要以对几个入选对象的全面分析评价为基础，这些分析评价内容包括：行业状况、财务经营状况、股本结构、股权结构、配股资格、二级市场情况以及产品市场需求情况、技术水平、设备状况、组织结构、人员构成等。为了防止目标企业隐瞒债务，买方一方面可以聘请中立、权威的会计师事务所对目标企业进行财务审计；另一方面可以在产权交易合约中列明买方对壳公司债务的承担范围。

(三) 充分发挥政府参与、指导、扶持和协调作用

买壳上市是一种企业自主的市场行为，市场机制是决定企业并购行为的根本因素。但是，市场利益机制的驱动也会导致企业收购成本的外部化，即并购引发的外部效应，这种市场失效就必然要求政府参与，而政府的参与又应以不破坏市场效能为前提。所以，政府应该在遵循市场客观经济规律的基础上，从市场环境和政策法规等外部要素入手，将企业买壳行为规范在合理的制度框架内，使其充分发挥提高社会资源配置效率的功能，并进而提高社会整体福利水平。政府不能直接参与到企业并购活动之中，也不能长官意志，左右企业并购的取舍。

政府在参与壳资源利用过程中应当注意以下两点：

(1) 在资产重组过程中要有明确的产业指导政策。地方政府对区域性资产重组的参与和引导要从过去一味强调保壳转向地区产业的整合及其功能性、结构性调整，以便使本地支柱产业能充分利用上市公司的重组平台得到进一步的扩张，并迅速提高本地区的产业竞争力。在壳资源利用过程中，应当把国有资本集中到能够提高本地区综合竞争实力和完善投资环境的高新技术产业、信息产业、城市基础设施产业和公益性事业上来。

(2) 在壳资源利用过程中要有相应的具体配套措施。为推进上市公司的资产重组，政府应当急重组各方之所急，做好各项服务性工作，并有针对性地提出一系列支持上市公司重组且配套的优惠措施，比如在上市公司国有控股股东参与配股、盘大绩优的本地上市公司资产重组的资金扶持和资产注入，股权转让的方式，债务重组，税收优惠，破产计划安排等方面针对并购过程中可能出现的种种实际问题提出切实有效的解决措施，从政策上保障重组成功。

【复习思考题】

1. 分析买壳上市的动机。
2. 阐述买壳上市包括哪些方式?
3. 说明买壳上市的程序。
4. 说明如何选择“壳”公司。
5. 说明“壳”公司价值的估算方式。

【案例分析题】

爱生药业买壳上市资本运作案例分析

一、案例介绍

(一) 买壳方——美国威尔克制药有限公司(简称“WerKe”)。1998 年,以王维实为主的管理层收购了沈阳天威制药厂,该制药厂成立于 1993 年,原先为国有企业。2001 年 1 月 16 日,沈阳天威制药厂与 WerKe 合资,成立中外合资企业沈阳天威威尔克制药有限公司(简称“STWP”),其中沈阳天威制药厂投入全部资产占 55%股份,WerKe 占 45%股份。2002 年 12 月 9 日,沈阳天威制药厂与 WerKe 实施股权置换,沈阳天威制药厂股东将其持 STWP55%的股份换成 WerKe 的股份。换股完成后,WerKe 拥有 STWP100%的股份。STWP 主要从事 OTC 和处方药品的生产与销售。

上述资本运作过程包括两个步骤:第一步,在美国注册公司。WerKe 是作为买壳上市的主体,成立于 2000 年 12 月,公司主业是中国制药企业的权益投资。第二步,换股。通过换股,将中国境内资产转移到这家美国注册的公司,由美国公司来持有境内资产或股权。

(二) 壳——维克利夫国际公司。WerKe 选择了一家在 OTCBB 上市的名为“维克利夫国际公司”(简称“WICK”)的壳公司作为收购对象。WICK 成立于 1999 年 6 月 30 日,主要业务为通过互联网销售商品,但由于经营不善,至 2002 年 6 月 30 日止,总计亏损 178 426 美元。在 WerKe 收购该公司之前,WICK 总资产为零,总负债 2 625 万美元,业务已经停顿,2002 年 1~6 月期间股价为 0.11 美元,基本没有交易量。从壳公司的角度分析,WICK 公司是个“干净”的壳。

二、买壳交易

买壳交易即非上市公司通过收购上市公司股份的方式,绝对或相对地控制一家已经上市的股份公司。持股比例应该不低于有效控制权所需的20%~25%的股份。过程之一实际上是完成了上市公司的股权重组过程。

2003年3月14日，实施换股协议，WICK增发11 420 000股给WerKe 55名股东，以置换WerKe所有股份。反向并购换股完成后WICK拥有WerKe 100%股份，同时，WerKe股东成为WICK的控股股东，WerKe管理层接管WICK董事会。

换股完成后，WICK总股本从1 669 180股增加到12 846 680股，其中WerKe股东持有11 420 000股，占总股本的88.89%。随后，公司更名为AXM制药有限公司，继续在OTCBB上市和交易。经过反向并购后，AXM的组织结构为：AXM全资控股WerKe，WerKe拥有STWP 100%股权。至此，STWP成功在美国OTCBB上市交易。

三、资产转让交易

即上市公司反向收购买壳公司的资产。买壳方在入主上市公司董事会之后，买壳方将自己有发展潜力和获利能力很强的优质资产注入上市公司中去，置换掉上市公司原有的不良资产；同时，还可能伴有上市公司向其他公司转让资产的行为，从而实现调整上市公司的资产结构的目的。

从AXM的组织结构我们可以看出，AXM全资控股STWP，将STWP的主营优质资产注入AXM，STWP在美国顺利上市，王维实成了美国爱生药业(沈阳)有限公司的董事长、总经理。

WICK自2001年1月成立以来连续亏损，2001年亏损151.77万美元，2002年亏损5.24万元，2003年1~6月亏损39.26万美元。因此，公司必须重新构建一种未来赢利前景好、增长潜力大的业务战略，以吸引投资者。为此，AXM重新构建了如下的业务战略定位：如利用美国的资本，按照美国FDA制定的GMP标准及中国GMP标准重新改造STWP，依托高标准和高技术快速扩大在中国的药品生产和销售，成为中国领先的制药企业。这一业务战略的实现预示着公司未来高增长的赢利前景、向国际性大制药公司转变的远景以及巨大的投资潜力。

过程之三是对上市公司的资产重整过程，为满足配股条件做好了准备，但尚未使上市公司彻底改头换面，焕发生机，因为一次资产转让交易往往不能使上市公司的存量资产全部盘活。

四、上市

尽管买壳方在入主上市公司后要进行一些剥离，但往往由于劣质存量资产过多，剥离不够或是不能一下子完全剥离(买壳方无法完全承担)，只能通过配股或增发新股来实施增量资产对存量资产的再次调整或整合，逐步调整存量资产的结构和质量。过程之四的目的是从根本上为上市公司业绩的全面提高及企业今后的发展壮大铺平道路。

2003年9月23日，AXM向美国两家合格机构投资公司 Gryphon Master Fund, L. P. 和 SF Capital Partners. Ltd 私募发行系列A优先股和认股权证募集资金550万美元，扣除发行费用，实际募集资金485万美元。在2003年9月19日，公司在OTCBB市场的报价为4.93美元，这使发行的认股权证具有较高的价值。募集资金主要用于沈阳天威威尔克制药有限公司的重建和补充流动资金，以实现业务战略的第一步，即以美国资本在中国建造一个高标准、高技术的生产和销售基地。

综合以上分析，我们可以说，AXM反并购案例是个较为成功的买壳上市，STWP通过一系列的资本运作（合资、换股、反并购等）完成了上市，并且制定了业务战略，使公司由一个亏损企业成长为一个具有巨大投资潜力的公司，进行私募融资，充分利用了证券市场的作用。目前，我国企业的并购活动中，企业兼并与收购呈现证券化的趋势。"买壳上市"是上市公司并购活动中的一朵奇葩，由于其运作之精巧，往往可以事半功倍，因而会在资本证券市场上造成巨大的轰动效应，而且"壳"的买卖及其对上市公司股票价格的影响也成了资本证券市场上一道亮丽的风景线。

（案例来源：北京证券资产评估会计事务所网）

讨论题

分析爱生药业买壳上市的利弊。

B&E

第九章 境外上市

第一节 境外上市概述

一、境外上市的含义和特征

境外上市是指国内股份有限公司向海外投资人发行股票，在海外公开的证券交易场所流通转让。

狭义的境外上市就是国内企业向海外投资者发行股权或附有股权性质的证券，该证券在海外公开的证券交易所流通转让。

广义的境外上市是指国内企业利用自己的名义向境外投资人发行证券进行融资，并且该证券在境外公开的证券交易场所流通转让。

对于企业的所有者和经营者来说，境外上市可以有效解决他们的融资问题，并且可以给他们带来在境内上市所不具备的好处。对最初企业股权转让时购买企业股权的持股人来说，一般企业境外上市的价格会高于他们之前的购买价格，因此他们此时出售可以获利。

二、境外上市的种类

（一）境外直接上市

境外直接上市即直接以境内公司的名义向境外证券主管部门申请发行的登记注册，并发行股票（或其他衍生金融工具），向当地证券交易所申请挂牌上市交易，如在中国香港上市的 H 股、新加坡上市的 S 股、美国纽约上市的 N 股等。

（二）境外间接上市

由于直接上市程序繁复，成本高、时间长，所以许多企业，尤其是民营企业为了避开国内复杂的审批程序，选择以间接方式在境外上市。即国内企业到境外注册公司，境外公司以收购、股权置换等方式取得国内资产的控股权，然后将境外公司拿到境外交易所上市。

间接上市主要有两种形式:买壳上市和造壳上市。其本质都是通过将国内资产注入壳公司的方式,达到拿国内资产上市的目的,壳公司可以是已上市公司,也可以是拟上市公司。

（三）境外买壳上市

境外买壳上市是指非上市公司通过购买一家境外上市公司一定比例的股权来取得上市的地位,然后注入自己的有关业务及资产,实现间接在境外上市的目的。

（四）境外造壳上市

境外造壳上市是指公司在中国香港、百慕大、开曼群岛等地注册公司(或收购当地已经存续的公司),用以控股境内资产,而境内则成立相应的外商控股公司,并将相应比例的权益及利润并入境外公司,以达到上市目的。在中国香港上市的主要有红筹股公司和民营企业,前者是指在境外注册成立并由境内政府机构控制的公司(国资背景),后者是指在境外注册成立并由境内个人控制的公司。公司采取境外造壳上市,主要有两方面原因。一是为了规避政策监控,使境内企业得以金蝉脱壳,实现境外上市;二是利用避税岛政策,实现合理避税。

三、境外上市的意义

1. 低成本融资,迅速提高企业竞争力

从客观上来看,国内证券市场发行新股速度在不断加快,股市规模在不断地扩张。但是,如果在短期内发行新股过多,必然对二级市场产生消极影响。从主观上讲,发行公司在国内发行新股受到的限制较多,为了扩大生产经营规模、提升国际竞争力,低成本到境外上市将是企业的良好选择。此外,境外上市相对于国内上市而言,周期较短、手续也比较简单,这都从综合层面上降低了企业的融资成本。

2. 有助于改善公司治理结构

企业的市场形象、市场价值以及融资的可能性取决于市场的评价,海外市场的投资者以机构投资人为主,这些专业的投资机构对企业的评价非常严格。境外上市对企业自身治理结构和管理水平的提高有很大的促进作用,企业在经营中必须接受国际上比较成熟的先进的管理要求,譬如对管理团队的要求,上市公司的董事会成员必须包括经营专家、专业金融人士、证券法律师、会计师等。

3. 学习国外的先进技术和管理经验

国内通过境外上市,学习到国外公司的先进管理经验,对自身素质的全面提高、增强在经济全球化环境中的国际竞争力将大有裨益。

4. 有助于企业形象建设和实施国际化发展战略

境外上市将会提升企业国际声望、地位、信誉和知名度,从而有利于企业开拓国际市场以及在对外贸易中取得信贷和服务的优惠。境外上市对企业产品进入国际市场，实现国际合作者等国际化战略方面具有巨大的帮助。

5. 上市过程简单有效，能够在较短时间内完成融资计划

中国企业到境外上市由于上市程序相对简单，准备时间较短，符合条件的拟上市公司一般都能在1年内实现挂牌交易。这非常有利于中国企业及时把握国际证券市场上的商机，在较短时间内完成融资计划，为它们的进一步发展获得必要的资金。此外，上市准备时间的缩短也有利于拟上市企业控制到境外上市的成本。

6. 拥有令战略投资者满意的退出机制

海外市场没有法人股和流通股之分，战略投资者待法定的禁售期满以后，就随时可以以较高溢价的市场价格出售自己拥有的股权。购买主体是一些海外的基金运作机构和投资银行。

四、境外上市的负面影响

1. 不可忽视的国际规则加大了企业的监管风险

海外交易所对企业财务制度、治理结构、管理人员水平、信息披露等多方面都有严格的要求，且惩罚较为严厉。在不熟悉海外资本市场游戏规则、企业自身公司治理结构还欠完善等前提下，境外上市存在很大风险。据统计，近年来在纽约上市的香港和内地公司受到过集体诉讼的比例已经占到11.5%，而在纳斯达克股票市场上这一比例更是高达17.2%。近年来国际监管机构针对中国境外上市企业的多起调查说明，中国式的企业治理与西方相比还有一些差距。

2. 股价异常波动给企业经营带来负面影响

对于市场在国内的企业，因为资本市场与企业自身消费群体隔绝，到境外上市融资对公司自身品牌的助益并不明显。上市后若经营不善，企业极有可能丧失进一步融资的条件。如果到了不适合的市场上市，则更像是被打入冷宫而无人问津。这种上市和经营活动分处两地带来的信息滞后与失真会给国内企业的日常运营带来负面影响。

3. 上市地选择不当会使企业得不偿失

从上市成本来看，海外发行股票的费用主要包括上市费、律师费、审计师费、财务顾问费、承销商费及其他印刷申请费用等。国内企业必须根据自身的融资规模和不同市场的成本合理挑选上市地，同时兼顾品牌及市场效应，而不能盲目追求海外市场。否则国内企业可能在被各种中介机构收取了巨额费用后，通过上市融资来扩充资金实力仍然只是一个遥远的梦想。

课堂案例

中国企业注册离岸公司后在海外上市成功案例

1992 年 10 月 9 日，中国在纽约交易所挂牌的第一只股票是"华晨汽车"，其公司全称为华晨中国汽车控股有限公司，1992 年 6 月于百慕大群岛注册。

1995 年，惠州侨兴通过其原来在香港注册的一家公司，到英属维尔京群岛(BRITISH VIRGIN ISLANDS，简称 BVI)注册成立了"侨兴环球"，以侨兴环球名义回购侨兴集团 90%的股权，接着于 1999 年 2 月 17 日在美国纳斯达克上市，成为第一个在纳斯达克上市的中国民营企业。

1999 年年初，新加坡证交所出现了一张新面孔——"鹰牌控股"，注册地为开曼群岛，其背后的上市公司——广东省佛山市鹰牌陶瓷公司，成为首家在海外上市的中国民营企业。

2000 年 1 月 31 日，在百慕大注册的裕兴电脑科技控股有限公司作为在香港创业板成功上市的第一家内地民营企业，募集资金达 4.2 亿港元。这些公司不仅实现了上市融资的目的，而且在设立了离岸公司后，还可以通过开设离岸账户的方式，避开外汇管制，方便贸易资金往来。

通过设立海外公司达到企业走出国门的商业目标越来越被我国商界人士所提倡。设立海外公司后，通过不同途径，拓展公司业务，不但树立了公司国际形象，也大大提高企业自身的竞争力。以下选择部分案例来分析设立海外公司的优势：利用英属维京群岛公司(BVI 公司)，避开贸易壁垒，开展国际贸易投资。

宁波黄太子电子有限公司是一家经营汽车配件的出口型外贸公司。经过多年的经营，在世界各地主要发达国家和地区积累了上千家稳定客户，经营也颇具规模，但是欧美国家对中国产品采取的各种进口限制以及国内的严格外汇管理制度，让董事长何先生苦不堪言，何先生很早就有开展海外投资和经营的想法，但苦于对海外法律的陌生而一直没有行动，一次偶然的机会，何先生了解到海外离岸公司的投资业务之后，何先生首先在远离大陆，并且注册资料严格保密的(英属维京群岛一BVI)设立一家贸易有限公司，在香港汇丰银行开立银行账户通过转口贸易避开欧美的贸易壁垒，开展国际贸易，进行税务筹划，开展国际贸易。

（案例来源：新浪财经网）

讨论题

结合案例分析中国企业注册离岸公司后在海外上市成功的原因。

第二节 境外上市的运作

一、公司申请上市的必备条件

目前，证监会已不再出具境外上市"无异议函"，即取消对涉及境内权益的境外公司在境外发行股票和上市的法律意见书的审阅；也取消了境内企业境外上市的分批预选制，改为成熟一家，批准一家；同时还取消了原来重点支持国有企业的提法，只要符合境外上市条件的，不管所有制形式均可申请境外上市。

一般而言，境内企业境外上市需具备以下条件：

1. 符合我国有关境外上市的法律、法规和规则；

2. 筹资用途符合国家产业政策、利用外资政策及国家有关固定资产投资立项的规定；净资产不少于4亿元人民币，过去一年税后利润不少于6 000万元人民币，并有增长潜力，按合理预期市盈率计算，筹资额不少于5 000万美元；

3. 具有规范的法人结构及较完善的内部管理制度，有较稳定的高级管理层及较高的管理水平；

4. 上市后分红派息有可靠的外汇来源，符合国家外汇管理的有关规定；

5. 证监会规定的其他条件。

境内公司业绩除了满足我国证监会的要求，各证交所均对公司申请上市有一定要求，比如香港联交所主板上市要求，最近一年股东赢利不低于2 000万港币，前两年累计股东赢利不低于3 000万港元。

二、境内公司申请境外上市需报送的文件

1. 申请报告，其内容应包括：公司演变及业务概况，重组方案与股本结构，符合境外上市条件的说明，经营业绩与财务状况（最近三个会计年度的财务报表、本年度税后利润预测及依据），筹资用途。申请报告需经全体董事或全体筹委会成员签字，公司或主要发起人单位盖章。同时，填写境外上市申报简表。

2. 所在地省级人民政府或国务院有关部门同意境外上市的文件。

3. 境外投资银行对公司发行上市的分析推荐报告。

4. 公司审批机关对设立股份公司和转为境外募集公司的批复。

5. 公司股东大会关于境外募集股份及上市的决议。

6. 国有资产管理部门对资产评估的确认文件、国有股权管理的批复。

7. 国土资源管理部门对土地使用权评估确认文件、土地使用权处置方案的批复。

8. 公司章程。

9. 招股说明书。

10. 重组协议、服务协议及其他关联交易协议。

11. 法律意见书。

12. 审计报告、资产评估报告及赢利预测报告。

13. 发行上市方案。

三、境外上市的程序

（一）确定中介机构和重组方案

与采用BVI设立公司境外上市方式相比，以H、N、S股公司方式境外上市需增加聘请境内注册的地土地及资产评估机构、财务审计机构。

关于公司重组方案，应注意以H、N、S股方式，将可以受《外商投资主业政策》的限制。

（二）向中国证监会报送以下文件，作为公司境外上市的预申请

根据中国证监会去年发布的《关于是企业申请境外上市的有关问题的通知》的要求，企业在向境外证券交易所提出上市的初步申请前三个月，应向中国证监会报送以下有关文件：

1. 企业境外上市的申请报告；

2. 省级人民政府同意公司境外上市的文件；

3. 承销商(保荐人)对公司境外上市的分析推荐报告。

企业确定中介机构后，还应将中介机构名单报中国证监会备案。中证监会商国家计委和国家经贸委之后，将会函告公司是否同意受理其境外上市的申请。

（三）开展土地资产评估、资产评估、财务审计及法律方面的尽职调查

公司需由土地评估机构、资产评估机构分别对重组范围内的土地资产及其他资产进行评估，制作评估机构，并报有关部门确认(对于是民营企业改组成立股份公司并在境外上市，因无先全，其资产评估报告是否需由财政部确认，有待查询)。财务审计机构就公司前三年的财务状况出具审计联交易协议等有关法律文件，并制作公司设立的法律意见书。

（四）向国家经济贸易委员会报送有关文件，申请设立股份有限公司，召开创立大会，进行公司登记注册。发起人应通过省级人民政府向国家经济贸易委员会提出设立股份有限公司的申请，并报送以下相关文件。

1. 省级人民政府转报关于设立股份有限公司的函；

2. 股份公司名称预先核准通知书；
3. 企业资产重组方案；
4. 公司章程草案；
5. 资产评估报告；
6. 资产评估结果确认批复(如需要)；
7. 验资报告；
8. 土地使用权评估报告；
9. 国有土地使用权评估确认及外围方案的批复；
10. 发起人的营业执照；
11. 募集资金运用的可行性报告及涉及国家资产投项目的立项批复；
12. 前三年经营业绩审计报告和未来一年赢利预测报告；
13. 有关关联交易协议(草稿)；
14. 律师出具的关于公司设立的法律意见书；
15. 律师出具的关于是董事监事任职资格的法律意见书；
16. 其他有关文件。

在国家经济贸易委员会作出批准设立股份有限公司的批复后，发起人即可召开创立大会，通过公司章程，并输工商登记注册手续。领取营业执照后，股份公司即依法成立。

(五) 向新加坡交易所，提出上市的初步申请(递交 A1 表格)。在递交 A1 表格前 5 个工作日，应将 A1 表格的内容报中国证监会备案。

(六) 召开临时股东大会，通过公司 H 股章程及选举独立董事，并批准公司转为社会募集股份公司并在境外上市。

在公司正式注册成立后，即应召开临时股东大会，通过按照中国证监会发布的《境外上市公司章程必备条款》修订公司章程(“H 股程度”)，并通过选举独立董事、批准公司转为社会募集股份有限公司并在境外上市等决议。

(七) 向国家经济贸易委员会报送有关文件，申请转为社会募集股份有限公司。

股份公司通过省级人民政府向国家经济贸易委员会提出转为社会募集股份有限公司的申请，并报送以下文件：

1. 省级人民政府关于转报公司转为社会募集公司申请的函；
2. 股份公司的营业执照；
3. 股份公司创立大会决议；
4. 股份公司临时股东大会决议；
5. 股份公司 H 股章程；

6. 律师出具的关于公司转为社会募集股份有限公司的法律意见书；

7. 审批机关要求的其他法律文件。

（八）向中国证监会提交有关文件，申请在境外公开发行股票并上市。

在获得国家经济贸易委员会并于转为社会募集股份有限公司的批复后，即可向中国证监会提出境外上市的正式申请，并报送以下文件：

1. 国家经济贸易委员会关于公司设立的批复和转为社会募集公司的批复；

2. 股份公司股东大会关于公司设立的批复和转为社会募集公司的批复；

3. 关于资产评估结果的确认批复（如需要）；

4. 关于土地评估结果的确认批复及土地使用权处置方案的批复；

5. 公司章程；

6. 招股说明书（最新稿）；

7. 关联交易协议；

8. 审计报告、资产评估报告及赢利预测报告；

9. 律师出具的关于公司境外上市的法律意见书；

10. 发行上市方案；

11. 中国证监会要求的其他文件。

中国证监会将在10个工作日内予以审核批复。

（九）向新加坡交易所提出上市的正式申请（进行聆讯）

（十）公司进行路演及股票公开发行，并在新加坡交易所挂牌上市。

需特别指出的是，如果公司拟纳入上市公司的业务，涉及外商投资产业政策问题，公司须在上述所有步骤之前，取得国家行主管部门（局）关于公司重组及境外募集股份的同意。这是公司确定重组方案的先决条件。

四、我国企业境外上市操作存在的问题

从中国企业境外上市的发展历程可以看出，在企业筹集到资金、公司治理结构的改善、有利于企业经营走出国门的同时，我国企业境外上市也存在着许多问题。

1. 企业对境外上市的认识误区

上市企业融资理念存在误区，大都热衷于“上市圈钱”，以为上市筹到的资金不用偿还，招股成功、资金到位后，任意改变资金用途，失信于投资者。近年来我国企业境外上市面临严重的诚信危机，仅2004年就连续发生多起事件：“中国人寿”因上市前的会计违规事件在美国遭到起诉，“中航油”在新加坡破产。这些给所有内地境外上市企业敲响了警钟：上市成功后并不意味着一劳永逸，上市后同样应该严格按照海外的监管要求，努力提

高公司质量,着力维护公司信誉。同时,企业对境外上市的制度创新功能和后继性融资要重视,避免后继性融资能力不强的问题。除筹措资金外,提高企业素质是企业上市的另一个重要目的。然而由于上市企业的认识误区,企业为了上市不惜一切代价粉饰自己,信息披露不及时、不充分、公司透明度不高,未从根本上完善自身治理结构,建立现代企业制度,企业经营能力较差,业绩不理想,而且与国外投资者的沟通也差强人意。

2. 境外上市国有公司的监管问题

境外上市的中国企业,理论上可以获得比国内企业更多一层的国际监管,使得企业更加能够按照国际化规范规则运行。但实践中,未必能实现这种理想化目标。国际上成熟市场的监管,一般而言被监管对象有一定的自律性,被监管对象一旦出现问题,较少有国家出面为其承担责任,因为道德风险相应要小一些。而国有企业由于有国家作为后盾,容易滋生道德风险,国际监管对一些胆大妄为的企业的监管准备不足,监管很难到位。新加坡监管当局对中航油监管的失败就是一个很好的例证。

而能在境外上市的国有企业,一般都是表现卓越、由能人企业家领军的企业,国内的监管部门以及相应的主管部门对之宠爱有加,甚至会因为它们代表中国形象而包庇它们的错误。此外这些企业往往有海外业务,对海外业务的监管国内缺乏人才,加之以认为有国际监管这层保险,国内对境外上市公司的监管也很难实现充分性监管。如此境外上市的国有企业就处于一个多头监管,但监管均很难到位的局面。因此需要在对境外上市的国有企业的监管理念和监管手段上,作进一步的完善,包含增加监管的透明度以及增加报表可信度。

3. 在公司治理方面,中国企业没有建立完善的董事局架构、未能建立完善的企业内部控制系统及程序、缺乏良好的内部审计系统、企业没有完全符合国家法律及规则(如:以前年度没有审计)会引致额外的工作而拖延上市计划。企业管理层须逐步建立对小股东负责任的态度,并提高企业的透明度以建立企业良好的公众形象。

4. 中国民营企业在急剧膨胀过程中,常常带有浓厚的家族色彩,在创业初期,选用财务人员的标准往往是可靠的“自己人”,而忽视科学规范的财务准则的建立,因而造成历史档案资料混乱,境外机构无法进行上市前正常的审计核收。公司管理层缺乏按国际会计准则编制的历史财务资料,以致境外投资者无法接受公司的赢利情况,是当前我国民营企业境外上市过程中尤显突出的问题。

5. 关联交易问题,关联交易定价的原则不清晰,对审核及披露有关的交易造成很大困难;如果属于一般日常运作的关联交易,这些交易必须符合商业运作原则,还有必须按与第三者交易相同的条款进行;当关联交易条款与第三者交易条款存在很大差异时,可能需要计算及披露有关的财务和税务影响;未能与关联方建立适当的交易合同,须由律师重新起草合同;需详细地在招股书中向投资者披露关联交易。

6. 缺乏对境外上市规则的专业培训。在审计某企业境外上市项目中,曾发生在国际会计师执行现场审计时,才发现存在会计或税务问题,进而影响上市时间和进程的事件。造成的原因除了公司财务人员不了解国际会计准则,无法有效配合国际会计师的审计工作外,还与公司相关人员缺乏境外上市规则的专业培训,不能及时了解上市规则、程序、信息披露要求等,不无关系。

7. 会计问题,重组方案未能满足对上市企业需要三年业绩连续计算的要求;不齐全的会计记录;应收款项的坏账及呆账准备;存货的跌价及变现准备;无形资产及商誉的确认及减值;固定资产及在建工程的减值;在建工程转入固定资产及相关的折旧调整;土地使用权的确认及相关的租赁处理;退休金及其他职工福利的处理(如补充养老补助、支付买断工龄费用及内退等)。

五、我国企业境外上市的对策

(一)明确境外上市的目的

境外上市并不是对任何企业都有利,企业应从自身的实际出发,分析自己独特的优势和劣势,认真权衡各种资金来源的可行性和利弊,企业的管理层应该对企业的发展潜力和担负上市费用的能力做出正确的分析,考虑筹资规模与上市费用的关系,从发展战略的高度考虑上市的计划。有了周全的上市计划,还要从多方面的变化中选择上市的时机。首先要从宏观经济的变化中把握机会,即选择股市环境比较有利的时候,同时从市场状况及其变化中把握机会。如中华网公司(Cafinadotcom Corp.)较好地把握了境外上市机会,在 1999 年网络公司在美国乃至全球受到追捧的时候,中华网公司在美国纳斯达克上市,上市首日股价上涨至发行价的三倍,是第一家在纳斯达克上市的中国概念的互联网公司,而且发行非常成功。而到 2000 年,NASDAQ 股市已经是风云突变,网络股开始了大幅下挫。但是新浪网、网易、搜狐先后赴 NASDAQ 上市,此时其股价要么跌破发行价,要么刚刚保住发行价,从以上四家公司上市看,选择好上市时机是非常重要的。其次是要从行业生命周期的变化中把握机会。当企业所处行业生命周期位于低潮和低谷期时,进行融资活动就显得不明智,融资效果就要大打折扣。相反,当企业所处行业生命周期位于成长期和高峰期时,适时进行融资活动可以获得较高的发行市盈率,满足企业的融资需求。

(二)企业要慎重选择境外上市的方式和地点

企业要认识到境外上市只是企业寻求更大发展的一条途径,但并不一定是唯一途径,也不是所有的企业都适合上市。如果为了上市而上市,就失去上市的真正意义。企业境外上市之前必须要慎重考虑以下条件:企业是否急需资金及取得上市地位;企业是否需要外汇资金;企业是否有意拓展外汇市场;是否有意吸引国外专业人才加盟;公司是否增长快速需要不断从二级市场配股集资;是否希望尽快实施股权计划以吸引人才;是否有意引进国际知名战略投资者或风险投资基金加入投资;是否有意和境外公司进行股权置换或购并海外公司;上市成本占筹集资金的比重;审批及操作的可行性。

除此之外,上市时间和地点的选择对拟上市企业来说非常关键,并非所有的证券市场都适合所有的企业,也并非某个证券市场只适合特定类型的企业。企业应该根据自己公司的规模、所处行业、拓展领域、证券交易所特点等选择适合自己的交易所。

第一是地点的选择。中国香港、美国、新加坡各有特点,这就需要对各个市场的融资效果与成本进行综合比较。中国香港上市费用成本中等,股票上市后价值也中等。纳斯达克上市费用高,但融资金额大,效果较好。筹资金额1亿美元以上的大型企业适合到美国上市,筹资金额1亿~5亿港元的中型企业可到中国香港或其他亚洲市场上市。在实际操作中,香港仍是内地企业的首选,尤其是创业板。在新加坡上市的优点在于:(1)上市的排队时间短,上市企业花6~9个月准备时间,就可以在新加坡挂牌。(2)新加坡位居亚洲枢纽地位,具有企业战略优势。(3)华人对中国企业较为认同,股价较易有表现。

第二是方式的选择。在选定上市地之后,上市方式就成为企业需要考虑的又一大问题。企业境外上市的途径,主要有直接上市、间接上市以及存托凭证三种。直接上市(IPO:首次公开募集)即直接以中国内地公司的名义向海外证券主管部门申请发行的登记注册,并发行股票(或其他衍生金融工具),向当地证券交易所申请挂牌上市交易,即H股(香港)、N股(纽约)、S股(新加坡)等。IPO有三大好处:公司股价能达到尽可能高的价格;公司可以获得较高的声誉;股票发生的范围更广。从公司长远的发展考虑,IPO应是企业境外上市的主要方式。

但是,由于IPO程序较为复杂,需经过境内、境外监管机构审批,成本较高,所聘请的中介机构也较多,花费的时间较长,所以近年来许多企业大多以间接方式在境外上市。间接上市主要有两种形式:买壳上市和造壳上市。买壳上市的基本思路是,内地非上市公司选择、收购一家上市公司,然后利用这家上市公司的上市条件,将公司的优良资产通过配股、收购、置换等方式注入上市公司。整个运作途径可以概括为:买壳—借壳,即先买壳再借壳。造壳上市即内地企业先在境外注册一家公司,再以境外公司的名义以收购、股权置换等方式取得国内资产的控股权,然后将境内公司拿到境外交易所上市,其本质是通过将内地资产注入壳公司的方式,达到拿内地企业资产上市的目的。

(三)上市企业努力提高自身的基本素质

境外上市公司该从“上市圈钱”的心态中走出来,在提高企业自身素质上应该努力做到:完善企业治理结构,切实转换企业经营机制,建立一个高效的管理团队;重视制度创新,实现规模经营,提高公司经营能力,创造良好业绩,提高企业的价值;调整不合理股本结构,增加流通股比例;选择合适的投资者群体,并与其做好足够的沟通与交流,提高透明度，注重企业信用。只有在企业自身素质得到提高并取得良好业绩后，才能得到海外投资者的广泛认同，树立中国上市公司良好形象，也才能真正达到境外上市的目的。

（四）大胆创新，努力推进我国证券市场多层次发展

借鉴发达国家证券市场发展的经验，结合我国的实际情况，积极创新，努力推进我国证券市场多层次发展，为企业特别是为民营企业进入资本市场提供多层次的交易平台。按照企业证券上市交易门槛的高低、风险性的大小及证券流动性的强弱，我国证券市场可形成四个不同层次的发展框架，即主板交易市场、创业板交易市场、场外交易市场和柜台交易市场。证券市场的各个不同层次对应不同的企业，各有一个不同的筛选机制，使企业有可能递进上市或递退下市，从而形成一个完整的市场结构体系。

（五）熟悉海外证券市场的制度法规

企业要成功实现境外上市和上市后的顺利运作，必须充分了解海外证券市场的监管和制度法规，加强和完善信息沟通与信息披露是必要的，信息披露制度是上市公司区别于一般企业的重要特征，也是上市公司必须严格履行的义务，要按照国际的标准达到一定的透明度。在海外市场上成功运作还要考虑风险，境外上市的风险来自多方面：没有通过海外证券交易所的审查导致上市的计划失败；实现了股票的海外发行但没被海外投资者接受，认购冷淡；股票上市成功，但由于企业自身的素质，业绩不理想或没遵守海外的市场规则要求，股价下跌，被挂黄牌或红牌，有些企业甚至卷入法律纠纷。所以，企业必须从始至终严格根据海外市场的上市要求，精心准备、严格改制、设计合理可行的上市计划，遵守各方面的准则，并在上市后，按要求规范操作，及时全面履行披露信息的责任，尽可能避免风险的发生。

（六）选择好中介机构

要选择有利于发行的交易所。不同的证券交易所具有不同的定位，交易所不同的特色导致融资成功的概率也不尽相同。要选择有影响力和适应我国企业特点的投资银行。企业上市的成败与投资银行的运作关系十分紧密，不同投资银行有不同的业务优势，这些银行会根据自己的优势结合上市企业特点提出建议上市方案。中国石油、中国石化、中海油的成功上市都借助了世界一流投资银行高盛、摩根斯坦利和美林的帮助。选择一个有经验、有成功案例的中介机构尤显重要。许多中国企业的上市失败是由于委托没有注册资格的中介公司来操作，只能在公司股票的推荐中再委托其他有合法资格的公司操作，有些甚至存在欺诈。

（七）营造良好企业环境，加快推进民营企业上市步伐

党的“十六大”报告提出推进资本市场改革开放和稳定发展，为推进企业上市、促进地方资本市场建设创造了良好的政策环境。同时，一些经济较为发达地区经济的持续高速增长将带动企业上市融资的巨大需求。面对新形势，各地要结合当地情况做好相应的服务工作。就浙江的实际看，浙江有关部门可以做好下述几方面工作。

紧紧围绕做强、做大、做优具有浙江特色和优势的"浙江板块"，把推进民营企业上市作为浙江上市工作的重中之重来抓。加快企业股份制改造，指导重点企业尽快上市，对已经进入辅导期的企业，做好指导、协调、沟通工作，争取在五年内在境内外证券市场再上50～60家，同时做好创业板上市的准备；鼓励和指导具备资金、经营管理实力的民营企业买壳上市；对具备境外上市条件的企业，要顺应加入WTO的新形势，积极争取更多民营企业到境外上市。经过几年努力，使民营上市企业群体成为提升浙江区域竞争力的最重要主体，与浙江的民营经济快速发展相适应。

【复习思考题】

1. 说明境外上市有哪些方式。
2. 结合实例分析境外上市的意义及负面影响。
3. 阐述境外上市的程序。
4. 分析境外上市操作存在的问题。
5. 说明规范境外上市的对策。

【案例分析题】

黑龙江飞鹤乳业公司美国上市案例

黑龙江飞鹤乳业公司为一家专业乳品制造企业。2001年企业改制之后，飞鹤乳业从国有企业转为民营企业，拥有两家核心加工企业和八家紧密型联合加工企业，2003年销售额达3亿元人民币。为了寻求进一步的发展，飞鹤乳业决定到美国寻求上市机会。2002年年初，公司董事长等人在美国东部的特拉华州注册了一家控股公司Ameri-Dairy Holdings Inc。随后该控股公司吸纳了国内的飞鹤乳业。于是，飞鹤乳业成为了一家具有外资背景的中国企业。此后，American Dairy Holdings Inc的股东冷友斌等人与一家在OTCBB挂牌的公司Lazarus Industries Inc的股东进行谈判，该公司从事生物医药制造，由于连年经营业绩不佳，当时市场上的股份已跌至几美分，已沦为一个空壳。冷友斌等人支付30万美元从原股东手中购买到该公司88%的股权，成功获得壳资源。2002年7月，公司更名为American Dairy Inc(股票简称ADIY)、并且正式在OTCBB市场交易。

由于飞鹤乳业这块优质资产的注入，ADIY的股价从以前的几美分狂涨至2美元左右，并一直稳定在此价位。股价稳定了，企业融资就有了保障。2003年通过私募融资300

万美元，此后股价稳定在6美元左右。2005年4月转升美国的全美证券交易所。截止到2006年飞鹤乳业的股价为10美元左右，公司市值超过1亿美元。飞鹤乳业通过上市募集资金得到了较大规模的发展，被誉为中国奶粉类企业中成长最快的企业。

（案例来源：MBA案例库）

讨论题

分析黑龙江飞鹤乳业公司用什么方式在美国上市。

B&E

第十章 资产剥离、公司分立、分拆上市

第一节 资产剥离

一、资产剥离的含义

资产剥离是属于收缩性资本运营的一种形式，大规模的企业资产剥离产生于20世纪60年代的企业混合兼并的浪潮之后。这一时期的兼并多为毫无关联的企业之间的兼并，结果形成了许多无关多元化经营。这使得企业业绩下降，带来产品结构不合理，缺乏核心竞争力，企业负担加重，经营风险加大等一系列问题。因此，资产剥离便成为了企业的战略选择。同时，我国的上市公司大部分是由国有企业改制而来，这些上市公司由于改制不彻底或盲目多元化，结果产生很多的不良资产，这些不良资产不仅不能为企业带来多少经济利益，相反成为吞噬上市公司业绩的“黑洞”。因此，绝大部分上市公司都面临着资产剥离的问题。

资产剥离是指企业将其所拥有的一部分资产出售给第三方，以获取现金或股票或者现金与股票混合形式的回报的一种商业行为。这些资产可以是固定资产、流动资产，也可以是分公司或者分支机构。

二、资产剥离的动因

（一）提高资产的流动性

提高资产的流动性，目的是适应环境快速变化的需要，挖掘存量资产的价值。企业通过对其资产按照某种方式进行结构组合，形成各种业务组合，如核心部门和非核心部门、主业务部门和从属业务部门等。甩掉不良资产，即剥离流动性差、回报率低的业务部门。一般来说，发生经营亏损或达不到利润增长预期的子公司或部门，往往会成为剥离方案的首选目标，以避免可能的对整个公司利润增长的影响。

不良资产是企业不能通过有效使用获利的资产，包括收益差的子公司或分公司、亏损

的生产线、闲置或半闲置资产，等等。如果企业不能通过改进管理、有效开拓市场等措施扭转资产状况，剥离至少可以使企业挽回部分投资，换取现金，寻找新的投资机会。有时改善不良资产需要大量的投资，企业因为无力筹资或嫌风险太大也会选择将不良资产剥离。

（二）改变公司战略

一个公司为了适应经营环境的变化，其经营方向和战略目标也要随之作出调整和改变，而资产剥离则是实现这一改变的有效手段。企业运用资产剥离手段从一些产业中退出，再将收回的资金用于战略重点，或者进军新产业，或者用于发展剩余核心主业。退出的产业一般是效益比较差的或者是前景不佳的产业，有的虽然效益不错，但是企业无力继续发展，也会在适当的机会将其剥离，以全身退出。

（三）增加企业的收益

企业的资产剥离，不仅可以通过企业内部资源的合理配置，给企业带来效率方面的收益，更主要的是出售的资产本身就可以带来经济回报。企业可以用来弥补亏损、增加资金储量，以便于开展新业务等。如果作为某种形式的投资，则可以给企业带来长期的经济效益。

资产剥离能够实现的一个原因是剥离的资产作为买方企业的资源比作为卖方企业的资源更具有价值。这反映了不同公司对资产不同的控制能力、不同的战略哲学或不同的预期。对卖方企业来说不是核心业务的部门，对于买方来说可能就是稀缺资源，因此资产的出售可以给卖方企业带来现金的流入，从而扩充运营资本。一些公司将自己的一些非核心部门或一些弱小的业务剥离后，转为投资于另一家企业的股权，体现了社会资源的合理配置。

（四）分散风险

当企业的部分资产变为不良资产，不能为其带来利润时，这部分资产将会被剥离出去，以挽回部分投资，利用收回现金来盘活这部分资产。企业又可以通过收回的资金去寻找新的有价值的投资项目。企业面对的是一个不确定的、变化迅速的外部环境。企业在参与社会分工，体验专业化生产、规模经济和降低成本喜悦的同时，面对的是一个纵横交错的竞争格局，要适应环境的变化，必须分析各种风险因素，降低运营中的高风险，因此一些高风险因素就必须剥离。

（五）纠正战略错误

有些资产剥离意味着企业前期战略的失败和逆转。许多公司在扩张的过程中，由于战略方向错误或者其他失误，导致投资效益下降，资金紧张。其中，盲目多元化是许多公司常犯的错误之一。企业期望通过多元化经营来分散投资风险，增加效益，但往往适得其反。还有一些企业因为扩张过快，管理不能跟上而导致效益下降，资金链断裂。这时企业通常会选择资产剥离来纠正其错误。

（六）应对财务危机

企业在出现财务问题的时候，为了避免破产清算，必然会想到资产剥离这一方式，通过充实公司的现金流来缓解危机。财务危机是企业不能偿付到期债务的情况。引起财务危机的原因很多，包括投资失败、过度扩张或者现金管理混乱等。如果企业不能偿还到期债务，又不能与债权人达成和解，为避免企业破产，往往不得不出售资产以套取现金。

课堂案例

中国人寿的资产剥离

中国人寿在上市之前，就进行了大量的资产剥离。中国人寿要圆其上市梦，首要解决的问题是，如何把一批提供回报保证的保单剥离，据消息人士透露，其中一个方案便以1999年为分水岭，将所有在1999年以前签订的保单，拨归母公司中国人寿集团，而在1999年以后签订的保单，则以注资的形式注入上市公司之内，成为上市公司的资产。

1. 如何剥离不良资产是中国人寿上市前的最大难题

消息人士又称，究竟会选哪一年为分水岭的界线，其实内部已有共识，但究竟以什么依据只把有利可图的保单留给上市公司，而亏钱的保单则留给母公司，的确有一定困难。

不过，较早前有传媒报道，有关建议已获国务院拍板，并决定以1999年为保单拨归线。

2. 降息引发巨额亏损

国内保险公司可投资的项目十分有限，以基金及国债为主，但由于央行在1997年到1999年期间，先后降息6次，而中国人寿早年签下的保单，是向客户提供回报保证的，利率不断下调，令该公司出现严重利息差损。

有学者曾估算，全国人寿保险业在1997年到1999年间，利息差损达到500亿元，如以中国人寿拥有近七成的市场占有率来保守估算，三年内中国人寿的利息亏损高达350亿元。

3. 引入外资股东

中国人寿经历过这次教训后，已进行补救工作，在1999年取消向保单提供回报保证，1999年起，中国人寿的新增保单，都不存在利息差损问题。

中国人寿为国内最大的寿险公司，该公司总经理王宪章去年曾预期，该公司2002年保费收入会有48%的增长，达120亿元，并拟引入外资做股东，正与花旗集团及其他公司洽商入股事宜。

除中国人寿有上市计划外，中国人保及平安保险都会陆续上市，而由于中国人寿有技术问题要解决，故决定由集资规模较小，只有39亿元的中国人保率先在海外上市。

2003年8月，原中国人寿保险公司一分为三：中国人寿保险（集团）公司、中国人寿保险股份有限公司和中国人寿资产管理公司。超过6 000万张的1999年以前的旧保单全部被拨归给母公司——中国人寿保险（集团）公司，而2 000万张左右1999年以后签订的保单，则以注资的形式被纳入新成立的股份公司。通过资产剥离，母公司——中国人寿保险（集团）公司承担了1 700多亿元的利差损失，但这为中国人寿保险股份有限公司于2003年12月在美国和中国香港两地同时上市铺平了道路。

（案例来源：中国保险网保险新闻）

讨论题

分析中国人寿保险公司进行资产剥离的原因。

三、资产剥离的类型

（一）按剥离是否符合企业意愿而分为自愿剥离和非自愿剥离

自愿剥离是指企业管理层发现剥离能够提高企业竞争力和对企业的市场价值产生影响而主动进行的剥离。非自愿剥离，则是受政府相关法规的约束而被迫进行的剥离。出于对自身生产经营的需要而进行的剥离是自愿的。企业通过并购而进行的规模扩张会产生垄断，为避免政府反垄断法的起诉而进行的剥离是非自愿的。自愿清算和分离都是一种特殊形式的剥离。

（二）按剥离企业是否还保有其他经营部门即剥离的程度分为部分剥离和全部剥离

部分剥离是指企业只出售一部分资产或部门或产品线，主要用来对以前收购的某个部门或产品线的“逆收购”。全部剥离是指企业将所有的资产都卖掉（可以整体出售，也可以分开出售），企业法人地位消失，它实际上就是企业清算（包含自愿清算和强制清算）。

（三）按剥离中出售资产的形式分为出售资产、出售产品生产线、出售子公司

出售资产、出售生产线是指将企业的部分资产或与生产某一产品相关的生产线出售给其他企业。出售子公司是指将一个持续经营的实体出售给第三方，包括子公司的所有人、财、物。

（四）按剥离的内容可将剥离分为经营性资产剥离和非经营性资产剥离

经营性资产剥离是指企业将其用于生产经营的固定资产和流动资产直接对外出售，它主要是针对那些与本企业主业相关度较小或营利性差的资产。非经营性资产剥离是指将非经营性资产从企业中剥离出去，剥离后的非经营性资产可向社会公开出售、作为独立法人或交由企业代管。非经营性资产剥离适用于我国国有企业对某些社会职能的剥离。

（五）按是否与公司层战略或事业层战略相关分为战略性剥离和非战略性剥离

公司层战略是企业最高管理层指导和控制企业的一切行为的最高行动纲领，它主要解决公司应当从事什么样的事业组合；事业层战略是在公司战略的指导下，设计怎么在每一种事业领域内竞争。哪些剥离属于企业战略决策，哪些又与企业战略无关？退出某一行业的剥离、回归主业和退出主业的剥离、在某一行业内对公司产品进行重新组合的剥离等一般属于企业战略决策。

四、我国上市公司资产剥离的特征

我国上市公司资产剥离具有以下基本特征：

（一）进行剥离的上市公司几乎都有政策背景

进行剥离的上市公司其控股股东大都是国家股的持有者，同时也是上市公司的原上级主管或行业主管。虽然也有民营上市公司进行资产剥离的，但为数极少，这就给资产剥离罩上了一层浓重的"官办"光环。

（二）进行剥离的内容包罗万象

进行剥离的内容包罗万象，既有应收账款、其他应收款、存货等流动资产，也有长期投资和固定资产；既有单项资产，又有整体资产。总之，几乎所有资产科目都可以参与剥离。

（三）剥离的支付方式丰富多样

支付方式除了现金方式外，还有承担债务方式和债权支付等方式。承担债务方式就是资产配负债的剥离。具体方式是将上市公司资产的一部分或其整个子公司连同它的负债一并剥离掉。差额部分买卖双方以往来款的方式解决。这种方式的特例是资产配等额负债的剥离。对购买方来说是零支付。其好处是能够迅速减轻总资产规模，减低资产负债率，而上市公司的净资产不会改变。这种方式在国有控股的上市公司中运用的极为普遍。债权支付方式一般发生在上市公司资产或股权出售的目标公司是上市公司的债权人。目标公司用债权购买上市公司剥离的资产。与此同时，上市公司用剥离出去的资产冲抵了债务。

（四）剥离中关联交易盛行

由于我国的证券交易市场正在逐步完善之中，国有股一股独大，再加上资产剥离中寻找合适的购买方和确定合适的价格很困难，交易成本很大。相比而言，与控股股东之间是易于进行的，价格和支付等条件上也能得到控股股东的关照，交易成本相对较低。因此，上市公司的资产剥离有很多都是关联交易。

五、资产剥离交易的确认与计量

资产剥离交易的确认与计量包括三项内容，一是为资产剥离建立判断标准；二是何时确认并计量资产剥离信息；三是怎样计量资产剥离信息。

（一）资产剥离的确认标准

资产剥离应具备三个特点：

1. 企业依据一个单独的资产剥离计划来剥离企业的一个部分，剥离方式是整体转让而不是零星处置。

2. 被剥离的部分作为一个整体具有一定的组织功能，该功能具有相对独立性。

3. 能从经营上或财务报告的目的上加以区分。具体地说，就是被剥离部分的资产和负债相对独立；归属被剥离资产的经营收入可以辨认，或能够与其他收入相区分；归属被剥离资产的经营费用，大部分能够直接辨认。

（二）资产剥离的确认时间

根据及时性原则，当有确凿的证据表明企业要实施资产剥离时，就应当从会计上分离资产剥离信息。以下事项发生时，可以认定证据已经充分，应当开始分离、核算资产剥离信息，并在当期的财务报告中开始披露。

1. 企业签订了具有法律效力的资产剥离协议。

2. 董事会或其他类似权力机构已经批准并宣布了详细的、正式的资产剥离计划。

（三）资产剥离的计量

1. 为拟剥离部分建立子信息系统

当有确凿的证据表明企业要实施资产剥离时，会计人员就应当在账簿体系中有意识地将拟剥离部分分离出来，并以它为对象归集新的信息，包括确认其资产、负债的账面价值及变动情况，归集正常经营过程中属于它的收入、费用、所得税和现金流量信息，计量资产剥离的交易费用。

资产剥离的交易费用是指从确定企业要实施资产剥离开始到资产剥离实际完成为止所发生的交易费用。包括中介服务费、考核费、签约费、公告费、过户费和交通费等。从理论上说，这部分费用一般只包括资产剥离过程中的交易费用，未包括资产剥离前的准备成本和资产剥离后的后续成本。

2. 拟剥离资产的期末计价

期末,拟剥离资产应当按照成本与可收回金额孰低计价。这种计量观与我国新会计制度的精神一致。对拟剥离资产按成本与可收回金额孰低计价时,企业应估计拟剥离资产的可收回金额,将可收回金额低于成本的差额确认为减值准备。这些损失或收益应当作为"拟剥离资产持产损益"在利润表中单独反映,因为它属于非持续经营部分的损益,这样做符合分开披露原则。

另外,由于资产剥离意味着将资产整体处置,所以拟剥离资产的可收回金额应当按整体确定,由此确认的减值准备应根据成本在拟剥离的各项资产中平均分配。

3. 资产剥离的利得或损失

企业应当在资产剥离交易完成时,将实际成交价格扣除实际交易成本后的净额与被剥离资产的账面价值(成本与可收回金额中较低者)的差额确认为当期损益,作为"资产剥离损益"在利润表中单独反映。其公式为:资产剥离损益＝实际成交价格－被剥离资产的账面价值交易费用。

如果有确凿的证据表明企业将实施资产剥离,那么企业就应当开始披露资产剥离信息,由于资产剥离交易持续的时间可能较长,所以在资产剥离实际完成之前还要追踪披露。信息披露主要在企业的定期财务报告中和临时公告中进行,如果是重大资产剥离交易,企业还应当披露模拟历史信息。

六、资产剥离的程序

(一) 选择操作人员

1. 对于大中型的企业和公司,一般都设有财务部、计划部或是从事资产剥离工作的部门。由他们从事经营性资产剥离工作不仅可以节约成本,而且可以保护企业的商业秘密。

2. 对于中小型企业或公司而言,可以采取聘请、委托外部专业机构或人员来进行操作的方式。这些专业机构包括投资银行、专业顾问公司、经纪公司、会计师事务所、管理顾问公司等。

(二) 制作备忘录

备忘录的内容包括:企业资产剥离的原因,企业的历史背景,企业目前的状况,企业的未来发展潜力,企业产品生产线状况,企业的服务能力,企业的财务状况等。

(三) 确定购买者

可以由选择的操作人员拟定一份可能的购买者名单,通过拍卖或个别谈判的方式出

售资产。如果选择个别谈判方式，应当在能够控制的基础上同时与数个有购买意向的公司或企业接触，在初步确定购买者后，应当尽快就实质问题展开谈判。拍卖具有高效率、简易性、易控性，透明度高等优点，但不利于保护知识产权和商业秘密，引起员工的不安，引起竞争性反应，引起市场的不利反应，影响消费者对该企业的信心。

第二节　公司分立

一、公司分立的含义及方式

公司分立指一个公司依照公司法有关规定，通过股东会决议分成两个以上的公司。公司分立可以采取新设分立和派生分立两种形式。

（一）新设分立

新设分立将原公司法律主体资格取消而新设两个及以上的具有法人资格的公司。采取新设分立的，原公司办理注销登记，并设立两个以上的新公司；分立后各企业的注册资本额之和应为分立前公司的注册资本额。

1. 原公司注销登记需提交以下材料

(1) 公司法定代表人签署、公司盖章的《公司注销登记申请书》；

(2) 原公司股东会关于分立的决议；

(3) 刊登原公司分立公告的报纸报样；

(4) 公司债务清偿或者债务担保情况的说明；

(5) 法律、行政法规、国务院决定规定公司分立须报经批准的，提交有关的批准文件或者许可证书复印件；

(6) 公司的《企业法人营业执照》正、副本。

2. 分立后新公司除按设立登记提交材料外，还需提交以下材料

(1) 原公司股东会关于分立的决议；

(2) 刊登原公司分立公告的报纸报样；

(3) 原公司债务清偿或者债务担保情况的说明；

(4) 法律、行政法规、国务院决定规定公司分立须报经批准的，提交有关的批准文件或者许可证书复印件。

（二）派生分立

派生分立即原公司法律主体仍存在，但将其部分业务划出去另设一个新公司。采取派生分立的，存续公司办理变更登记，因分立而新设的公司办理设立登记。派生分立方式，本公司继续存在但注册资本减少。原股东在本公司、新公司的股权比例可以不变。在

实践中，总公司为了实现资产扩张，降低投资风险，往往把其分公司改组成具有法人资格的全资子公司。此时总公司亦转化为母公司。母公司仅以其投资额为限对新设子公司债务负有限责任。

1. 原公司变更登记需提交以下材料

(1) 公司法定代表人签署、公司盖章的《公司变更登记申请书》；

(2) 原公司股东会关于分立的决议；

(3) 刊登原公司分立公告的报纸报样；

(4) 原公司债务清偿或者债务担保的情况说明；

(5) 修改后的公司章程或者公司章程修正案(由公司法定代表人签署)；

(6) 原公司变更注册资本的，提交依法设立的验资机构出具的验资报告；

(7) 涉及其他登记事项变更的，需提交相应的文件；

(8) 法律、行政法规、国务院决定规定公司分立须报经批准的，提交有关的批准文件或者许可证书复印件；

(9) 公司的《企业法人营业执照》副本。

2. 新设立公司除按设立登记提交材料外，还需提交以下材料

(1) 原公司股东会关于分立的决议；

(2) 刊登原公司分立公告的报纸报样；

(3) 原公司债务清偿或者债务担保情况的说明；

(4) 法律、行政法规、国务院决定规定公司分立须报经批准的，提交有关的批准文件或者许可证书复印件。

为防止企业借合并或者分立转移债务、逃避责任，我国《民法通则》第 44 条规定："企业法人分立、合并，它的权利和义务由变更后的法人享有和承担。"《中华人民共和国合同法》第 90 条规定："当事人订立合同后合并的，由合并后的法人或者其他组织行使合同权利，履行合同义务。当事人订立合同后分立的，除债权人和债务人另有约定外，由分立的法人或者其他组织对合同的权利和义务享有连带债权，承担连带债务。"因此，当事人分立后，不仅原有的一切债权债务依法由分立后的法人或者其他组织承担，而且原有的财产所有权、经营权、知识产权等也都转移给分立后的企业。如未与债权人达成协议，则分立后的各法人对原债务承担连带责任，具体数额根据分立时的财产分配情况及分立后各法人的注册资金数额来确定。

二、公司分立的特点

公司分立是与公司合并相反的一种法律行为。公司分立的特点：

1. 分立是单个公司的行为，不牵涉到别的公司，它只需本公司的股东会作出决议即可。

2. 分立是把一个公司分成两个或两个以上的公司，分立后的公司是独立的法人，而不是企业内部的一个分支机构。原公司与分立后的公司是母子公司关系，而不是总公司与分公司的关系。

3. 公司分立必须依照法定程序、合乎法定要求进行，否则分立违法，无效。

4. 公司分立后的存续形式可以分别对待。有限责任公司分立后，新成立的公司仍为有限责任公司；股份有限公司分立后，新成立的公司可以是股份有限公司，也可以是有限责任公司。

三、公司分立的原因

（一）实施管理激励的需要

对于一个拥有多个子公司的大型公司而言，其内部管理机构的膨胀以及不反映子公司各自业绩状况的合并财务报告，都有可能使不同业绩的子公司得不到相应的奖惩。特别是当子公司的情况与母公司很不一致的时候，比如母公司处于成熟产业而子公司处于高速成长产业，或者母公司处于非管制产业而子公司处于受管制产业，激励问题会显得更加突出。此时，即使以母公司的股票期权制定激励报酬计划，也可能不会发生作用，这时，公司分立或股权割售可使被分离出去的子公司在上市后有独立的股票价格，从而通过价格直接反映出市场对管理层经营的评价，这时再设立起激励作用的报酬计划，管理层与公司业绩就紧密地联系在一起，从而产生良好的激励效果。

（二）企业分立可以满足企业适应经营环境变化的需要

企业的经营环境包括技术进步、产业发展趋势、国家有关法规和税收条例的变化、经济周期的改变等。这些因素经常随着经济形势的发展而变化，一旦这些因素发生变动，企业目前的战略安排可能会失效。因此，对于规模巨大的企业，由于其运转不如小企业灵活，如果不能随经营环境的变化而适时改变战略安排，可能会带来不可估量的损失。所以，当企业规模超过适度的标准时，采取分立的策略，在保证取得规模效益的前提下增强企业的灵活性，可以大大提高资本的运营效率。

（三）基于解决内部纠纷的原因

公司分立不仅可以应用于大型公司，即使是在规模较小的公司也可得到有效应用。当股东准备结束共同经营而各自经营的时候，当股东之间发生对公司经营权行使纠纷的时候，就可以通过公司分立而完全分立为单个的数个公司。因为小规模公司很难界定市场价格，所以对经营权存在分歧的股东很难继续留在一个公司。此时作为解决公司内部纷争的手段，公司分立就非常有效。

（四）反击恶意收购的策略

并购企业可能因为看好目标公司的某项特定资产实施并购策略。如果目标公司清楚地意识到这一点，就可以通过将这一部分资产甚至某一子公司分立出去的方式避免整个公司被并购的风险。公司分立还可以用来反击恶意收购，作为一种反恶意收购的防御手段。从上市公司的角度看，当其多元经营超过最佳水平，市场价值可能会被严重低估。并容易引起投资集团的收购兴趣，因为投资公司把公司收购后，再进行资产出售、分立或股权割售，可以使公司的整体市场价值得到较大提高，从而作为收购者获得巨大利益。这迫使实施多元化经营战略的上市公司进行反收购防御时，自己采取公司分立手段，在收购方采取行动之前把力量回缩到主业从而提高自身价值。如英美烟草联合公司成为霍伊雷克财团的恶意收购目标后，通过有效的分立挫败了收购。

（五）分立可以使企业避免反垄断诉讼

在西方国家，也有不少企业的分立是被迫的市场竞争，许多国家都制定有反托拉斯法律。当企业规模达到一定程度、销售额占同行业的比例太大时，就有可能因涉嫌垄断而遭到公众的忌恨，甚至被告上法庭。企业通过分立避免反垄断诉讼。

四、公司分立的程序

公司分立，因不涉及其他公司，在程序上相对来说比较简单，下面依据公司法的有关规定简要说明。

（一）作出决定与决议

公司分立，先由公司董事会拟订分立方案，然后由公司的股东（大）会讨论作出决议。由于公司分立属于与股东利益密切相关的重大事项，因此股东（大）会应当以特别决议的方式确定。具体而言，有限责任公司的分立必须经代表 2/3 以上表决权的股东通过；股份有限公司的分立必须经出席会议的股东所持表决权的 2/3 以上通过，通过程序与合并相同。

（二）签署分立协议

公司分立经股东会通过后，由分立后的各公司的代表根据股东会的决议，就资产分割、债权债务的分担、股权安排等事项及其具体实施办法达成一致协议。

（三）编制资产负债表和财产清单

根据《公司法》第一百七十六条的规定，公司分立，应当编制资产负债表及财产清单，并对其财产作相应的分割。分割的具体数额和办法根据股东会的决议和分立协议进行。财产是公司设立的基本物质条件，也是承担公司债务的保障，因此，进行公司分立，必须合理、清楚地分割原公司的财产，对于派生分立，是原公司财产的减少，对于新设分立，完全是公司财产的重新分配。

（四）通知或公告债权人

根据《公司法》的规定，公司应当自做出分立决议之日起10日内通知债权人，并于30日内在报纸上公告。不按规定通知或者公告债权人的，由公司登记机关责令改正，对公司处以1万元以上10万元以下的罚款。新公司法一方面简化了分立的程序，即公司分立决定做出后，30日内在报纸上公告一次即可。另一方面取消了旧法中公司债权人要求"清偿债务"和"提供担保"的请求权，以及对于分立的否决权；但增加"公司分立前的债务由分立后的公司承担连带责任"，以及一个自治条款（"公司在分立前与债权人就债务清偿达成的书面协议另有约定的除外"），从而力图在提高效率的同时杜绝公司分立被恶意利用来逃避债务。

（五）变更登记

公司派生分立，必然出现原公司登记注册事项，主要是注册资本的减少等变化和新公司的产生；新设分立中，必然出现的是原公司的解散和新公司的产生。因此，公司分立时，同样要办理公司变更登记、注销登记或设立登记，对此，《公司法》第一百八十条、《公司登记管理条例》第三十九条都作了具体要求，具体办理登记程序类似公司合并登记程序，在此不再赘述。

第三节　分拆上市

一、分拆上市的含义

分拆上市指一个母公司通过将其在子公司中所拥有的股份，按比例分配给现有母公司的股东，从而在法律上和组织上将子公司的经营从母公司的经营中分离出去。分拆上市有广义和狭义之分，广义的分拆包括已上市公司或者未上市公司将部分业务从母公司独立出来单独上市；狭义的分拆指的是已上市公司将其部分业务或者某个子公司独立出来，另行公开招股上市。分拆上市后，原母公司的股东虽然在持股比例和绝对持股数量上没有任何变化，但是可以按照持股比例享有被投资企业的净利润分成，而且最为重要的是，子公司分拆上市成功后，母公司将获得超额的投资收益。

二、分拆上市的意义

（一）股东价值最大化的重要途径

分拆上市后，证券市场的价值发现功能将使母公司迅速获得超额资本利得和投资收益，带来业绩突变，使公司价值增值。这正是 1999—2000 年许多公司热衷于网络投资的主要动力，它们都憧憬通过分拆网络公司上市，取得资本利得改写上市公司的业绩。而对公司原有股东来说，由于可能免费获得分拆上市子公司的股份，或对股份享有优先认购权，这样他们可以通过股份流通机制变现股份，获取高额回报。而且，母公司还可能将分拆上市所得到的特殊赢利以股息方式送给股东。另外，分拆也可望推动母公司股价上升，从而使股东获得更大回报。

（二）使核心业务和投资概念更显清晰

当公司业务愈来愈广泛时，往往会存在赢利水平及前景高于企业平均水平的战略业务单位，使其潜在价值不能被市场所充分体现。业务清晰的公司则容易被市场认同。这就是为什么综合性公司市盈率通常会低于专业性公司的重要原因。因此，上市公司通常借助分拆上市来突出优质业务单位的经营业绩和赢利能力来吸引投资者。20 世纪 90 年代中期，长江实业把旗下发展中国业务的长江基建分拆上市就是考虑到，当时投资者习惯把长江实业视为地产股，如果继续把中国基建业务置于集团旗下，将会忽略这一业务的发展潜力。

（三）提高公司股票的市场价值

一般来说，市场并不总是能够准确地认识和评价一个上市公司的市场价值，特别是一些实行多元化经营的上市公司，其业务范围往往涉及广泛的领域，使得市场投资者以及证券分析人员对其所涉及的复杂业务可能无法做到正确理解和接受，因此，可能会低估其股票的市场价值。经过分拆后，有关子公司价值的持续公开信息可能会对子公司的经营业绩产生正面的影响；而且，其目前作为一个独立于母公司的经济实体，也可以更容易地对公司的业绩进行评估。公司分拆的全部收益约等于被分离出来的子公司的价值和剥离出的资产的价值。母公司的价值经过重组活动实际上并未改变，而子公司有了自身独立的新的市场价值。

（四）实现业务的专业化管理和发展

分拆上市在使公司的业务更显清晰的同时，也为业务的专业化管理和发展创造了条件。上实控股是香港证券市场的一家综合性企业，为积极拓展中药业务，1999 年 12 月成功将旗下 2 家关系企业——上海家化、杭州青春宝分拆，组建上海实业医药科技（集团）有限公司在香港创业板首批上市，成为专注于中医药现代化与研发、生产、销售的专业中医药公司。

（五）分拆可以通过消除“负协同效应”来提高公司的价值

公司的经营环境是不断变化的，这些变化包括技术进步、产业发展趋势、国家有关法规和税收条件的变化、经济周期的变化等。由于上述因素的变化，母公司和子公司的机

会也发生了变化。这样，虽然在过去联合经营可能是最理想的，但目前母公司与子公司之间的安排可能是低效率的联合。因此，把子公司从母公司中分拆出去是更合理的选择。对于一些多元化经营的企业，通过分拆可以为母公司和子公司重新定位，确定母公司和子公司各自的比较优势；另外，公司还可以剥离掉不适合于公司长期发展战略、没有成长潜力或影响公司整体业务发展的部门或产品生产线；通过这样的一系列分拆可以使它们更加集中于各自的优势业务，从而为公司的股东创造更大的价值。此外，分立还能够创造出一个简洁而有效率的和分权化的公司组织，使公司能够更快地适应经营环境的变化。

（六）创造资本市场和产品市场的联动效应

在资本市场分拆上市及其配套的推介活动容易引起公众和传媒的极大关注，可以起到先声夺人的作用，从而大大提高企业的知名度。许多跨国公司往往通过分拆其国内业务到海外上市或将其在当地控制的业务就地分拆上市，加深海外市场对其业务和产品的了解与认同，迅速建立品牌效应。上实医药科技在香港分拆上市后，大大提高了正大青春宝及上海家化的知名度，使其系列产品在香港深入民心，树立了很好的品牌价值，为这两家企业在香港开拓产品市场、寻求合作机会打开了窗口。

（七）有利于引入新的合作伙伴

一些公司在整体资产上对策略和战略合作伙伴缺乏吸引力，但个别业务单位则因其增长潜力而可望吸引合作伙伴。因此一些上市公司为引入理想的合作伙伴，就会将对方感兴趣的业务单位分拆出来，吸引新股东加盟，从而为公司扩展业务注入新的血液和活力。

（八）分散投资风险

分拆上市使本身置于公司内部的业务单位成为公众公司，业务发展风险由母公司和新的合作伙伴、公众投资者共同承担。从目前全球资本市场分拆上市的发展趋势看，一个重要特点就是已上市公司越来越倾向于对其以风险投资形式参与的高成长项目进行分拆上市。这在高科技业务的发展中表现得尤为突出，因为这些业务在研究、开发、发展的每一个阶段都面临很大风险。

（九）拓宽资产经营的运作空间

分拆上市使上市母公司与分拆上市子公司在资产的转让、注入及融资活动等方面更为灵活，有助于公司在两个资本市场之间或同一资本市场两个市场主体之间的资本运作实现对接，大大扩展了资产经营活动的空间。

上实控股分拆上实医药科技上市后，目前正酝酿将其旗下的医药业务分阶段注入分拆子公司，将不仅为上实控股带来特殊收益，更为投资者对上实医药科技的发展创造更大的想象空间。而且,分拆上市带来的资金和资本运营优势,也有助于公司优化资产质量,进一步培养新的高成长项目。

此外,上市母公司还可利用分拆上市子公司的股份在没有现金流出的情况下,通过换股方式购并其他公司的业务。

(十)企业退出投资的重要战略

由于分拆上市往往伴随着控股权的稀释,因此其也被许多企业用于逐步退出非核心业务的重要战略。在通过资产拍卖或协议转让等方式退出有关业务的情况下,业务单位的价值往往会被低估,有时甚至低于其净资产价值。而分拆上市则可使企业通过股权出让以市场认可的价值套现,而且由于上市资产具有较强的流动性,企业更可在退出的时间上抢得先机。

三、分拆的类型

从企业分拆的类型来看,基本上可以分为"横向分拆"、"纵向分拆"和"混合分拆"三类。

"横向分拆"是指对母公司的股权进行分离与分立,分拆出与母公司从事同一种业务的子公司,由此实现子公司的首次公开发售。

"纵向分拆"是指由于母公司从事的业务涉及某一行业产业链中的不同环节,例如石油行业有开采、生产、提炼和向最终消费者推销等业务链,将母公司的股权进行分离与分立,分拆出与母公司从事同一行业、但处于产业链中不同业务环节的子公司,把子公司分拆出去并进行公开发售。

"混合分拆"是指由于母公司属于业务经营多元化的企业,其业务范围涉及完全不同的行业或业务类型,使得母公司控制的资产差异性很大,增加了企业经营管理的难度,不利于促进资源的合理有效配置。因此,将母公司的业务结构中涉及与其核心业务关联度较弱的某一行业或某一类型的业务分离与分立出去,重新组建一家可以实施计划的公司,以便母公司和子公司可以更好地集中资源优势,做大和做强其核心业务,从而提高核心业务的竞争力。

四、分拆上市的程序

分拆上市与普通公司上市的程序没有质的区别,只不过分拆的如果是一部分业务的话,须先行成立一家公司才是。这方面内容与企业上市相似,请参阅前面内容。值得一提的是,我国目前分拆上市的公司,往往是一些资本额不大,但业务中高科技含量比较多的适于创业板市场上市的公司。因此要特别注意创业板市场上市程序的有关规定。

同仁堂A股分拆上市

北京同仁堂科技发展股份有限公司(以下简称同仁堂科技)是由北京同仁堂股份有限公司(以下简称同仁堂)将其所属的同仁堂制药二厂、同仁堂中药提炼厂、进出口分公司和研发中心四部分进行投资,联合中国北京同仁堂(集团)公司和六位自然人(即赵丙贤、殷顺海、田大方、王兆奇、梅群、田瑞华)共同发起设立的股份有限公司。2000年2月14日,同仁堂科技在北京市工商行政管理局办理了名称预先核准登记,领取了北京市工商行政管理局核发的(京)企名核内字[2000]第10157614号《企业名称预先核准通知书》。2000年2月22日,北京同仁堂股份有限公司临时股东大会通过了设立同仁堂科技的议案。2000年3月9日北京市人民政府以京政函[2000]17号文批准设立同仁堂科技。2000年3月9日,北京同仁堂科技发展股份有限公司召开创立大会暨第一次股东大会。

在海内外的华人世界里,同仁堂也许是最具知名度和影响力的少数几个品牌之一了。在中医药领域,一向恪遵传统、稳健低调的同仁堂几乎成了信誉和质量的代名词;在海外,这也是一块颇受人们(包括医药监管当局)尊崇的一块金字招牌,在不少人眼里,同仁堂就是中药,中药就是同仁堂。同仁堂始创于1669年,"同仁堂"金字招牌享誉中外。随着现代社会的发展,新技术、新工艺广泛应用于制药行业,消费者越来越要求中成药能够实现高效、安全、小剂量,这对传统中药构成了巨大的挑战。同仁堂有世界性的品牌和成为世界级企业的潜力,但却不具备世界级企业的规模和现实资质,即使按照中国的标准来看,迄今仍然不过是一家中型企业而已。如果不换一种思路,同仁堂无疑仍将继续维持目前这种缓慢但是稳健的增长势头,不过即使是在国内市场恐怕也难有突破。

国内市场已经开始成为国内外医药公司寸土必争的主要角力场,而在中国制药企业本来应占绝对优势的海外中药市场上,经过日本和韩国商人稍加改头换面的所谓"汉方药"却反客为主,夺走了95%左右的份额。近年来,天然药物在全球越来越受欢迎,市场规模也越来越大,但由于中医药独特的机理和西方的科学理论完全是两套不同的解释系统,难以用符合"国际规范"的"科学标准"来进行定量的阐述,也就一直得不到将信将疑的西方主流社会的认同和接纳。据统计,全球植物药年贸易额约150亿美元,而中国的中成药仅占其中的3%～5%。

中医药若能成功实现现代化、国际化和市场化,将带来相当可观的商业机会,同仁堂则抓住了它。在接受媒体的书面采访时,同仁堂股份有限公司董事长殷顺海表示："同仁堂并非一家保守的企业，它在每个历史时期，都能自觉地融入那个时代，都能自觉地运用当时的人类文明成果促进企业的发展。"而分拆同仁堂科技到香港创业板上市，正是利用国际资本推进中药现代化，使同仁堂挤进国际医药主流市场的一次好机会。

（案例来源：问法网成功案例库）

讨论题

同仁堂A股分拆上市给企业带来什么影响？

【复习思考题】

1. 资产剥离的动因是什么？
2. 我国上市公司资产剥离具有哪些特征？
3. 公司分立有几种类型？
4. 公司分立的原因是什么？
5. 分拆上市有什么意义？
6. 分拆上市有几种类型？

【案例分析题】

海南新大洲一洋药业有限公司分立案例

海南新大洲控股股份有限公司董事会公告：海南新大洲一洋药业有限公司（以下简称大洲一洋药业）分立的有关事宜。

1. 新大洲一洋药业的基本情况

2000年1月1日本公司控股子公司海南新大洲药业有限公司与扬州一洋制药有限公司合并重组，重组后更名为海南新大洲一洋药业有限公司，2000年6月16日在国家工商行政管理局核准注册登记成立。新大洲一洋药业投资总额与注册资本均为人民币10 250万元，其中：本公司出资4 220万元持有其41.2%的股权，香港远升国际有限公司出资780万元持有7.6%的股权，江苏扬州高邮粮食工业公司出资2 780万元持有27.1%的股权，韩国一洋药品株式会社出资2 470万元持有24.1%的股权。鉴于该公司在产品、营销网络等方面的原因，该公司成立后经营状况恶化，根据本公司于2001年8月9日召开的第三届董事会第十二次会议上通过的《关于调整公司部分控（参）股公司的议案》，2001年11月26日新大洲一洋药业第一届董事会第六次会议决议同意公司进行分立。

2. 新大洲一洋药业分立的基本情况

(1) 分立形式：以存续分立的形式分立。海南新大洲一洋药业有限公司为存续公司，新设立扬州一洋制药有限公司。在获得政府有关部门批准后存续公司更名为南新大洲药业有限公司。

(2) 公司分立基准日：公司分立基准日为2001年11月30日。

(3) 分立后两公司股东构成：海南新大洲药业有限公司(以下简称存续公司)，投资总额和注册资本均为人民币5 000万元，其中：本公司出资4 220万元持有84.4%的股权，香港远升国际有限公司出资780万元持有15.6%的股权。同时，本公司出让470万元股权(占注册资本的9.4%)给香港远升国际有限公司，转让后本公司出资为3 750万元持有75%的股权，香港远升国际有限公司出资为1 250万元持有25%的股权。扬州一洋制药有限公司(以下简称新设公司)；投资总额和注册资本均为人民币5 250万元，其中：高邮市粮食工业有限公司出资2 780万元持有52.95%的股权，韩国一洋药品株式会社出资2 470万元持有47.05%的股权。分立后两公司注册资本额之和与分立之前公司注册资本额相等。

(4) 财产分割：依据2002年1月14日新大洲一洋药业第一届董事会第七次会议决议通过的《关于财产分割清单、债权债务承继清单编制说明及公司分立基准日期后事项处理办法的议案》，存续公司承继分立基准日新大洲一洋药业海南公司会计账簿记载的财产以及债权债务，新设公司承继分立基准日新大洲一洋药业高邮公司会计账簿记载的财产以及债权债务，存续公司与新设公司各自实际承继的净资产与各方股东在新大洲一洋药业持股比例计算应得到的净资产不一致时，由分立后的两个公司以互相增(减)往来账款的方式调整。

3. 期后事项

公司分立基准日以后，因公司持续经营导致分割给新设公司的应收账款和发出商品的增减变化，其增减变化以新设公司增减对存续公司的债务，存续公司增减对新设公司的债权方式调整，自董事会通过《关于财产分割清单、债权债务承继清单编制说明及公司分立基准日期后事项处理办法的议案》次日起，存续公司不再回收分割给新设公司的应收账款。分立期间的会计凭证、财务报表按属地原则分别由存续公司和新设公司依据会计制度的规定妥善保管。

讨论题

海南新大洲一洋药业有限公司是如何实施分立的？

B&E

第十一章 股份回购

第一节 股份回购概述

一、股份回购的含义

所谓股份回购，是指上市公司利用盈余所得后的积累资金(即自有资金)或债务融资以一定的价格购回公司本身已经发行在外的普通股，将其作为“库存股”或进行注销，以达到减资或调整股本结构的目的。公司在股份回购完成后可以将所回购的股份重新注销，但在绝大多数情况下公司将回购的股份作为“库存股”保留，“库存股”日后可移作他用(例如实行员工股票期权计划、发行可转换公司债券等)，或在需要资金时将其出售。股份回购的动机在于公司为了规避政府对现金红利的管理，或者是调整公司资本结构以对抗其他公司的恶意收购等。它是国外成熟证券市场一种常见的资本运作方式和公司理财行为。

国外对股份回购作了普遍的规定，特别是在成熟资本市场中，股份回购已经成为一项重要的金融活动。我国《公司法》、《股票发行与交易管理暂行条例》等法律、法规对相关的内容作了一定规定，但实践中还很少实施。较为典型的实践出现在上市公司减持国有法人股中，如1994年陆家嘴就开始回购国有股；1999年年底，申能股份又成为国有股回购企业；之后，云天化、冰箱压缩、长春高新等也相继以国有股回购方式实施减持。

这样做的反收购效果主要表现在两方面：一方面减少在外流通的股份，增加买方收购到足额股份的难度；另一方面则可提高股价，增大收购成本。此外，股份回购也可增强目标公司或其董事、监事的说话权。当然，股份回购也有可能产生另一种结果，即股份回购可能导致收购梦碎，炒作收购概念的投资者因此而失望，由此引发股价回落。

股份回购在实战中往往是作为辅助战术来实施的。如果单纯通过股份回购来达到反收购的效果，往往会使目标公司库存股票过多，一方面不利于公司筹资，另一方面也会影响公司资金的流动性。目标公司财务状况是制约这一手段的最大因素。死亡换股即目标

公司发行公司债券、特别股或其组合以回收其股票。这同样起到减少在外流通股份和提升股票价格的作用。

二、股份回购的基本形式

股份回购的基本形式有两种:一是目标公司将可用的现金或公积金分配给股东以换回后者手中所持的股票;二是公司通过发售债券,用募得的款项来购回它自己的股票。

被公司购回的股票在会计上称为“库存股”。股票一旦大量被公司购回,其结果必然是在外流通的股份数量减少,假设回购不影响公司的收益,那么剩余股票的每股收益率会上升,使每股的市价也随之增加。目标公司如果提出以比收购者价格更高的出价来收购其股票,则收购者也不得不提高其收购价格,这样,收购计划就需要更多的资金来支持,从而导致其难度增加。实施股份回购必须考虑当地公司法对回购的态度,美国许多州的公司认为,仅为维持目前的企业管理层对企业的控制权而取得本企业股票是违法的;但如果是维护企业现行的经营方针而争夺控制权,实质上是为了维护公司利益,则回购又是可以允许的,我国《公司法》明文禁止公司收购本公司的股票,但为减少公司资本而注销股份或者与持有本公司股票的其他公司合并时除外。

三、股份回购动因的假说

股份回购动因的假说主要涉及财务效应假说、信号传递假说和委托代理假说。

(一) 财务效应假说

1. EPS假说。该假说认为公司回购减少了流通在外的股票,从而提高了市场对公司每股赢利(EPS)的预期,这种提高的预期会带来公司股价的上升。

2. 财务杠杆假说。公司通过回购股票降低所有者权益,从而提高财务杠杆,达到最优资本结构。Vermaelen认为,当公司借钱进行股份回购时,事实上是以举债代替发行股票。

3. 税差假说。20世纪70年代美国上市公司通过股票回购向股东发放现金规避政府限制。股票回购给股东带来资本利得税率比现金股利税率低,公司如借债回购股票,利息费用可以在所得税前扣除,因此能增加股东财富。

4. 财务灵活性假说。股票回购不具规律性,股利发放是持续的;回购股票的公司有较高的暂时性、非经营性现金流,且现金流波动较大。公司为了保证财务上的灵活性,以股票回购代替股利,即避免向股东承诺持续现金流的发放。

(二) 信号传递假说

信号传递假说是20世纪70年代末80年代初学术界认同颇多的理论,股票回购被认为是公司管理层向股东传递信号的一种方式。该假说的重点在于，当企业股票市值被市场严重低估时，企业可通过公开市场回购一部分股票，引导市场投资者重新评估该企业。Ikenberry，Lakonishok 和 Vermaelen 研究中验证了这一假说。Vermaelen 建立一个标准的信号模型证明，股份回购可以被用作传递信息的可信信号，原因是差公司模仿好公司进行股份回购的成本很高。

（三）委托代理假说

随着股份回购的理论发展，研究者们的目光开始转向更为广泛的利益群体与更加深层次的原因。基于委托代理关系的假说包括如下四个方面：

1. 财富重新分配假说。财富在不同的证券所有者之间和在股东之间转移是股票回购的动机。公司股份回购在某种程度上相当于将一部分资产清偿给股东，这一行为的直接受害者是债权人。同时股票回购必须向股东支付一定的溢价，但并非所有股东都参与回购，财富在股东之间也存在转移。

2. 控制权市场假说。公司管理层为了维持自己对公司的控制权，反对恶意收购，以股票回购的形式收回一部分股权。20 世纪 80 年代中期恶意收购活动极为频繁的时候，回购股票的公司空前增多，为控制权市场假说提供了有力的证据。

3. 经理人股票期权假说。股票期权假说是随着 20 世纪 90 年代股票期权的兴起而产生的。该假说认为公司回购股票是为了实施股票期权计划。Jolls 发现，如果管理层持有较多的股票期权，他们就更愿意进行股票回购操作。

4. 自由现金流假说。Jensen(1986)提出了自由现金流假说，为了降低自由现金流量带来的代理成本，管理层应该将这些过量的现金发还给股东，因而股票回购被认为是基于这一目的发放现金的方式。

四、股份回购的六大功能

股份回购是成熟资本市场上重要的资本运作工具，一般而言具有以下六项基本功能。

1. 稳定股价。当上市公司股价被市场低估时，可以通过股份回购来调节股票供应量，稳定股价。公司以市价股份回购表明公司认为股价被低估，可以向市场传递公司经营状况良好、公司股票具有投资价值的信息。当前我国有些行业的股票估值过低、部分股票市价低于净资产，可以考虑使用回购手段。

2. 优化资本结构。股份回购是一种股本收缩的调整方法，可以用来调整财务杠杆，以优化公司资本结构。公司在现金流充裕且经营状况良好的情况下，可以通过股份回购来有效发挥财务杠杆作用，降低公司整体融资成本。

3. 利润分配手段。股份回购是成熟资本市场公司利润分配的主要手段。从税收角度考虑，出售股票获利时征收的资本利得税往往低于现金分红时所需缴纳的个人所得税。

上市公司实施股份回购后，继续持股的股东所持股票价格提升，且相关的资本利得税递延到股票出售时缴纳。

4. 实施股权激励时的股票来源。实施美国式的标准“股票期权”需要考虑的首要问题是股票来源问题。在成熟资本市场国家，允许上市公司回购股票后将其作为“库存股”处理，使其成为实施股权激励时的股票来源。在我国《公司法》修改之前，上市公司股份回购后必须注销，此功能尚难以发挥。

5. 反收购的重要手段。当上市公司面临恶意收购时，管理层可以将股份回购作为反收购的措施。上市公司以比市价更高的价格公开要约收购本公司的股票，会造成公司股价飙升，从而提高恶意收购者的收购成本。另一方面，也可以因为市场可流动的股份减少而使恶意收购者难以获得足以取得控制权的必要股份数。

6. 为异议股东提供选择权。当多数股东与少数股东利益发生严重冲突时，少数股东可以要求公司以公平合理价格回购其所持有的股份，这在公司法上被称为“异议股东的股份回购请求权”，一个典型的例子是公司在决议合并时。我国《公司法》尚对此没有规定，但在《上市公司章程指引》和《到境外上市公司章程必备条款》中有所体现。

五、股份回购的意义与价值

（一）股份回购有利于促进证券市场的高效、有序运作

1. 股份回购是公司实施反收购策略的有力工具和常规武器，有利于稳定和维护公司股价。股份回购在西方发达国家被普遍运用，是成熟资本市场上实施反收购策略的重要工具和常规武器。其原因在于：如果向外部股东股份回购，那么外部股东所持股份的比重就会降低，原来大股东的持股比重则会相应提高，其控股权自然会得到加强；如果公司的资产负债率较低，在进行股份回购后，可以适当地提高资产负债率，更有效地发挥财务杠杆效应，以增强公司的未来赢利预期，从而提升公司股价，抬高收购的门槛；如果公司现金储备比较充裕，就容易成为被收购的对象，在此情况下公司动用现金进行股份回购，可以减少被收购的可能性，这是反收购技术中的“焦土战术”；公司可以直接以高出市价很多的价格公开回购本公司股份，促使股价飙升，以击退其他的收购者，从而达到反收购的目的。

2. 股份回购可以抑制过度投机行为，有利于熨平股市的大起大落，促进证券市场的规范、稳健运行。按照西方经典理论，股份回购对于确定公司合理股价，抑制过度投机具有积极的促进作用。其原因是：

(1) 通常在宏观经济不景气、市场资金紧张等情况下，股市行情容易低迷。若任其持续低迷，将可能引发股市抛压较重，陷入股价下跌、流动性更差的恶性循环。此时若允许上市公司进行股份回购，将上市公司的闲置资金返还给股东，可以在一定程度上增强市场

的流动性，有利于公司合理股价的形成。1987 年 10 月纽约股票市场出现股灾时，在两周之内就有 650 家公司发布收购股份的回购计划，以抑制本公司股价的进一步下跌。

(2) 上市公司对本公司信息最知情，其确定的回购价格在一定程度上比较接近公司的实际价值(反兼并情形除外)，使虚拟资本价格的变动更接近实物生产过程，从而抑制股市的过度投机。

(3) 在市场过度投机的情况下，若股价过高，可能在投机泡沫成分破裂后导致股价持续低迷。此时公司有必要动用先前回购的库存股份进行干预，促使股价向内在价值回归，从而在一定程度上有助于遏制过度投机行为。值得注意的是，在国外通过股份回购来抑制过度投机、平抑股市大幅波动的作用机制中，“库存股”的运用是一个非常重要的因素。“库存股”的存在使得公司可以灵活地调控流通股数量，有利于公司合理股价的形成。而我国现行法律规定，回购的股份必须在 10 日内注销，不允许公司拥有库存股。这是我国上市公司实行股份回购所遇到的一大法律障碍。

3. 股份回购有利于建立员工持股制度和股票期权制度。国外公司中，员工持股特别是管理层持股是非常普遍的现象。当存在“库存股”制度时，公司可以从股东手里回购本公司股份，并将其交给职工持股会管理或直接作为股票期权以奖励公司的管理人员，这有利于建立有效的激励和约束机制，增强公司内部的凝聚力和向心力。就员工持股或管理层持股制度在我国上市公司实施的可行性而言，目前最大的障碍之一就是缺乏可用于这种制度安排的股份的合法来源渠道。国外公司实施股份回购的重要功能之一就是回购一部分股份专门用于本公司员工或管理层持股计划。而我国目前法律不允许库存股的存在，员工持股制度和股票期权制度也就难以建立。

(二) 股份回购有利于形成上市公司和股东的“双赢”格局

1. 对于上市公司的意义

(1) 通过股份回购可以调整和改善公司的股权结构，为公司的长远发展奠定良好的基础。

(2) 通过股份回购可以优化资本结构，适当提高资产负债率，更有效地发挥财务杠杆效应。股东财富最大化是上市公司的理财目标，这一目标的实现很大程度上取决于其资本结构的优化。而股份回购就是通过优化资本结构来提高公司价值、从而实现股东财富最大化的一个重要途径。当然国外的实践表明，股份回购对股价的提升也是有限度的，一般在 10%～20%之间。

(3) 公司的股利政策一般要求有一定的连续性和相对的稳定性，否则会引起市场对公司产生不利的猜测，一旦派发了现金股利就会对公司产生未来的派现压力。而股份回购是一种非常股利政策，因此不会对公司产生未来的派现压力。

(4) 当股票价值被市场特别是分割的市场严重低估时，实施股份回购可以增加公司

价值。公司宣布回购股票,常常会被理解为公司在向市场传递其认为自己股票被市场低估的信息,市场会对此作出积极的反应。

2. 对于股东的意义

(1) 若公司派发现金股利,对于股东来说是没有选择权的,而有的股东并不希望公司派现,这时采用股份回购的方式可以使需要公司派现的股东获得现金股利,而不需要现金股利的股东则可继续持有股票,并且通过股份回购派发股利可能得以合法避税。然而我国现行法律是不允许以派现的名义进行股份回购的。

(2) 由于我国证券市场建立之初制度设计上的缺陷,形成了特有的股权分置问题。国有股和法人股股东通常持股比例过高,约为 2/3,且难以流通,缺乏流动性。通过股份回购,可以使国有股和法人股股东收回一部分投资,以增加这些股份的流动性,提高其变现能力。

(3) 若公司拥有大量闲置资金,现金流比较充裕,不仅可以通过股份回购减少被收购的可能性,而且不至于在股份回购后出现现金流严重不足、资产负债率过高、营运资产明显减少等对公司业绩有直接影响的不利因素,相反将可以增加公司每股赢利,提高股票市值,有利于维护社会公众股股东的合法权益。

3. 股份回购弊端

股份回购也存在一些明显的弊端,即会产生上市公司操纵市场的行为,主要表现在以下几点:

(1) 损害债权人的利益。股份回购在缩减权益资本的同时,扩大了债务资本承担的风险,债权人的利益受股东权益保障的程度降低。西方有关股份回购理论中债券持有人掠夺假说就认为,股份回购产生的收益是掠夺普通债券和优先股持有人利益的结果。另外,对公司而言,资本结构的改变在增加财务杠杆抵税效应的同时,公司的筹资风险也在逐步增加,公司的筹资成本率可能会上升,一旦公司总资本收益率低于借款利率,其权益资本收益率就会随着财务杠杆率的提高而下降。此时,公司将承担巨大的财务风险,债权人承担的风险更大。为了规范证券市场,保护投资者和债权人的利益,许多国家对上市公司回购股份都规定了较为严格的限制。除了对股票回购范围加以限制之外,各国还对股票回购的资金来源予以限定。

(2) 股份回购容易误导投资者,造成市场运行秩序紊乱。上市公司回购本公司股票,易导致其利用内幕消息进行炒作,或对一系列财务指标进行人为操纵,使投资者蒙受损失。如果监管不力,当管理层经营不善、财务状况恶化时,会利用股份回购提高每股收益、净资产收益率等指标,从而提升股价,误导投资者,扰乱了正常的市场运行秩序。

(3) 股份回购影响公司长期发展潜力,助长内幕交易和投机。公司拿出大量现金实施回购,必将影响公司的财务结构,虽然回购在短期会增加每股收益等赢利指标,但现金的减少和资产质量的降低将会影响公司长期发展潜力，牺牲其他股东中长期的投资利益，股份回购对二级市场的股价影响较大，易助长内幕交易和投机行为。目前，可能存在主要问题是：低价回购股份，再高价增发或配售，损害中小投资者利益。存在"库藏股"时投机行为会加剧。

股份回购的这些负面作用并不是不可避免的，如果对上市公司股份回购的条件做出严格规定，就有可能抑制其负面作用，而有效发挥其积极作用。

申能股份有限公司股票回购案例

1999 年，申能股份有限公司以协议回购方式向国有法人股股东申能(集团)有限公司回购并注销股份 10 亿股国有法人股，占总股本的 37.98%，共计动用资金 25.1 亿元。国有法人股股东控股比例由原来的 80.25%下降到 68.16%，公司的法人治理结构和决策机制得到进一步完善。回购完成后，公司的业绩由 1998 年每股收益 0.306 元提高到 1999 年每股收益 0.508 元，而到 2000 年，每股收益达到了 0.933 元。这为申能股份的长远发展奠定良好的基础，并进一步提升了其在上市公司中的绩优股地位。

（案例来源：金融界网财经纵横）

讨论题

申能股份有限公司以协议回购国有法人股对企业有什么影响？

第二节 股份回购的运作

一、上市公司股份回购的一般规定

（一）上市公司股份回购应当符合以下条件

1. 公司股票上市已满一年；
2. 公司最近一年无重大违法行为；
3. 股份回购后，上市公司具备持续经营能力；
4. 股份回购后，上市公司的股权分布原则上应当符合上市条件；公司拟通过股份回购终止其股票上市交易的，应当符合相关规定并取得证券交易所的批准；
5. 中国证监会规定的其他条件。

（二）上市公司回购的方式

上市公司股份回购可以采取以下方式之一进行：

1. 证券交易所集中竞价交易方式；
2. 要约方式；
3. 中国证监会认可的其他方式。

（三）回购股份的处理

回购的股份自过户至上市公司回购专用账户之日起即失去其权利。上市公司在计算相关指标时，应当从总股本中扣减已回购的股份数量。

（四）上市公司在股份回购期间不得发行新股

在年度报告和半年度报告披露前5个工作日或者对股价有重大影响的信息公开披露前，上市公司不得通过集中竞价交易方式股份回购。

（五）回购后股东的义务

因上市公司股份回购，导致股东持有、控制的股份超过该公司已发行股份的30%的，该股东无须履行要约收购义务。

二、股份回购的程序和信息披露

（一）发布召开股东大会的通知

上市公司董事会应当在做出股份回购决议后的两个工作日内公告董事会决议、股份回购预案，并发布召开股东大会的通知。

股份回购预案至少应当包括以下内容：

1. 股份回购的目的；
2. 股份回购方式；
3. 股份回购的价格或价格区间、定价原则；
4. 拟股份回购的种类、数量及占总股本的比例；
5. 拟用于回购的资金总额及资金来源；
6. 股份回购的期限；
7. 预计回购后公司股权结构的变动情况；
8. 管理层对本次股份回购对公司经营、财务及未来发展影响的分析。

（二）在证券交易网站上公布持股信息

上市公司应当在股东大会召开前3日，将董事会公告股份回购决议的前一个交易日及股东大会的股权登记日登记在册的前10名社会公众股股东的名称及持股数量、比例，在证券交易所网站上予以公布。

（三）出具独立财务顾问报告

独立财务顾问应当就上市公司股份回购事宜进行尽职调查，出具独立财务顾问报告，并在股东大会召开5日前在中国证监会指定报刊公告。

独立财务顾问报告应当包括以下内容：

1. 公司股份回购是否符合本办法的规定；
2. 结合股份回购的目的、股价表现、公司估值分析等因素，说明回购的必要性；
3. 结合股份回购所需资金及其来源等因素，分析股份回购对公司日常经营、赢利能力和偿债能力的影响，说明回购方案的可行性；
4. 其他应说明的事项。

（四）上市公司股东大会应当对下列事项逐项进行表决

1. 股份回购的方式；
2. 股份回购的价格或价格区间、定价原则；
3. 拟股份回购的种类、数量和比例；
4. 拟用于回购的资金总额；
5. 股份回购的期限；
6. 对董事会实施回购方案的授权；
7. 其他相关事项。

上市公司在公告股东大会决议时，应当载明“本回购方案尚需报中国证监会备案无异议后方可实施”。

（五）回购决议通过

上市公司股东大会对股份回购做出决议，须经出席会议的股东所持表决权的2/3以上通过。

（六）通知债权人

上市公司作出股份回购决议后，应当依法通知债权人。

（七）报送股份回购备案材料

上市公司依法通知债权人后，可以向中国证监会报送股份回购备案材料，同时抄报上市公司所在地的中国证监会派出机构。

（八）上市公司股份回购备案材料应当包括以下文件

1. 股份回购的申请；
2. 董事会决议；

3. 股东大会决议；

4. 上市公司回购报告书；

5. 独立财务顾问报告；

6. 法律意见书；

7. 上市公司最近一期经审计的财务会计报告；

8. 上市公司董事、监事、高级管理人员及参与本次回购的各中介机构关于股东大会作出回购决议前6个月买卖上市公司股份的自查报告；

9. 中国证监会规定的其他文件。

（九）上市公司回购报告书应当包括以下内容

1. 股份回购预案所列事项；

2. 上市公司董事、监事、高级管理人员在股东大会回购决议公告前6个月是否存在买卖上市公司股票的行为，是否存在单独或者与他人联合进行内幕交易及市场操纵的说明；

3. 独立财务顾问就本次股份回购出具的结论性意见；

4. 律师事务所就本次股份回购出具的结论性意见；

5. 其他应说明的事项。

以要约方式股份回购的，还应当披露股东预受要约的方式和程序、股东撤回预受要约的方式和程序，以及股东委托办理要约回购中相关股份预受、撤回、结算、过户登记等事宜的证券公司名称及其通信方式。

（十）律师事务所出具的法律意见书应当包括以下内容

1. 公司股份回购是否符合本办法规定的条件；

2. 公司股份回购是否已履行法定程序；涉及其他主管部门批准的，是否已得到批准；

3. 公司股份回购是否已按照本办法的规定履行相关的信息披露义务；

4. 公司股份回购的资金来源是否合法合规；

5. 其他应说明的事项。

（十一）回购备案材料处理

中国证监会自受理上市公司股份回购备案材料之日起10个工作日内未提出异议的，上市公司可以实施回购方案。

采用集中竞价方式股份回购的，上市公司应当在收到中国证监会无异议函后的5个工作日内公告回购报告书；采用要约方式股份回购的，上市公司应当在收到无异议函后的两个工作日内予以公告，并在实施回购方案前公告回购报告书。

上市公司在公告回购报告书的同时，应当一并公告法律意见书。上市公司实施回购方案前,应当在证券登记结算机构开立由证券交易所监控的回购专用账户;该账户仅可用于回购公司股份,已回购的股份应当予以锁定,不得卖出。

(十二)上市公司应当在回购的有效期限内实施回购方案

上市公司距回购期届满3个月时仍未实施回购方案的,董事会应当就未能实施回购的原因予以公告。

(十三)回购期届满的后续处理

回购期届满或者回购方案已实施完毕的,公司应当停止回购行为,撤销回购专用账户,在两个工作日内公告公司股份变动报告,并在10日内依法注销所回购的股份,办理工商变更登记手续。

三、股份回购的账务处理

股份回购是指股份公司由于资本过剩、改变股权结构或企业发生重大亏损而需要减少资本时,按一定的程序购回发行或流通在外的本公司股份。我国的会计准则对股份回购引起的会计问题没有具体的规定,因而使得各股份公司对此处理不一。

由于股票发行价格与面值不一定相同,因而收回股票的价格也可能与发行价格不同。"股本"科目是按股票的面值登记的,收购本企业股票时,亦应按面值注销股本。超出面值付出的价格,目前有四种不同的处理方法:

(一)主张依次冲减资本公积、盈余公积、未分配利润

理由是资本业务是公司的核心业务,在股份回购时,应该按照核心的项目依次冲减。同时,考虑到公司在发行股票时,溢价部分已记入资本公积账户,因此,首先冲减资本公积账户。特别是如果公司股份回购的目的不是为了注销,而是准备将来再次发行或流通,则这部分回购的股份再次发行时的溢价部分也要记入"资本公积"科目。

(二)主张全部冲减未分配利润

理由是股份回购决策是企业未来的发展战略,根据配比的原则,应该由未来的业务经营活动负担相应的成本,而不应该由当前所有的股东承担其后果。因此,主张尚未冲减的余额应全部冲减未分配利润,由那些对公司未来充满信心的股东承担股份回购的溢价部分。

(三)主张按比例冲减相关权益科目

理由是所有者权益项目重要性是一致的,性质是相同的,没有先后的顺序可言,应该按同等比例冲减。

（四）赎回股份处理

主张按赎回的股份占总股本的比例冲减资本公积、盈余公积，不足部分全部冲减未分配利润。

此法兼顾了配比和同股同权的原则，理由有三：

1. 注销的股份与留存的股份性质一样，应该与留存的股份平等地享有公司的净资产，按照比例冲减资本公积、盈余公积。如果采用其他方法，则意味着人为地将不同的权益项目加以区分或排序。

2. 公司作出股份回购决策体现了未来的发展战略，理应由未来的业务经营活动负担相应的成本，达到经济决策与经济后果匹配的效果。因此，尚未冲减的余额应全部冲减未分配利润，由那些对公司未来充满信心的股东承担股份回购的溢价部分。

3. 股票回购决策一经作出，在现有的条件下通常会提高每股的赢利水平，并提高净资产收益率，进而提高股价，使未来的股东享有更高的市场回报。这部分超额回报与股票回购的溢价部分应该有一个配比的关系。对此影响未来的决策承担经济后果是可以理解的。

四、运用股份回购策略需要注意的问题

1. 对上市公司的股份回购，各地规定不一。日本、中国香港、新加坡等地禁止对上市公司进行股份回购，英国、美国、加拿大和一些欧洲国家在附带条件下则是准许的。中国《公司法》第一百四十九条第一款规定：禁止公司收购本公司的股票，但为减少公司资本而注销股份或者与持有本公司股票的其他公司合并时除外。针对股份回购的做法，收购方往往向证券管理部门或法院控告它违反证券交易法。

2. 股份回购与红利分发哪个更有利，主要取决于公司处于何种纳税部位。如果满足下列条件，股份回购是有利的，否则，分发红利更有利。其条件为

$$T > g(1-b),$$

其中 T 是边际所得税率，g 是资本收益税率，b 是基本所得税率。假定资产所得税率为 30%，基本所得税率亦为 30%，那么当边际所得税率高于 51%时，股份回购对股东有利。

3. 股份回购在实战中往往是作为辅助战术来实施的。如果单纯通过股份回购来达到反收购的效果，则往往会使目标公司库存股票过多，一方面不利于公司筹资，另一方面也会影响公司资金的流动性。目标公司财务状况是制约这一手段的最大因素。

4. 有些公司往往佯攻逼迫目标公司溢价回购自身股份，以此套取可观收益。其基本内容是：目标公司同意以高于市价或袭击者当初买入价的一定价格买回袭击者手持的目标公司股票，袭击者因此而获得价差收益。同时，袭击者签署承诺，保证它或它的关联公司在一定期间内不再收购目标公司，即所谓的“停止协议”。

课堂案例

云天化股份回购案例

1999年4月1日，云天化董事会发布的《关于协议回购部分国有法人股的警示性公告》称：1999年3月22日云天化与云天化集团公司草签了《股份回购协议》，宣布该公司有意协议回购其集团公司所持有国有法人股中的2亿股。作为云天化的独家发起人，云天化集团1997年6月以集团所属合成、尿素、成品车间及相关资产，按98.93%的折股率，经评估后折合4.6818亿股国有法人股，并通过向社会公开募集1亿股(其中向内部职工定向配售2 000万股)发起募集成立了云天化，并于同年7月在上证所挂牌上市。上市至今，该公司独家发起人股占总股本的比例一直维持在82.4%这一水平线上。

在1999年5月11日云天化召开的1998年股东年会上表决通过了公司董事会的《关于回购并注销部分国有法人股的报告》，同意回购公司国有法人股2亿股，回购价格为每股2.01元，并授权公司董事会全权办理回购并注销股份的有关事宜。

1999年5月12日云天化董事会发布了《关于回购并注销部分国有法人股的公告》，该公告在谈到股份回购的方案时说：本公司与集团公司采取协议回购的方式，回购数量为2亿股，回购价格按1998年年末公布的每股净资产值确定为每股2.01元，共需4.02亿元，所需资金本公司将全部自筹，由以下两方面构成：

1. 1998年税后净利润中原拟派现金221 590 902元，全部用于股份回购；
2. 募集资金中终止项目所闲置的资金，其中12 041万元用于股份回购。

该公告在谈到股份回购对本公司的影响时说，本次股份回购实施后，可以调整和改善公司的股本结构，提高融资功能，强化资本运作能力，为公司的长远发展奠定良好的基础。该公告还称：集团公司本次出售股份，尚需国家国有资产管理部门批准；该次股份回购，尚需中国证监会的批准。

云天化回购案引起的争议还未结束，氯碱化工在不久前召开的1998年度股东大会上提出了回购公司B股，又掀起了一波关于B股回购问题的热潮。

(案例来源：阿帕比数字资源平台)

讨论题

1. 云天化股份回购的股票种类是什么？
2. 云天化股份回购的资金从哪里来？
3. 云天化股份回购后对企业的发展有什么影响？

【复习思考题】

1. 股份回购的基本形式有几种？
2. 股份回购有什么功能？
3. 股份回购有什么弊端？
4. 股份回购应注意哪些问题？

【案例分析题】

宝钢股份回购案例

宝钢2012年8月28日推出的股份回购计划，公司拟以不超过每股5元的价格回购公司股份，回购总金额最高不超过人民币50亿元。在回购资金总额不超过50亿元、回购股份价格不超过5元条件下，回购股份将高达10亿多股。公司于2012年9月17日召开2012年第二次临时股东大会，会议审议通过《关于以集中竞价交易方式回购本公司股票的议案》，并于2012年9月24日、2012年10月9日、2012年10月16日发布了首次实施回购和回购进展情况的公告。24日，公司即发布了首次实施回购的状况。首次回购股票数量约为1489万股，占公司总股本的0.09%，购买的最高价为4.65元/股，最低价为4.62元/股，为此支付的金额约为6900万元；10月8日，公司再次出手回购，至此回购的总股数增至约1.3亿股，占总股本约0.75%，购买最高价为4.65元/股，最低价为4.51元/股，支付总金额约为6亿元；而10月15日，公司再次出手回购，至此，回购总股数增至约2.17亿股，占总股本的1.2%，此次购买最高价为4.65元/股，最低价为4.51元/股，支付总金额约为9.98亿元。

在9月15日宝钢举行的“公司日”活动上，宝钢集团董事长徐乐江对媒体表示，9月份钢铁企业可能再陷入全行业亏损。最新统计数据也显示，18家钢铁类上市公司中除了久立特材和宝钢股份预计三季报业绩将增长，其余15家的净利润下滑甚至亏损，占比高达83%。宝钢股份此时宣布回购股票可以维护广大股东利益，增强投资者信心，维护公司股价，减少公司注册资本，优化资本结构。

（案例来源：网易财经新闻）

讨论题

1. 说明宝钢股份回购的动因。
2. 分析宝钢股份回购将产生什么财务效应。

B&E

第十二章 托管经营

第一节 托管经营概述

一、托管经营的概念和特征

（一）托管经营的概念

托管经营是指出资者或其代表在所有权不变的条件下，以契约形式在一定时期内将企业的法人财产权部分或全部让渡给另一家法人或自然人经营。由于托管这一方式能够在不改变或暂不改变原有产权归属的前提下，直接开展企业资产的重组和流动，从而有效地回避了企业破产、并购中的某些敏感性问题和操作难点，是现有条件下推进国有企业改革的有效模式之一。

德国企业托管

企业托管经营起源于德国，是德国政府在东西德统一后，针对东德那些濒临亏损破产境地、拍卖不成的国有企业实行整顿再出卖或破产，以实现国有企业私有化的过渡性措施。其具体做法是在两德统一之前依照有限责任公司的形式成立托管局负责对原东德国有企业及相关国有资产实现私有化的过程。

1990 年前后，德国政府对前东德国有企业进行大规模重组，而这一任务是通过托管局完成的。托管局成立于两德统一之前，它是依照有限责任公司的组织形式设立的。托管局具有双重身份，一方面，作为政府设立的机构，隶属于联邦政府，其业务工作受到联邦财政部、经济部的监督，9 人执行委员会的控制和审计局的审计；另一方面，作为企业法人，又相对独立于联邦政府，拥有财政预算额度内的国际资本市场的融资能力。

德国托管局重组国有企业分三步，第一步是将8 000家大型工业联合体和国有企业，分解成12 000多家中型或小型企业；随之将其改组为有限责任公司和股份有限公司，新公司的产权由托管局独家持有；同时建立大中型国有企业数据库。第二步是评估企业价值。第三步是在综合分析的基础上将国有企业分成三大类分别重组。将基本条件较好的企业立即出售；对条件较差，但有发展前途的企业由托管局通过委托或租赁承包等形式限期整顿；对第三类企业，即没有可能恢复竞争能力或造成严重污染的企业采取停业和关闭的办法。

截至1994年年底，在12 000多家前东德工业企业中，托管局已出售的企业约6 500家；有1 588家企业归还给原业主；并对3 718家企业实行了清算，此外，托管局还出售了2 500家商业、服务业企业，以及46 845处房地产。对于一些民营化过程中未能出售、且出于政治原因不能关闭的企业，托管局设立5家国有风险基金公司和投资公司，即中期转型控股公司，对未能私有化的企业实行控股经营。

（案例来源：根据新浪网资料整理）

讨论题

德国企业托管对我国有什么启示？

（二）托管经营的特征

1. 企业托管实现所有权与经营权分离。企业托管可分为所有权托管和经营权托管。所有权托管是指委托方把企业的所有权转移给受托方的托管形式。而经营权托管是指委托方仅把企业的经营权委托给受托方，而没有转移所有权的托管形式。企业托管在国外通常表现为所有权托管，而在我国则主要表现为经营权托管。

2. 企业托管是在企业资产的保值增值基础上，对企业资产的经营管理，且是一种开放式的经营管理，其目标是提高企业资产的运营效率，因而有利于资源的调动和企业的整改，并有利于企业的中长期发展。

3. 企业托管克服了其他方式的局限性，面向更加广阔的企业市场，由市场匹配委托经营双方具有广阔的选择空间。委托方和受托方处在平等的地位，加大了成交的可能性、合理性和有效性。

4. 企业托管较好地形成了企业产权市场化营运的内部利益激励机制，避免短期行为和事实上负盈不负亏，企业经营风险最终由委托方与受托方共同承担，起到了分散风险的作用，从而也强化了经营者的责任。

二、托管经营的类型

（一）债权托管

债权托管是将银行或企业已经形成的或即将形成的呆滞债权，通过与托管公司签订契约合同，将该债权交由托管公司去盘活变现或有偿经营的一种经营方式。

（二）股权托管

股权托管是指对某一实体投资并拥有一定股份的所有者，通过与托管公司签订契约合同，委托托管公司代表股权所有者对该股份行使管理监督权利，从而达到保证股权所有者实现一定权益的目的。

（三）投资托管

投资托管是指项目投资人将某一投资项目交由具有较强经营管理能力的托管公司，进行该项目的建设和经营。

（四）资产托管

资产托管是指拥有资产所有权的企业、单位，通过签订契约合同的形式将资产有偿托管给专业的托管公司，由托管公司进行综合的资产调剂，并最终实现资产变现的一种经营方式。

（五）技术托管

技术托管是指新技术的发明者、专利的所有者、专有技术的拥有者为促进科技向生产力的转化、促进技术的社会效益与经济效益的实现，通过契约形式，将该技术交由托管公司，通过托管公司的运作，使该技术在较短的时间内，得到有效利用，创造最大效益。

（六）供求托管

供求托管是指需要进行设备、物资、房地产、企业、高新技术、债权、股权供应或需求的企业通过与托管公司达成的有关供求活动的契约，交由托管公司进行满足供应方或需求方需求的托管经营活动。

（七）营销网络托管

营销网络托管是指生产企业或经销商在特定地区铺设销售网点遇到困难时，通过与托管公司签订契约合同，委托托管公司在规定时间内有偿建设销售网点或利用托管企业已有销售网络进行销售的经营活动。

（八）物业托管

物业托管是指拥有难以盘活的不良房产或地产（商业住宅、写字楼、宾馆饭店、花园、别墅、待开发的土地等）的业主，将其不良房产或地产通过契约形式交由托管公司，由托管

公司结合其各方面的综合优势加以利用、盘活、变现的一种经营活动。

三、企业托管经营的效应

（一）积极效应

1. 转换企业的经营机制，扩大企业的自主经营权，提高企业的管理水平。企业托管通过合同关系界定了企业所有者和企业经营者的权利、义务关系，为实现政企分开、政资分开和两权分离创造了条件。托管经营与承包经营的一个非常重要的区别就是，托管经营克服了承包经营在两权分离上的局限性。承包经营的经营者的企业内部选择或者行业内部选择，多限于经营者个人，经营风险承担能力弱。而托管经营面向广阔的市场，由市场来完成对委托双方的选择，具有广阔的选择空间。企业托管实行与承包经营完全不同的经营机制，避免了承包经营的短期行为和事实上的包盈不包亏，由国家承担无限责任的弊端。承包经营以一定的经营利润为指标，不能从利益上促成经营者收入与企业资产增值的联动效应，导致承包者的短期行为。

2. 与企业并购、破产相比较，企业托管有利于降低操作成本。企业并购、破产作为与企业托管经营有别的资产重组形式，在西方市场经济发达的国家，每天都大量地发生着。特别是企业之间的兼并、收购，是各个大型公司、企业集团实现其战略目标的重要手段。但在中国这样一个由计划经济向市场经济转轨的过渡经济中，国有企业产权主体缺位，证券市场、产权市场发育极不成熟，社会保障体系不健全，以及其他相关法律、法规严重滞后的情况下，企业并购、破产操作成本太高，容易诱发大量社会问题。而企业托管可以在不改变或暂不改变原先产权归属的条件下，直接进行企业资产等要素的重组和流动，达到以较低的成本优化产业结构、企业结构、产品结构的目的。

3. 企业托管经营有利于促进市场竞争主体的形成。在市场经济体制下的竞争实质是各个利益主体之间的竞争，而这种竞争又是以企业为载体来实现的。我们所说的利益主体狭义上理解是由企业产权所有者构成；而广义上理解应该是由企业产权所有者、经营管理者和生产工作者组成，经营管理者推动并实现着以企业为载体的各利益主体之间的竞争，是决定产权所有者和生产工作者利益能否实现的核心因素。企业托管就是要将企业管理者职能从企业利益主体中分离出来，形成具有独立利益主体的经营力商品，并通过各种经营力商品的竞争与交换促进社会主义市场经济体制下市场竞争主体的形成。

4. 扩大了融资渠道，缓解了企业资金紧张的矛盾，有利于企业逐步向兼并过渡。在企业重组的过程中，有相当一部分优势企业需要增加投入，扩大生产规模，提高市场竞争力，但由于缺乏资金，无论是增量投入还是存量调整，都受到很大限制，而实行托管经营，由优势企业对困难企业采取一些“扶贫济困”的措施进行帮带，当推进成熟时，即可实施兼并。这样做的好处是，受托企业可以在不增加或者少增加投入的情况下，以最低的成本获得被托管企业的厂房或者设备，实现资产的流动和重组。企业托管经营强化了所有权及经营权主体的显化到位。

长期以来，我国计划经济所形成的企业资产所有权与法人财产权混为一体，经营管理者利益与资产所有者权益相互交织，导致企业主体的各方责任不清，责任不明。在这种情况下所显现的责、权、利是弱化的、含混不清的责权利关系，资产所有者的投资回报没有保证，经营管理者负盈不负亏，生产工作者没有强烈的劳动积极性。企业托管经营使经营管理者从利益主体分离出来后，形成了一个独立的责任主体，与之相关的权利关系也得到了强化，割断了资产所有者的保护“脐带”，剥离了与生产工作者交织的利益关系，使所有权与经营权的承担主体显化到位。只有承担责任才能行使权力，只有创造效益，才能获得利益。

5. 作为一种较新的投资方式，托管经营有利于提高企业效益。在托管经营中，受托方不必付出托管企业资产的全部价值，只需承担一定的经营风险和少量投入，即可控制整个托管企业，这为优势企业利用少量资本控制大量资产提供了绝好的渠道。这比新建企业要合算得多，而且新建企业的投资回收期长，风险较高。企业托管作为国有企业改革的一种新探索，刚刚出现，其所带来的经济效益和社会效益还没有充分显现。但毫无疑问，企业托管的兴起将有利于培育和形成一批职业企业家队伍，为实现国有企业制度创新创造必要的前提条件，而且在托管经营中，可以为探索企业的债务重组，以及建立和完善社会保障制度提供契机。这方面的意义是难以估量的。

6. 企业托管经营为多种经济形式互容和发展创造了有利条件。公有制为主体，多种所有制形式共同发展，是我国社会主义初级阶段的一项基本制度。单一的经济组织不可能进行市场经济的竞争运行。发展多种所有制经济形式，特别是发展非国有的公有制经济以及非公有制的个体、私营经济，能够有效地促进市场竞争，对满足人们多样化的需要，增加就业，推动国民经济的发展有着重要的作用，也为独立于企业利益主体的经营管理职能，开展企业托管经营提供了可靠的经济基础，为多种经济形式互容和发展创造了有利条件。

“两权分离”最主要的是“两权”风险责任的分离，即投资主体承担投资风险责任，经营主体承担经营风险责任。而只有从实质上解决了所有权与经营权承担主体缺位的问题，以企业利益主体以外的独立承担经营责任的利益主体对企业实行委托经营管理才能真正地承担风险责任，实现真正意义上的“两权分离”。从这个意义上说实行企业托管经营，托管者主体或托管对象主体都即可以是国有、集体、私营、个体，也可以是股份合作及其他经济形式，只要托管者是企业利益主体以外的利益主体，能够以独立于企业资产以外的经济能力承担风险责任，就可以参与各种经济形式利益主体的重组，就可以在改造企业经营管理的过程中使多种经济形式互容，以达到公有经济与市场经济相结合之目的。

7. 企业托管有利于调整不合理的产业结构和企业结构，增强企业的竞争力。这对于政府、企业、职工个人来说都是有利的，与此同时，可以挽救一批亏损企业，避免大量企业破产对社会稳定造成巨大的冲击。这便是目前的企业托管既有政府推动又有专业性的企业托管经营公司积极参与这一企业重组形式的主要原因。我国的国有企业是在传统的计划经济体制下形成的，条块分割严重，资产存量闲置、凝滞，形成了各种大而全、小而全的企业。通过托管经营，可以使企业的资产在某种程度上流动起来，达到优化产业结构、企业结构的目的。显然，这对于从整体上搞活国有经济，盘活国有资产存量，实现经济增长方式从粗放型增长到集约型增长的转变具有十分重要的意义。

8. 托管盘活了存量资本，为部分危困企业解决了困难。实行托管的企业，大多数都是实行股份制改造无聚资，“租、卖、兼”无吸引力，破产倒闭无承受力的“三无”企业。受托方接管后，在盘活存量资本上大做文章，采取增加投入、检修设备、技术改造、狠抓产品质量、积极拓宽市场渠道等措施，使大部分低效资产和限制设备得到了利用。

（二）负面效应

实践中，由于法律、法规不健全，托管经验不足，以及长期的旧体制遗留因素的影响，企业托管中也存在着一些负面效应。

1. 委托主体不明确。国有企业的主体应当是被托管国有企业的委托主体，如果国有企业产权主体模糊或者虚置，则必然造成托管过程中委托主体的不明确。以目前的实际情况来看，各级政府、主管部门、金融部门、国有资产管理部门以及大型企业都可能是委托主体，但有时又缺乏严格的法律依据，常常出现多头负责又无人最终负责的现象。

2. 国有资产管理部门在企业托管过程中没有发挥应有的作用。托管经营设计经营权转让，实质上是一种国有产权变动行为，作为国有资产专门管理部门，对托管企业的行业性质，企业规模，受托方的托管资格，国有资产的产权变更登记，企业兼并的审批，资产评估以及对受托、被托企业的监管等都应当有明确的规定。

3. 托管合同不够规范。托管行为是一种新型的法律行为，依照合同法的规定很难完全明确合同双方当事人的权利和义务。要求当事人根据具体的情况约定双方的权利义务，以免由于托管纠纷而影响托管经营的实际效益。

四、托管经营与企业并购的区别

企业并购是直接以获取或控制被并购企业产权为目标的产权交易活动，托管与其相比，在以下两方面更具操作性：一是并购因购买企业产权一般需要大量金额的投资，这使得一些有意并购其他企业的企业由于资金筹措困难而却步。而托管并不需要受托方投资收购被托管企业的产权，只需要以自身的资产作为抵押或寻求担保，并投入少量自有资金用于企业经营即可。二是目前国有企业的产权不明晰，难以合理估价和有效分割，这造成国企出售实际操作难度大。而托管不涉及产权的交易，只是企业经营权的暂时转移，因而操作难度较小。

五、企业托管与承包经营的区别

（一）经营基础不同

承包经营只是计划经济下经营权的转移，真正的企业经营自主权难以落实。而托管经营是以法人财产权的确立为基础，受托企业不仅有自主经营权，而且还有部分财产的处置权与收益分成权。

（二）经营者主体不同

托管经营的经理不再由政府或组织部门任命，而是由受托方派出，体现受托方的利益，从而形成与所有权、生产者不同的独立的利益主体。

（三）克服了承包经营的局限性

承包经营的经营者大都限于企业内部或行业内部，而且往往限于经营者个人，经营者承担风险的能力差，"一对一"的谈判也具有局限性。而托管经营面向市场，由市场匹配托管经营的双方，具有广阔的选择空间，受托方以自身资信能力作抵押，或以第三者担保为条件，以委托资产保值为指标，其内部利益激励和约束机制的强化，增强了经营者的责任感与经营意识。

六、企业托管与租赁经营的区别

（一）目的不同

托管经营是通过经营能力与生产要素的优化配置，转换经营机制，达到"先搞活经营者，后搞活企业"的目的，而租赁经营则是承租者以支付租金取得企业财产的使用权以达到为自己创收的目的。

（二）责任不同

企业托管中受托方的利益受托管企业利益的制衡，与企业所有者、生产者共同分享利益，分担风险。而租赁经营不论企业经营状况如何，承租方必须足额交付租金。

（三）范围不同

托管经营有整体、部分、专项多种形式，可适用于各种行业、类型和不同规模的企业，租赁经营则仅限于小型企业和局部资产。

第二节 托管经营的运作

一、托管经营操作程序

托管经营是一项涉及面广、程序复杂的系统工作，应根据企业的实际情况，重点把握以下基本操作程序：

（一）确定托管主体

具有托管经营意愿的企业，可以通过有关部门寻找目标企业，也可以自己直接洽谈，寻找目标企业，这是托管经营的前提。要根据国家产业发展的方向和企业优势及被托管企业的局限性与发展前景，确定托管经营的对象。

（二）提交托管报告

托管主体确定后，双方各自拟就托管报告上交国有资产管理部门和企业主管部门。按有关规定，由各级国有资产管理部门负责审核批准。托管报告获准后，要在当地主要报刊上发布托管经营消息，并告知被托管企业的债权人、债务人、合同关系人，以便对正式托管经营企业的资产进行评估做准备。

（三）摸清企业家底

托管双方在托管经营前应按照国家有关规定全面进行清产核资，界定产权，评估资产，并由国有资产管理部门审核出具资信证明，以经核定的净资产总额作为被托管企业资产保值的基数。

（四）组织招标评审

由各级政府主管部门会同有关部门组成招标评审委员会，按照公开、公正的竞争原则，通过新闻媒介或以召开新闻发布会的方式公布托管经营双方招标、投标信息，组织托管经营双方进行双向选择。对达成托管经营意向的双方标的及委托方的资信情况和经营能力进行评审并提出意见，为双方签订托管经营合同提供依据。

（五）签订托管经营合同

托管经营双方经过互相论证、磋商，在对双方权利、义务和托管经营目标、经营方略，风险责任、利益分配、合同期限等合同条款认可的情况下，签订托管经营合同。

托管经营合同应包括以下内容：

(1) 托管双方的名称、住所、法人代表；

(2) 被托管企业名称和资产、债权债务和人员现状；

(3) 托管经营的方式，期限和目标；

(4) 双方权利与义务；

(5) 托管企业法定代表人的产生及在托管经营期间的职责与权限；

(6) 企业职工(含离退休职工)的安置与待遇；

(7) 被托管企业原有债权债务处理方式；

(8) 资金注入、管理、回报形式；

(9) 收益分配与风险承担办法及受托方风险抵押金缴纳的方式、额度、时间；

(10) 托管经营监督、审计、自律形式及考核办法；

(11) 合同中止、变更及违约责任；

(12) 合同期满后的评估、验收及资产移交办法。

(六) 履行法律手续

托管经营合同应当经过公证或聘请律师出具法律意见书，然后到工商行政管理部门办理变更登记手续。

二、我国企业托管运作存在的问题

实践中，由于法律、法规不健全，托管经验不足，以及长期的旧体制遗留因素的影响，企业托管中也存在着一些严重的问题。

(一) 托管与委托代理不分

一是一些托管公司以财产所有者身份占有、使用和处分企业财产，却不对自己的行为独立地承担民事责任，很大一部分风险由国家承担。二是托管与承包租赁不分。就托管内容而言，是国有企业经营管理权的让渡，分配都是采取的收益定数上交或比例上交的做法；就责任看，仍带有包盈不包亏的倾向。像能否实现保值增值、能否解决职工就业安置等问题也没有足以制裁的措施，承担风险责任的仍是国家。三是托管与授权经营不分。一些地方将政府对企业授权经营也列为托管范畴。

(二) 委托主体不明确，监管不到位

许多国有资产管理部门在企业托管过程中没有发挥应有的作用。作为国有资产专门管理部门，对托管企业的行业性质，企业规模，受托方的托管资格，国有资产的产权变更登记，企业兼并的审批，资产评估以及对受托、被托管企业的监管等都应当有明确的规定，然而，在托管经营过程中往往这些问题被忽略了，受托方打着托管经营的旗号，却不履行托管经营的义务，造成对企业进行毁灭性的经营，而这个过程中监管当局往往将受托企业的经营管理权完全转移给受托方，导致企业产权监督制约机制的不健全甚至缺失，同时造成受托方的权力膨胀，短期机会主义行为严重。

（三）受托方行为不规范化

一般来说，受托方要有相当资本实力和融资能力，要有较高的经营管理水平和资产运营能力。因为托管要综合运用资金支持、专家管理、资产重组、体制创新、技术投入、产品开发、市场策划、管理提升、资产出让等各种手段，对企业进行重组改造。但现实操作中，由于受托方受赢利心理驱动，他们往往不关心企业的机制转换与技术改造，再加上产权监督机制不健全，造成其在企业存量资产上大做文章，变相操作企业产权，进而导致一种“炒产权”的行为。另外，受托方权力恶性膨胀，短期行为严重，原有职工得不到合理安置等现象也十分突出。

（四）托管立法滞后，合同不规范，国有资产流失严重

托管行为是一种新型的法律行为，依照合同法的规定很难完全明确合同双方当事人的权利和义务，要求当事人根据具体的情况约定双方的权利义务，以免由于托管纠纷而影响托管经营的实际效益。对于非金融业国有企业的资产托管工作，目前有关的法律、法规还不完善，对托管主体的要求、费用、效果的评估、流程等都缺乏明确的规定；更重要的是，剥离非主业资产、业务、人员，涉及国有企业深层次的矛盾，涉及与职工有偿解除劳动关系，拖欠职工和离退休人员工资、养老金、医疗费，企业离退休人员待遇等热点问题。

有关托管的法律、法规的不完善，也在一定程度上纵容了机会主义行为，比如，《合同法》规定：“委托人或者受托人可以随时解除合同。”在这种任意终止权存在的前提下，资产委托管理对双方的法律约束力相对都较弱。由于立法滞后，目前还没有统一的托管法规，目前在托管经营中容易发生一些国有资产流失的现象，如托管公司以财产所有人的身份占有、使用和处分企业财产，却不对自己的行为独立地承担民事责任，很大一部分风险仍要由国家来承担。另外，一些地方政府也利用托管之机大肆寻租，最终使国有资产大量流失。

（五）受托人的选择和激励约束机制不健全，机会主义行为大量出现

资本市场信息不对称，对职业经理人缺乏有效评价；人力资源市场对职业经理人的培养、约束、竞争、激励机制没有形成；企业内部对高层管理者的约束和激励机制不健全，委托代理成本太高，因此，企业所有者委托个体经理人管理存在着太大的信任危机和道德风险，然而相对一个管理团队而言，虽然单个经理人员的知识结构和工作经验不全面，流动性大，对企业持续发展潜在风险大，但是，如果出现机会主义行为，团队的道德风险也远远大于某个人可能带来的风险。有些受托人完全可能受到现实利益的驱动，对企业经营机制的转换、公司治理机制的建立、企业的技术创新、资源的优化配置和人才的合理配置漠不关心，再加上企业的产权监督核查机制未健全，造成受托人在企业的现有资产上大做文章，变相操作企业产权，从而背离了国有企业改革以及国有资产保值增值的初衷。

三、规范我国企业托管的对策

（一）明确各方的权利与义务

参与企业托管经营的各方主要有：委托方、受托方和被托管企业三方。

1. 委托方：即为能够代表被托管企业资产所有者的部门或机构。其权利应包括：一是托管行为的决定权和签约权；二是托管期间，被托管企业的产权流动及转让，公司制改造、年终利润分配方案的决定权；三是实施日常监督。其义务应有：一是保证受托方依照合同履行其职权；二是维护被托管企业财产的安全；三是履行与受托方的协议中规定的其他义务。

2. 受托方：即为具有较高经营管理水平并能承担一定经营风险的法人及实体。其权利应包括：一是使用、支配被托管企业的资产；二是自主决定被托管企业合理的机构设置和人员安排等，并按国家各有关政策、法律的规定，自主决定和实施企业的各项生产经营及管理；三是根据市场状况，自主决定被托管企业的产品结构调整和企业发展方向；四是获取托管的经营收益和应获得的其他报酬；五是在征得委托方同意后，可对被托管企业实施一定的企业产权有偿流动及转让，提高企业产权流动和资产营运的效率及收益。其义务应包括：一是保证被托管资产的安全，以相应资产对托管行为进行担保，确保被托管资产的保值增值；二是保护其职工合法权益，妥善安置企业员工，办理其各类社会保险事项；三是保障被托管企业权益不受侵犯；四是承担由其造成的新的经济损失责任等。

3. 被托管企业：即指托管经营的实施对象——接受托管的企业法人。其权利主要有：一是完成规定的生产工作任务时，员工有权获得相应的报酬，享受养老保险和其他社会保障；二是有权以各种形式参与企业的民主管理；三是有权参与托管的筹备工作，工会有维护职工的合法权益等。其义务有：一是主动协助受托方维护企业资产的安全；二是严禁以任何借口和以任何形式转移、私分企业资产；三是主动协助受托方落实治理方案；四是维护受托方的合法权益，共同努力完成预期托管经营的目标。

（二）建立相应的竞争、激励、风险、约束机制是企业托管的核心内容

1. 建立公开、公平、公正的竞争机制。通过竞争由市场配置委托方和受托方，实现生产要素的合理组合。尤其是通过竞争对受托方择优劣汰，形成受托方之间的竞争局面，从外部机制上对受托方施加有效的压力，促使其不敢“怠慢”，同时可以更加公平、公正地评价企业经营成果，减少评价时环境不确性的影响。在对自然人受托经营上，要探索建立自荐、考核、竞争、公认、任用、监督等程序和方法的有效能人形成机制。

2. 建立有效的利益激励机制。通过合理设计托管契约，明确受托方的责、权、利，给予受托方最佳的行为激励。同时明确托管经营的委托主体，规定委托方的主要权利和义务，并将其人员升迁和收入增长与资产经营状况挂钩，使其真正承担起监督者的责任，激

励其实现资产增值目标的积极性。

3. 建立企业托管经营风险机制。受托方要缴纳一定数额的财产作抵押,风险抵押金缴纳额度要起到委托方与受托方能够共同承担企业经营风险以及制约受托方经营行为的作用,尽可能加大力度,同时也要考虑受托方的承受能力。风险抵押金的使用,与企业经营目标完成情况挂钩,按完成企业经营目标情况继存或抵补。

4. 建立企业经营行为约束机制。委托方有权要求受托方定期公布企业经营状况,年度经由有资格的会计师事务所、审计师事务所进行财务审核,以确保企业财务状况的真实性和国有资产保值增值。对经营达不到合同规定目标及有弄虚作假、违法乱纪行为的,应按法定程序终止托管契约。托管经营期满后,由托管双方组织中介机构对托管经营期间的经营业绩、债权债务、国有资产保值增值等情况进行全面审核,在此基础上兑现契约。

(三)发展托管资产证券化的模式

国有企业资产托管的背景不同于银行不良资产,从严格意义上讲,受托资产也不是不良资产,只是在特定环境下,这些资产没有发挥应有的作用,经营效率和经济效益较差,如果经营得当,其未来的现金流则相对于不良银行贷款来讲更加稳定,证券化的过程也更加容易,投资者的兴趣也更高。我们在前面谈到的组建国有资产经营公司对于国有资产证券化的推动作用不可忽视,也就是说,单个企业的资产证券化根本无法实现,只有经过有实力的大型国有资产管理机构或者企业将这些资产集中在一起,组建类似于不良资产证券化过程中出现的“资产池”,实现融资的过程,解决那些阻碍国有企业发展的问题,如冗员、社会包袱等,提高国有企业资产的经营效率和产品的市场竞争力,从而进一步谋求资产重组或者出售。

(四)规范中介性托管经营公司

在各地托管经营的实际操作中,专业性的托管经营公司等中介组织也随之成立。从实践中看,需对这些托管经营公司进行引导和规范,防止以“托管”名义炒作国有产权,而把搞活企业经营这个主题搁置一边。首先,应该明确托管经营公司成立的条件,托管公司作为专门从事企业经营的咨询、策划、运作的中介服务组织,必须有资金、人才、管理等方面的优势。从这一点出发,设立托管经营公司必须有一定数量的注册资金、优秀的人才、先进的管理手段和广泛的融资渠道。可以说,托管经营是高层次的输出生产要素,因此,托管经营公司不同于一般性的中介服务组织,它的设立条件应当更高、更严格。其次,应该明确托管公司的经营目标和经营范围。托管经营是在不改变或暂不改变产权归属的前提下,改善企业资产管理的一种经营方式,目的在于提高国有资产的运营效益。托管公司作为中介性经营管理公司,其作用在于通过其有效的中介管理经营,使国有业摆脱困境,转换经营机制,并向现代企业制度迈进。这就要求托管公司不仅要注重眼前利益,更要注重企业的长远发展;不仅要考虑经济因素,还要兼顾社会目标,帮助政府解决国有企业的困难。

(五)引入招标竞价机制

实行公开市场招标竞价机制,可以有效降低托管经营过程中由于非生产性开支引起的交易成本。我们认为有必要在国有企业或者国有资产托管经营过程中,建立一个统一、规范、有序的国有资产托管及转让市场,为各类经营主体和投资主体提供资源优化配置的机会和公平交易的平台。如果存在一定的竞争机制,比如说新成立的国有资产经营公司之间的竞争,类似于处理银行不良贷款的金融资产管理公司,也可以解决关联交易带来的各种问题。

(六)企业托管还需要专门人才和良好的资本市场环境

受托方不管是企业法人还是自然人,在接受委托经营被托管对象后,必须依靠专门人才来从事有关生产和经营、技术改造、市场营销、人事管理等工作。没有专门人才,要把一家濒临破产倒闭的企业救活,是困难的。因此,为了提高企业托管质量,受托人必须实行专门人才对被托管对象的经营管理。政府还应给受托企业在税收、融资方面的政策优惠,应鼓励受托企业对委托企业进行改组、改造和包装上市;要对企业的上市提供便利条件,改上市制度的审批制度为拍卖制;应鼓励受托企业发行各类债券;大力发展支持和维系长期资本市场的各类投资基金、养老基金和社会保障基金;继续加大对外国投资者开放国内资本市场的力度。总之,我国国有企业托管的前景在很大程度上取决于资本市场的发达程度。

【复习思考题】

1. 托管经营有什么特征?
2. 托管经营有哪些积极效应?
3. 托管经营有哪些负面效应?
4. 托管经营的运做需要哪些程序?

【案例分析题】

鞍山一工的企业托管案例

1996年,鞍山第一工程机械股份有限公司(以下简称鞍山一工,股票代码600813)与辽宁工程机械(集团)有限公司(简称辽工集团)签订了由鞍山一工托管辽工集团与外方合资的三家合资公司的中方股权的协议。鞍山一工的股权托管首开我国上市公司托管中型合资公司股份的先河,引起了各方面的关注和争议。事实证明,作为当时一种值得探索的

上市公司进行资产重组的途径和方法，这起托管案例对于当时的鞍山一工，起到了实现资源优化配置、提高企业效益的作用。

这次股权托管涉及鞍山一工、辽工集团及三家合资企业和外方瑞士利勃海尔国际有限公司(以下简称利勃海尔)。

鞍山一工是中国第一大工程机械生产厂商，全国500家最大工业企业之一，该公司1993年11月17日向公众募股5 000万股，于1994年1月在上海证券交易所挂牌交易，公司股本总额为21 500万元，其中国家股占31.1%，法人股占30.3%，个人股占38.6%。

鞍山一工是一家存在巨大优势的企业，经过40多年的发展，已经成为我国工程机械行业的骨干企业，是我国最大的履带式推土机生产企业，其产品占全国市场份额的70%。同时，鞍山一工又是该行业较早的上市公司之一。鞍山一工有很强的技术力量，全厂1万多名职工中，本科学历以上的有1 400多人。该厂的技术装备先进，六大系列主导产品生产整体工艺与规格处于国内领先水平，关键工艺达到或接近世界先进水平。

辽工集团为政府授权的国有资产投资主体，成立于1996年年初，专门负责辽宁省工程机械行业的行业规划和组织实施，管理和经营着辽宁省包括锦州重型机械、抚顺挖掘机厂等几家大型企业。同时辽宁省有关部门决定鞍山一工的国家股由鞍山国资局上划省国资局，省国资局投资辽工集团，辽工集团成为鞍山一工实际上的老板，鞍山一工为其相对控股子公司，辽工集团持有鞍山一工31.11%的股权。

辽工集团的工程机械业务为辽宁四大支柱产业之一。按1995年年末的数字，辽工集团拥有总资产25亿元，固定资产原值达9亿元，净值达6亿多元。1995年完成工业总产值11亿元。集团于1996年6月正式列入当时国家经贸委、中国人民银行重点扶持、发放巨额流动资金的全国300家大企业行列。

瑞士利勃海尔国际有限公司是一家家族式的大型跨国公司，也是一家在工程机械产品领域享有盛名的跨国公司，其工程机械产品具有当代世界最先进的技术，与美国的卡特彼勒和日本的小松并称为世界三巨头，目前在德国、奥地利、瑞士和法国等十几个国家拥有47座工厂。瑞士利勃海尔投资股份公司是瑞士利勃海尔国际有限公司全资拥有的子公司。

利勃海尔公司已经用17年的时间在中国寻找战略合作伙伴，在此之前，利勃海尔公司与中国17家企业合作，使用方式均为技术转让。国内当时著名的冰箱生产企业就是与该公司合作的范例。

本次托管中的托管对象是三家合资企业：辽宁利勃海尔柴油机有限公司、辽宁利勃海尔挖掘机有限公司、辽宁利勃海尔轮式装载机有限公司。它们是瑞士利勃海尔投资股份公司与辽工集团新成立的合资企业，三家合资企业的产品分别为柴油机、挖掘机和装载机，总投资分别为22 600万元、6 100万元和7 100万元，注册资本分别为14 820万元、

3 648万元、3 648 万元。三家合资企业合资双方均以现金投入，中方所占股权比例均为75%。全部厂房和基础配套设施均以租赁方式取得。这种形式摆脱了中方一贯以土地、厂房作价投入的模式，由于节省了庞大的基本建设投资，在同等投资下，增大了生产规模。从合资经营方式上来看，三家合资公司的运作模式简捷、高效、投资少、规模大，有利于尽快形成生产能力，产生经济效益。

在实行托管时，三家合资企业的产品中，挖掘机、装载机的主要配套零部件由鞍山一工提供，而柴油机主要作为挖掘机、装载机和鞍山一工推土机的配套发动机。装载机以大马力为主，与鞍山一工现有的装载机品种不形成竞争。

据有关专家预测，三家合资企业的投资在 3 年内即可收回，第 4 年即可再收回一倍投资，这表明三家企业的发展前景看好。

如何才能走出困境，找到新的经济增长点？面临经营困境的鞍山一工将目光投向自己的实际控制人辽工集团及其下属的三家合资企业，想到了托管这一思路。为使本次托管顺利实施，鞍山一工聘请了北京新民生银行理财顾问担任其财务顾问，负责协助公司全面策划，对公司资产进行重组。在托管思路确定之后，为了得到辽工集团的理解，1996 年 5 月鞍山一工向辽工集团董事会递交了托管建议书。辽工集团董事会很快讨论并同意了该托管建议，双方很快就托管具体事项达成了共识。托管方案提出后上报有关部门，1996 年 6 月辽资产字[1996]83 号文对辽工集团《关于请求批准辽工集团合资公司股权委托鞍山一工经营的请示》作了批复，原则上同意辽工集团以省政府批准设立的国有资产主体身份作为委托方将辽宁利勃海尔柴油机有限公司、辽宁利勃海尔挖掘机有限公司、辽宁利勃海尔轮式装载机有限公司三家合资公司的中方股权委托鞍山一工经营，并要求辽工集团（委托方）与鞍山一公司（受托方）严格履行双方签订的股权托管合同的各项条款。

（案例来源：《证券市场导报》）

讨论题

鞍山一工企业托管的原因是什么？

B&E

第十三章 资产证券化

第一节 资产证券化概述

一、资产证券化的概念

广义的资产证券化是指某一资产或资产组合采取证券资产这一价值形态的资产运营方式，它包括以下四类。

（一）实体资产证券化

实体资产证券化即实体资产向证券资产的转换，是以实物资产和无形资产为基础发行证券并上市的过程。

（二）信贷资产证券化

信贷资产证券化是指把欠流动性但有未来现金流的信贷资产（如银行的贷款、企业的应收账款等）经过重组形成资产池，并以此为基础发行证券。

（三）证券资产证券化

证券资产证券化是证券资产的再证券化过程，就是将证券或证券组合作为基础资产，再以其产生的现金流或与现金流相关的变量为基础发行证券。

（四）现金资产证券化

现金资产证券化是指现金的持有者通过投资将现金转化成证券的过程。

狭义的资产证券化是指信贷资产证券化。具体而言，它是指将缺乏流动性但能够产生可预见的稳定现金流的资产，通过一定的结构安排，对资产中风险与收益要素进行分离与重组，进而转换成为在金融市场上可以出售的流通的证券的过程。简而言之，就是将能够产生稳定现金流的资产出售给一个独立的专门从事资产证券化业务的特殊目的机构（special purpose vehicle，SPV），SPV以资产为支撑发行证券，并用发行证券所募集的资金来支付购买资产的价格。其中，最先持有并转让资产的一方，为需要融资的机构，整个

资产证券化的过程都是由其发起的，称为“发起人”(originator)。购买资产支撑证券的人“投资者”。在资产证券化的过程中，为减少融资成本，在很多情形下，发起人往往聘请信用评级机构(rating agency)对证券信用进行评级。同时，为加强所发行证券的信用等级，会采取一些信用加强的手段，提供信用加强手段的人被称为“信用增级机构”(credit enhancer)。在证券发行完毕之后，往往还需要一专门的服务机构负责收取资产的收益，并将资产收益按照有关契约的约定支付给投资者，这类机构称为“服务商”(servicer)。

二、资产证券化的意义

（一）对我国资本市场发展的意义和影响

推进资产证券化产品创新对我国资本市场发展的意义表现在以下三方面。

第一，符合我国资产市场发展的整体战略。“国九条”明确提出“加大风险较低的固定收益类证券产品的开发力度，为投资者提供储蓄替代型证券投资品种。积极探索并开发资产证券化品种。”发展资产证券化产品对实现我国资本市场发展的整体战略，完善市场结构，具有重要意义。

第二，资产证券化产品为机构投资者提供了中、短期储蓄替代型证券投资品种，有利于满足投资者对风险低、收益稳定的投资产品需求，也有利于存款资金进入资本市场。

第三，有利于支持资本市场中介机构，尤其是证券公司的创新业务。2005年8月12日，在证券公司创新大会上，证监会尚福林主席表示“鼓励创新类证券公司在合规合法和风险控制的前提下，研究开发专项理财产品。”资产证券化业务可以促进证券公司全面提高业务能力，建立新的业务增长模式。

（二）对发起人的意义

1. 增加资产的流动性，提高资本使用效率

资产的流动性是指资产变现的能力，我们知道货币是流动性最高的资产，而贷款、应收款等则是流动性较差的资产。如果将贷款、应收款保留在资产负债表中作为资产，那么能够获得的收益是有限的，而且如果因此而放弃了其他投资机会，那么机会成本可能就会非常大。

资产证券化最基本的功能是提高资产的流动性。发起人可以通过资产证券化将贷款出售获得现金，或者以贷款为支持发行债券进行融资。不管通过哪种方式，资产证券化使得拥有贷款等流动性差的资产的主体可以将流动性较低的贷款变成具有高流动性的现金，从而为他们提供一条新的解决流动性不足的渠道。

资产流动性的提高，意味着资本利用效率的提高。资产证券化作为一种融资手段，在获得资金的同时并没有增加负债。如果资产所有者是出售资产，那么他减少了贷款这一资产，但是同时增加了现金这一资产，所以负债并没有增加。因此，资产证券化在不增加

负债的前提下，使得发起人获得了资金，促进了资金的周转，从而提供了资本的利用效率。

2. 提升资产负债管理能力，优化财务状况

资产证券化对发起人的资产负债管理的提升作用体现在它可以解决资产和负债的不匹配性。以银行为例，银行的资产和负债的不匹配性主要表现在两个方面：一是流动性和期限的不匹配；二是利率的不匹配。银行的资产和负债的流动性和期限不匹配，主要是因为银行的资产主要是贷款等中长期流动性较差的资产，而其负债则主要是活期贷款等期限短流动性较高的资产，因而两者不能很好地匹配起来。如果发生挤兑等特殊情况，银行就无法支付，此时就会发生支付危机。而资产证券化可以将长期的、流动性差的贷款转化为流动性高的现金，从而解决流动性和期限匹配上的问题。同时，如果银行的贷款为长期固定利率贷款，而存款为短期变动利率，则银行将承受利率风险。每当短期利率相对于长期利率升高时，银行所赚取的利差(interest rate spread)将会受到侵蚀，而使银行利益受损甚至亏损。通过证券化，银行的贷款就会大大减少，从而降低了在利率上升时被迫以高利率负债支持低利率资产的风险。

由于证券化采用了表外融资的处理方法，发起人将被证券化资产转移到资产负债表外，从而达到改善资产负债表结构，优化财务状况的目的。这一点对于银行等金融机构尤其具有意义。自 1988 年以来，巴塞尔委员会关于银行监管的准则已为越来越多国家的金融管理当局所接受，银行等金融机构的资本充足状况成为各国金融监管的焦点，银行为达到资本充足率要求不得不保有与其所持资产相对应的资本。如果银行开展资产证券化交易，不但可以提前收回现金，从而可相应缩减负债，同时由于将基础资产移到表外，银行可以释放相应的资本——资产证券化的这种双重释放功能是其越来越受到银行青睐的主要原因。此外，资产证券化还可以使公司把未来服务费收入流提前兑现为现期赢利，如果不进行证券化，通常这种收入要在贷款的整个期限内才能逐步实现。

3. 实现低成本融资

传统的融资方式一般是以融资方的整体信用为支持的，但是资产证券化是一种结构性融资而非产权融资，其信用基础是一组特定资产(抵押类或非抵押类)，而非发行人的整个资产。贷款、企业债券、股票等方式都是以发行人的全部资产和信用为支持的，投资者进行投资必须考虑发行人的整体信用和经营状况，而在资产证券化融资中，投资者只需考虑基础资产的质量就行。资产证券化可以通过破产隔离机制的设计，再辅以信用增级等手段，使得发行的证券的信用级别独立于融资方的信用级别，大大提高证券的信用级别。也就是说，即使融资方的信用级别并不高，资产证券化后的证券也可有比较高的信用级别。信用级别的提高必然使得投资者的要求回报率降低，所以融资成本就得到了节约。

另外，由于资产证券化可以使得证券的信用级别高于原有融资人的整体信用级别，原来可能因为信用级别不够而无法融资的融资人也可以获得融资的机会，这就使其融资渠

道得到了拓宽。信用增级通常还会带来一个差额收益，这个收益一般都是属发起人所得。这样对发起人来说，既能获得收益，又能留住客户，是一个很大的吸引。

4. 增加收入来源

在资产证券化中，服务商通常由发起人担任，使得发起人可以通过收付款服务等途径收取费用，增加新的收入来源。

（三）对投资者的意义

资产证券化在市场中为投资者提供了一个高质量的投资选择机会。由于组成资产池的资产是优质资产，并且有完善的信用增级，多数能获得 AA 以上的评级，这使得这样发行的证券的风险通常很小，而收益却相对较高，在二级市场上也有很高的流动性。所以，资产支持证券越来越受到投资者，尤其是像养老基金、保险公司和货币市场基金这些投资品种受到限制的机构的欢迎。

资产证券化为投资者提供了多样化的投资品种。现代证券化交易中的证券一般不是单一品种，而是通过对现金流的分割和组合而设计出的具有不同档级的证券，甚至可以把不同种类的证券组合在一起形成合成证券，以更好地满足不同投资者对期限、风险和利率的不同偏好。

（四）资产证券化对商业银行的意义

1. 资产证券化有利于商业银行的资本管理，提高资本充足率

资本充足率是资本净额除以总的风险资产之后得出的，即

资本充足率 =（资本 − 扣除项）/（风险加权资产 +
12.5 倍的市场风险与操作风险所需资本）

其中，风险加权资产是由银行的各项资产乘以它们各自的风险权重而得。根据银监会对银行资产的风险权重的规定，住房贷款的风险权重为 50%，而证券化之后回收的现金的风险权重为 0，这样计算出来的分母变小，资本充足率自然会提高。银行可以将信贷资产进行证券化而非持有到期，主动灵活地调整风险资产规模，以最小的成本增强资产流动性，提高资本充足率。

2. 资产证券化有助于商业银行优化资产负债结构，提高资产流动性

资产证券化为资产负债管理提供了有效的手段，通过证券化的真实出售和破产隔离功能，商业银行可以将不具有流动性的中长期贷款剥离于资产负债表之外，及时获取高流动性的现金资产，从而有效缓解流动性风险压力。

3. 资产证券化有利于化解不良资产，降低不良贷款率

通过资产证券化将不良资产成批量、快速地转换为可转让的资本市场产品，重新盘活部分资产的流动性，将银行资产潜在的风险转移、分散，是化解不良资产的有效途径。

4. 资产证券化有利于商业银行增强赢利能力，改善收入结构

资产证券化的推出将为给商业银行扩大收益、调整收入结构提供机会。在资产证券化过程中，原贷款银行在出售基础资产的同时可以获得手续费、管理费等收入，还可以为其他银行资产证券化提供担保及发行服务赚取收益。

5. 资产证券化有助于国内银行适应金融对外开放，提高整体竞争力

实施资产证券化，可以使国内银行通过具体的证券化实践来发展机构，积累经验，培养人才，缩小同发达国家金融机构在资产证券化业务方面的差距。这样，国内银行就会在证券化业务方面占据一定的市场份额，从而提高同外资金融机构竞争的能力，不至于在外资金融机构进入后处于被动状态。

三、资产证券化的特点

1. 资产证券化是资产支持融资

银行贷款、发行证券等传统融资方式，融资者是以其整体信用作为偿付基金而资产证券化支持证券的偿付来源主要是基础资产所产生的现金流，而与发起人的整体信用无关。

当构造一个资产证券化交易时，由于资产的原始权益人(发起人)将资产转移给 SPV 实现真实出售，所以基础资产与发起人之间实现了破产隔离，融资仅以基础资产为支持，而与发起人的其他资产负债无关。投资者在投资时，也不需要对发起人的整体信用水平进行判断，只要判断基础资产的质量就可以了。

2. 资产证券化是结构融资

资产证券化作为一种结构性融资方式，主要体现在如下几个方面。

第一，成立资产证券化的专门机构 SPV。特殊目的机构(Special Purpose Vehicle，SPV)是以资产证券化为目的而特别组建的独立法律主体，其负债主要是发行的资产支持债券，资产则是向发起人购买的基础资产。SPV 被称为是没有破产风险的实体。SPV 是一个法律上的实体，可以采取信托、公司或者有限合伙的形式。

第二，"真实出售"的资产转移。基础资产从发起人的地方转移给 SPV 是结构性重组中非常重要的一个环节，资产转移的一个关键问题是，这种转移必须是真实出售(true sale)。其目的是为了实现被基础资产与发起人之间的破产隔离，即发起人的其他债权人在发起人破产时对己基础资产没有追索权。

第三，对基础资产的现金进行重组。基础资产的现金流重组，可以分为过手型重组(pass-through)和支付型重组(pay-through)两种。两者的区别在于：支付型重组对基础资产产生的现金流进行重新安排和分配以设计出风险、收益和期限等不同的证券；而过手型重组则没有进行这种处理。

3. 资产证券化是表外融资

在资产证券化融资过程，资产转移而取得的现金收入，列入资产负债表的左边——“资产”栏目中。而由于真实出售的资产转移实现了破产隔离，相应地，基础资产从发起人的资产负债表的左边——“资产”栏目中剔除。这既不同于向银行贷款、发行债券等债权性融资，相应增加资产负债表的右上角——“负债”栏目；也不同于通过发行股票等股权性融资，相应增加资产负债表的右下角——“所有者权益”栏目。

由此可见，资产证券化是表外融资方式，且不会增加融资人资产负债表的规模。

四、资产证券化分类

1. 根据基础资产分类。根据证券化的基础资产不同，可以将资产证券化分为不动产证券化、应收账款证券化、信贷资产证券化、未来收益证券化(如高速公路收费)、债券组合证券化等类别。

2. 按资产证券化的地域分类。根据资产证券化发起人、发行人和投资者所属地域不同，可将资产证券化分为境内资产证券化和离岸资产证券化。国内融资方通过在国外的 SPV 在国际市场上以资产证券化的方式向国外投资者融资称为离岸资产证券化；融资方通过境内 SPV 在境内市场融资则称为境内资产证券化。

3. 按证券化产品的属性分类。根据证券化产品的金融属性不同，可以分为股权型证券化、债权型证券化和混合型证券化。

值得注意的是，尽管资产证券化的历史不长，但相关证券化产品的种类层出不穷，名称也千变万化。最早的证券化产品以商业银行房地产按揭贷款为支持，故称为按揭支持证券(MBS)；随着可供证券化操作的基础产品越来越多，出现了资产支持证券(ABS)的称谓；再后来，由于混合型证券(具有股权和债权性质)越来越多，干脆用 CDOs (collateralized debt obliga-tions)概念代指证券化产品，并细分为 CLOs、CMOs、CBOs 等产品。最近几年，还采用金融工程方法，利用信用衍生品构造出“合成 CDOs”。

课堂案例

离岸资产证券化的现有操作案例

一、珠海高速公路证券化

1996 年 8 月，珠海市人民政府在开曼群岛注册了珠海市高速公路有限公司，成功地根据美国证券法律的 144a 规则发行了资产担保债券。该债券的国内策划人为中国国际金融公司，承销商为世界知名投资银行摩根斯坦利·添惠公司。珠海高速

公路有限公司以当地机动的管理费及外地过境机动车所缴纳的过路费作为支持，发行了总额为2亿美元的债券，所发行的债券通过内部信用增级的方法，将其分为两部分：其中一部分为年利率为9.125%的10年期优先级债券，发行量是为8 500万美元；另一部分为年利率为11.5%的12年期的次级债券，发行量为11 500万美元。该债券发行的收益被用于广州到珠海的高速公路建设，资金的筹资成本低于当时从商业银行贷款的成本。

二、广州—深圳高速公路证券化

广深珠高速公路的建设是和合控股有限公司与广东省交通厅合作的产物。为筹集广州—深圳高速公路的建设资金，项目的发展商香港和合控股有限公司通过注册于开曼群岛的三角洲公路有限公司在英属维尔京群岛设立广深高速公路控股有限公司，并由其在国际资本市场发行6亿美元的债券，募集资金用于广州—深圳高速公路东段工程的建设。和合公司持有广深珠高速公路50%的股权，并最终持有广州—深圳高速公路东段30年的特许经营权直至2027年。在特许经营权结束时，所有资产无条件地移交给广东省政府。

三、中国国际海运集装箱集团股份有限公司应收账款证券化

中国国际海运集装箱集团股份有限公司与荷兰银行在深圳签署了总金额为8 000万美元的应收账款证券化的项目协议。在3年内，凡是中集集团发生的应收账款都可以出售给荷兰银行管理的资产收购公司，由该公司在国际商业票据市场多次公开发行商业票据。总发行金额不超过8 000万美元。在此期间，荷兰银行将发行票据的所得支付给中集集团，中集集团的债务人则将应付款交给约定的信托人，由该信托人履行收款人职责。而商业票据的投资者可以获得高出伦敦同业拆借市场利息率1%的利息。此次中集集团应收账款资产评级获得穆迪，标准普尔在国际短期资金市场上的最高评级。

（案例来源：圣才学习网）

讨论题

以上三个案例资产证券化有什么区别？

第二节　资产证券化的运作

一、资产证券化交易程序

一般来说,完成一次资产证券化交易,需完成如下运作步骤。

1. 确定基础资产并组建资产池

资产证券化的发起人(即资产的原始权益人)在分析自身融资需求的基础上,通过发起程序确定用来进行证券化的资产。

2. 设立特别目的载体

特殊目的机构是专门为资产证券化而设立的一个特别法律实体,它是结构性重组的核心主体。SPV被称为是没有破产风险的实体,对这一点可以从两个方面理解:一是指SPV本身的不易破产性;二是指发起人将基础资产转移给SPV,必须满足真实出售的要求,从而实现了破产隔离。

SPV可以是由证券化发起人设立的一个附属机构,也可以是专门进行资产证券化的机构。设立的形式可以是特别目的信托、特别目的公司以及有限合伙。从已有的证券化实践来看,为了逃避法律制度的制约,有很多SPV是在有"避税天堂"之称的百慕大群岛、开曼群岛等地方注册的。

3. 资产转移

基础资产从发起人的地方转移给SPV是结构性重组中非常重要的一个环节。这个环节会涉及许多法律、税收和会计处理问题。资产转移的一个关键问题是,这种转移必须是真实出售,其目的是为了实现基础资产与发起人之间的破产隔离,即发起人的其他债权人在发起人破产时对已基础资产没有追索权。

真实出售的资产转移要求做到以下两个方面:第一,基础资产必须完全转移到SPV手中,这既保证了发起人的债权人对已转移的基础资产没有追索权,也保证了SPV的债权人对发起人的其他资产没有追索权;第二,由于资产控制权已经从发起人转移到了SPV,因此应将这些资产从发起人的资产负债表上剔除,使资产证券化成为一种表外融资方式。

4. 信用增级

为吸引投资者并降低融资成本,必须对资产证券化产品进行信用增级(credit enhancement),以提高所发行证券的信用级别。信用增级可以使证券在信用质量、偿付的时间性与确定性等方面能更好地满足投资者的需要,同时满足发行人在会计、监管和融资目标方面的需求。信用增级可以分为内部信用增级和外部信用增级两类,具体手段有很多种,如内部信用增级的方式有:划分优先/次级结构(senior/subordinate structure)、建立利差账户(spread account)、开立信用证、进行超额抵押等。外部信用增级主要通过担保来实现。

5. 信用评级

在资产证券化交易中,信用评级机构通常要进行两次评级:初评与发行评级。初评的目的是确定为了达到所需要的信用级别必须进行的信用增级水平。在按评级机构的要求进行完信用增级之后,评级机构将进行正式的发行评级,并向投资者公布最终评级结果。信用评级机构通过审查各种合同和文件的合法性及有效性,给出评级结果。信用等级越高,表明证券的风险越低,从而使发行证券筹集资金的成本越低。

6. 发售证券

信用评级完成并公布结果后,SPV 将经过信用评级的资产支持证券交给证券承销商去承销,可以采取公开发售或私募的方式来进行。由于这些证券一般具有高收益、低风险的特征,所以主要由机构投资者(如保险公司、投资基金和银行机构等)来购买。这也从一个角度说明,一个健全发达的资产证券化市场必须要有一个成熟的、达到相当规模的机构投资者队伍。

7. 向发起人支付资产购买价款

SPV 从证券承销商那里获得发行现金收入,然后按事先约定的价格向发起人支付购买基础资产的价款,此时要优先向其聘请的各专业机构支付相关费用。

8. 管理资产池

SPV 要聘请专门的服务商来对资产池进行管理。一般地,发起人会担任服务商,这种安排有很重要的实践意义。因为发起人已经比较熟悉基础资产的情况,并与每个债务人建立了联系。而且,发起人一般都有管理基础资产的专门技术和充足人力。当然,服务商也可以是独立于发起人的第三方。这时,发起人必须把与基础资产相关的全部文件移交给新服务商,以便新服务商掌握资产池的全部资料。

9. 清偿证券

按照证券发行时说明书的约定,在证券偿付日,SPV 将委托受托人按时、足额地向投资者偿付本息。利息通常是定期支付的,而本金的偿还日期及顺序就要因基础资产和所发行证券的偿还安排的不同而异了。当证券全部被偿付完毕后,如果资产池产生的现金流还有剩余,那么这些剩余的现金流将被返还给交易发起人,资产证券化交易的全部过程也随即结束。

需要特别说明的是,这里只阐述了资产证券化运作的最一般或者说最规范的流程,实践中每次运作都会不同。尤其是在社会经济环境不同的国家或地区,这种不同会更明显。因此,在设计和运作一个具体的证券化过程时,应以既存的社会经济环境为基础。

二、资产证券化的参与主体

一般而言,资产证券化的参与主体主要包括:发起人、特别目的机构、信用增级机构、信用评级机构、承销商、服务商和受托人。

1. 发起人

资产证券化的发起人是资产证券化的起点,是基础资产的原始权益人,也是基础资产的卖方(seller)。发起人的作用首先是发起贷款等基础资产,这是资产证券化的基础和来源。发起人的作用其次在于组建资产池(asset pool),然后将其转移给 SPV。因此,发起人可以从两个层面上来理解:一是可以理解为发起贷款等基础资产的发起人,二是可以理解为证券化交易的发起人。这里的发起人是从第一个层面上来定义的。

一般情况下,基础资产的发起人会自己发起证券化交易,那么这两个层面上的发起人是重合的,但是有时候资产的发起人会将资产出售给专门从事资产证券化的载体,这时两个层面上的发起人就是分离的。因此,澄清发起人的含义还是有一定必要的。

2. 特殊目的机构

特殊目的机构是以资产证券化为目的而特别组建的独立法律主体,其负债主要是发行的资产支持债券,资产则是向发起人购买的基础资产。SPV 是介于发起人和投资者之间的中介机构,是资产支持证券的真正发行人。SPV 是一个法律上的实体,可以采取信托、公司或者有限合伙的形式。

3. 信用增级机构

信用增级可以通过内部增级和外部增级两种方式,对应这两种方式,信用增级机构分别是发起人和独立的第三方。第三方信用增级机构包括:政府机构、保险公司、金融担保公司、金融机构、大型企业的财务公司等。

国外证券化发展初期政府机构的担保占据主要地位,后来非政府担保逐渐发展起来,包括银行信用证、保险公司保函等,以后又产生了金融担保公司。

4. 信用评级机构

现在世界上规模最大、最具权威性、最具影响力的三大信用评级机构为:标准普尔(Standard & Pool's)、穆迪公司(Moody's)和惠誉公司(Fitch)。有相当部分的资产证券化操作会同时选用两家评级机构来对证券进行评级,以增强投资者的信用。

5. 承销商

承销商(underwriter)为证券的发行进行促销,以帮助证券成功发行。此外,在证券设计阶段,作为承销商的投资银行一般还扮演融资顾问的角色,运用其经验和技能形成一个既能在最大程度上保护发起人的利益又能为投资者接受的融资方案。

6. 服务商

服务商对资产项目及其所产生的现金流进行监理和保管:负责收取这些资产到期的本金和利息,将其交付予受托人;对过期欠账服务机构进行催收,确保资金及时、足额到位;定期向受托管理人和投资者提供有关特定资产组合的财务报告。服务机构通常由发起人担任,为上述服务收费,以及通过在定期汇出款项前用所收款项进行短期投资而获益。

7. 受托人

受托人(trustee)托管资产组合以及与之相关的一切权利,代表投资者行使职能。包括:把服务机构存入SPV账户中的现金流转付给投资者;对没有立即转付的款项进行再投资;监督证券化中交易各方的行为,定期审查有关资产组合情况的信息,确认服务机构提供的各种报告的真实性,并向投资者披露;公布违约事宜,并采取保护投资者利益的法律行为;但服务机构不能履行其职责时,替代服务人担当其职责。

三、资产证券化的监管

资产证券化作为一种对融资方式的金融创新,其最大的特点就在于使直接融资和间接融资建立了沟通与转换渠道,并且构建了金融体系中银行信用和市场信用的相互转化机制。其对提高金融行业效率,推动资本市场的深化和成熟,降低融资成本和风险,起到了积极的作用。然而,通过资产证券化发行的证券,虽然具有相对较高的安全性(相对于无担保债券而言),违约率较低,但其作为一种金融创新工具,不可避免地与一定的风险相伴。因此,在资产证券化的发展历程中,合理、恰当、到位的监管十分重要。

1. 资产证券化的监管原则

资产证券化既是一种金融产品又是一种创新。所以,监管原则有与其他金融工具所共有的基本监管原则,也有根据其自身特征产生的独有监管原则。

(1) 促进金融体系的安全和稳定

资产证券化作为一种融资方式,其交易的发起人,证券发行人,服务人等大都是金融机构,销售给投资者的也都是金融产品,所以资产证券化不可避免的对本国的金融体系造成一定的影响。监管机构在积极推动资产证券化的进程中必须以确保本国的金融体系安全稳定为前提。对其进行谨慎性监管,这不仅体现在促进金融交易主体带有人性化的"谨慎性"行为,而且也要避免由于"非谨慎性"行为而造成对带有公共性,社会性金融系统的"消极"的影响。尤其是在引进资产证券化的初期,更应注重这一问题。

(2) 保护投资者的利益

保护投资者的利益是监管原则的核心。投资者对资产证券化交易的信心,是其存在和发展的基石。在一个监管体系良好的市场中,进行充分的信息披露,并在制定有关管理规范中充分考虑到保护投资者利益，使市场的有效性得以加固，才能激发投资者的积极性，相应扩大资产证券化证券的发行和交易，实现其基本功能。

(3) 促进金融业的稳定发展，提高其效率

资产证券化具有降低融资成本，优化资源配置，提高经营效率的功能。引入资产证券化，其"非中介化"融资特征对银行等金融机构的融资中介化地位必定会产生冲击，加剧金融业的竞争程度，这从一定程度上会降低金融机构的"谨慎性"标准，加剧了金融行业的系统性风险。需要通过有效的监管，使金融监管和效率的提高达成一个动态的均衡。

(4) 保护资产债务人的利益

由于资产证券化的运作过程中，发起人将债务人的资产"真实出售"给资产证券的发行实体，即使是相关法律规定出售的运作要满足"债务人同意原则"，也不可完全避免其出售行为对资产原始债务人的利益招致一定损失的可能。所以对资产债务人利益的保护是贯彻监管的"公平公正"原则的重要环节。从另一个角度说，如果资产债务人对其债务的偿还有所抵制的话，对资产证券的发行以及投资者获取收益都将产生严重的负面影响。

2. 资产证券化的监管内容

监管的内容最后都应该落到资产证券化具体关系人身上，因此对资产证券化的监管，其实就是对资产证券化交易的各关系人行为的监管，具体包括资产证券化发起人、SPV、证券发行人和信用评级机构的第三方机构。

(1) 对发起人的监管

虽然证券化载体起到了"破产隔绝"的作用，但是发起人的破产会影响投资者的信心，并增加证券化载体的经营风险。尤其在资产证券化业务开展的初期，对发起人的监管就显得格外的重要。

① 对发起人资格的审核。由于参与资产证券化的主体较多，运行的环节较为繁杂，其融资的机会成本会相应的提高。如果资产证券化的规模总量较小，则单位证券化的成本就会相对过高，其成本最后由原始受益人和投资人负担，使资产证券化无利可图。所以财力过小，缺乏相关经验的相关机构不宜开展资产证券化业务。但这并不排除中小机构采取联合形式从事资产证券化业务的可能，但这一定程度上会提高相应监管的复杂度。此外，对于银行作为发行人的情况，还应该注意其资本充足率等方面的监管。

② 实施证券化资产的监管

监管部门应根据本国资本市场的发展状况和产业结构来选定具体的资产类型。并对特定资产的选定，给予相应的鼓励。对于资本市场发展尚未完善的新兴市场化国家，在引进资产证券化技术时，尤其要注意选定资产类型应坚持改革和稳定并重的原则，避免对金融市场的安全带来不利的影响。从某种程度上说，资产类型的选定也促进了本国监管的创新和提高。

③ 对发起人在业务运行上的监管

发起人参与资产证券化的一个核心业务是资产的转让,资产转让的复杂性就在于与债务人的关系。出于"公正"原则,对其进行必要的监管,将有效保护债务人的权益。综合世界其他国家的相关经验来看,在证券化初期,采取"债务人同意原则"对资产证券化的后续开展将大有裨益。要征得债务人的同意,监管机构要保证资产转让方对其债务人的资产尽心经营,最大限度的保值。避免出现对要转让的资产采取偏颇的态度损害投资者利益的现象。但是这样会加大证券化的成本负担,降低证券化的效率,不利于证券化的大规模的开展,因此显然有改进的余地。

为实现在资产证券化中重要环节——"破产隔离",发起人将资产"真实出售"给特定的证券化载体,来屏蔽由于发起人的破产对投资人的影响。所谓"真实出售",是将售后的资产与发起人其他的资产完全剥离开来,使其与资产发起人的破产不存在任何相关性,不构成发起人的法定清算资产。其监管主要是制定易于判断"真实出售"的标准。

(2) 对证券化载体 SPV 的监管

资产证券化监管的一个重点就在于对证券化载体 SPV 设立的监管。证券化载体的最大特点在于它单独把资产的资信能力从企业总体的资信能力中分解出来,并仅依托于信用指标中最客观的部分进行融资。所以,与其他证券发行不同的是,资产证券化的风险主要集中在载体设立的阶段上。对 SPV 监管主要体现在如何从制度上设计,保证发起人发生什么问题,都不会殃及特别载体,即保证 SPV 实现真正意义上的"破产隔离"。具体包括以下几个方面内容:

① 对证券化载体组织形式的选定。证券化载体的组织形式,可以是公司,信托,合伙制或是其他的形式。每个国家对其选择是对各国金融市场的发展状况,法律体系的成熟度,监管体系的完善度,以及金融体制等多种因素的综合权衡。目前对证券化载体组织形式的选定,大体上有两种选定形式,一种是以英美两国为代表的市场自主性的监管体制,对证券化载体的形式,不进行特别规定,完全由市场参与者自由选定,但各国会根据各自具体的经济发展状况,对选定的形式在会计和税务处理上给予优惠和鼓励。另一种是以法国为代表的政府管制性的监管体制,限定了特定的载体形式。例如法国的证券化法规定载体形式必须以合伙制形式。

② 对证券化载体经营的限制。由于证券化载体特殊的经营目的,在对其设立的章程中,需要对其经营行为附加限制性条款,以保护投资者。

1) 经营活动的限定。证券化载体组织结构要求其业务应带有"唯一性"。即从事同证券化交易有关的业务活动。因为与证券发行无关的业务活动会导致 SPV 的破产风险。其目的是使得公司的非 SPV 证券的债权人对证券化载体不具有求偿权,不能随意对 SPV 提出破产申请。以此来保证其对发行证券的本息的偿付。

2）对债务的限定。除由于证券化交易引起的债务和担保外，证券化载体不应再发生其他债务，也不可为其他的机构和个人提供担保。

3）对证券化载体治理结构的限定。主要是对当发起人拥有或者能够控制特别证券化载体而言，在这种前提下，就存在发起人会根据相关法律让特别载体申请自愿破产的可能性。所以应该从制度的设计上限制发起人，避免这种自愿破产风险的发生。一般是通过特别载体章程，公司条约或是其他文件来限制申请自愿破产。要求除非一定数量的独立董事赞成，否则不可申请自愿破产。由于独立董事从理论上应具有高度的独立性，这种独立性尤其表现在和发起人的关系上，甚至将特别载体与发起人隔离开来，免受破产的影响。但按照一般理论，董事是对公司和股东负责，以使股东利益最大化，而债务人的利益由其签订的合同来保障，所以独立董事和债务人这种矛盾，还有待解决。另外一种方法是特别载体的权益设立两类股权，而自愿破产必须得到两类股东的同意。这样，在运作中，将其中一类股权抵押给证券化载体的持有者，以此来掌握相对的“控制权”。另外为预防自身破产，一般要求对自愿破产请求执行“全体一致”原则，或者在章程中要求破产必须以特殊证券化载体不具有任何清偿力为前提。

4）对并购重组的限定。当证券的本息还未清偿完毕时，限定证券化载体不能进行任何有关清算、兼并、解体以及资产的销售活动，并保持契约的一致性。

(3) 对发行人证券发行和交易的监管

从相对狭窄的角度看，资产证券化的证券发行和交易与一般证券没有什么本质上的不同，即对收益凭证的设计，证券的招募，以及上市交易的各个环节做出一系列的规定，大体和一般证券的监管相似。

资产证券化是一个相当复杂的融资过程，存在多种融资结构。信息披露是投资者获得交易信息的重要途径，从监管的角度上说，应该对信息披露的有关事项作出明确规定，并将其法制化。一般来说，资产证券化产品的信息披露主要通过两个方式传达，第一，证券发行人定期向投资者和信用评级机构发布项目的运行报告；第二，信用评级机构根据资产证券化发行人融资结构、标的资产的风险度、资产清偿、现金流、投资情况、行业和整体经济情况发布资产证券化产品的信用评级报告。这两种方式贯穿于资产证券化产品的交易和发行阶段。在发行阶段，对投资者披露的信息主要包括发行人的招募说明书和信用评级机构出具的信用分析和等级报告；在交易阶段，发行人有责任将发行机构的经营情况向投资者和信用评级机构披露。完善的信息披露制度，以完全信息披露保护投资者的利益，借助规范的信用评级，引导投资者自由决策并培养其成熟的投资理念，不断地为金融创新产品提供良好的投资群体来源，有效避免“欺骗”行为的发生，并且也促进了监管制度的透明化，正规化。

(4) 参与证券化第三方的监管

参与证券化第三方一般是指信用评级机构，信用提高商，证券承销商，从事交易，托管

的管理公司，信托机构，等等。能否为投资者提供独立，客观，公正的中介服务，对于证券化发展有着举足轻重的作用。对于他们的监管主要是一个市场准入资格的审定。

① 评级机构的监管

由于投资者无法对投资对象的财务状况进行全面的了解，所以产生了信用评级的需要，这已成为国际上通行的衡量信用风险最为权威的方法。资产证券化的信用评级，不同于普通的公司债券或国债的信用评级。差异在于，证券化资产是围绕交易中应收权益而评级的，而且为达到预期的信用等级，可以对证券交易的结构事先进行精致的设计，具有较大的灵活性。对信用评级机构有效的监管是降低资产证券化交易风险的一条重要的防线，监管机构应该从立法的角度保证评级机构的独立性，公正性，相关性。

② 信用增强机构的监管

信用增强是证券化交易必不可少的环节。信用增强分为两种增级方式：一种是内部增级：直接追索、资产储备、购买或保留从属权利。另一种外部增级：购买从属债券，或为资产证券提供信用增强。不管采取哪一种信用增强方式，其目的都是让信用可靠的一方来保证特别载体的全部或部分的证券偿付。在监管中要注意，提供信用保证第三方的信用等级应该大于或等于所发行证券的级别。并且如果信用增强的第三方对发起人或其支持资产拥有要求权，那么此项交易给予了第三方间接追索的权利，影响资产转让真实出售的认定。

对其监管可以采取多种方式：一是对市场准入资格的审定：可以降低或提高信用增强机构的评级级别来增加或减少机构的数目；二是对信用提供的量的控制，例如提高或降低信用提高的基准水平；三是对信用提高的形式的控制。

【复习思考题】

1. 阐述资产证券化的意义
2. 说明资产证券化的特点。
3. 资产证券化的有哪些方式。
4. 阐述资产证券化的程序。

【案例分析题】

中远集团资产证券化案例

一、中远集团基本介绍

中远集团是以国际航运为主业，集船务代理、货运代理、空运代理、码头仓储、内陆集疏运、贸易、工业、金融、保险、房地产开发、旅游、劳务输出、院校教育等业务于一体的大型企业集团，是国家确定的56家大型试点企业集团之一。中远集团在全国各地都有自己的企业和网点，其中在广州、上海、青岛、大连、天津等地的远洋运输企业已经成为具有相当实力的地区性公司。此外，中远集团在世界38个国家和地区设有自己的代理机构或公司，在全球150多个国家和地区的1100多个港口设有自己的代理，已经形成了一个以北京为中心，以中国香港、美国、德国、日本、澳大利亚和新加坡为地区分中心的跨国经营网络。

二、中远集团融资方式介绍

1. 商业票据

中国远洋运输(集团)总公司一直在美国资本市场连续发行商业票据，发行的商业票据最长期限为270天，通过组建银团进行分销，并且以信用证作为发行的商业票据担保。2000年2月2日中远集团的商业票据续发签字仪式在纽约顺利举行，成为中远集团进入新千年后的第一个融资项目。意大利锡耶纳银行、美洲银行、花旗银行、美国第一银行和大通银行等多家美国主要银行和中国银行、中国交通银行的代表出席了这一仪式，并在有关合约上签字。

2. 资产支持证券

在东南亚金融危机的冲击下，商业票据融资渠道的融资功能大大减弱，中远集团于1997年一次发行3亿美元的资产支持证券，发行期限为7年。并且于1999年发行了2.5亿美元的资产支持证券，发行期限为5年。与发行的商业票据比较而言，资产支持证券发行的期限较长，不需要连续发行，并且它的融资成本低于通过商业票据发行的成本。

三、中远集团资产证券项目介绍

(一) 中远集团某子公司发行资产证券的动作步骤

1. 中远集团某子公司在未来几年以连续形式为客户提供远洋运输服务，获得收入稳定和资产质量较好的运输收入流。

2. 投资银行(大通银行)担任中远集团下属公司的投资银行顾问，根据中远集团某子公司前几年的运营情况进行分析，以未来的运费收入作为资产支持证券的资产池，并建立相应的协议与文本。

3. 投资银行在开曼群岛设立一特设信托机构，特设信托机构为一独立法人，由于注册地在开曼群岛，享受免税待遇，但它实质上为一空壳公司。

4. 中远集团某子公司将未来几年向客户的未来运输收入以协议形式出售给特设信托机构。

5. 中远集团为特设信托机构发行资产支持证券提供担保。

6. 特设信托机构在美国资本市场发行资产支持证券。

7. 投资银行作为发行资产支持证券的主承销商，在美国资本市场寻找投资者。

8. 地方和国家外汇管理局对资产支持证券发行过程中涉及的外汇问题，进行协调和审批。

9. 获得中国金融监管部门的审批，其中包括中国人民银行、国家计委、中国证券监管委员会等等部门审批。

（二）中远集团某子公司发行资产证券的现金流转

1. 资产支持证券的投资者在美国资本市场上购买资产支持证券，将资产支持证券的收入转入到特设信托机构账户上(即某商业银行 CACSO 账户)。

2. 特设信托机构将发行资产支持证券的收入，通过某商业银行 CACSO 账户转入到中远集团某子公司账户上。

3. 中远集团某子公司将承销费用和律师费用转入投资银行和律师事务所账户上。

4. 在未来的时间里，中远集团某子公司的客户按协议和合同将运输费用付到某商业银行 CACSO 账户中，此商业银行账户是按公告中协议规定设置的，中远集团某子公司不能任意动用此资金账户中的资金。

5. 通过商业银行 CACSO 账户将发行的资产支持证券的本金和利息支付给资产支持证券的投资者，支付方式按公告中协议规定。

6. 如果此商业银行账户支付给资产支持证券投资者本金和利息后，仍有剩余时，将剩余部分支付给中远集团某子公司。

7. 代管公司对某商业银行 CACSO 账户进行全过程监管。

（三）中远集团发行资产支持证券的特点

1. 中远集团子公司在美国资本市场上发行资产支持证券的方式是私募形式。通常在公开资本市场融资的渠道有：二级市场发行、私募形式向机构投资者发行和柜台交易系统发行。在中远集团的案例中，由于机构投资者的参与，使发行的交易成本较低。

2. 中远集团子公司在美国资本市场上成功发行资产支持证券，其中有一重要原因是中远集团子公司是一个全球企业，它的许多客户都是外资机构，所获得的运费收入是通过美元等硬通货进行决算的，在发行过程中涉及的外汇障碍较少，不会产生外汇平衡的问题，较易通过国家外汇管理局的审批。

3. 在美国资本市场上，获得良好的信用评级是发行资产支持证券的难点和重点，在此案例中，在设计资产支持证券资产池时，优选了信用可靠的大公司的未来运费收入作为资产池资产；在设计发行规模时，应用超额抵押的形式(即资产池所包括的资产超过发行的资产支持证券的利息和本金)；项目由中远集团总公司进行担保；在发行过程中聘请了美国资本市场中知名的投资银行担任投行顾问和主承销商；因此本案例中发行的资产支持证券是在BBB以上的投资级证券。

4. 此案例中，在开曼群岛设立了特设信托机构，由于开曼群岛是一个“免税天堂”，所以减免了资产支持证券发行中所涉及的营业税和印花税，等等，使得此项目的融资成本大大减少。同时由于特设信托机构的设立，在资产支持证券发行的交易结构中采用了“真实出售”的过程，达到了破产隔离，提高了发行证券的信用等级。

5. 通过资产支持证券融资，保证中远集团子公司的资金来源的长期性，并且所付出的资金成本较低。

6. 资产支持证券融资交易结构中设置的某商业银行CACSO账户，具有相对独立性，通过一个代管公司进行监管。

7. 在此案例中，如同一般的资产证券化案例，相比以商业票据形式和商业贷款形式，可大大减少资产负债率。

8. 通过投资银行的参与，对公司未来运费收入进行统计分析，并制定新的管理规范，可大大提高公司管理水平。

（案例来源：百度文库）

讨论题

1. 中远集团发行资产支持证券的现金如何实现流转？
2. 中远集团发行资产支持证券有哪些特点？

参考文献

[1] 赵炳贤.资本运营论[M].北京:企业管理出版社,1997.
[2] 黄强.建筑企业管理与改制[M].北京:中国建筑工业出版社,2007.
[3] 裴蓉.世界著名商学院 MBA 精华读本[M].北京:中国对外翻译出版公司,2000.
[4] 余运久.资本市场协调发展[M].北京:中国发展出版社,2001.
[5] 史建杰.跨国并购论[M].上海:立信会计出版社,1999.
[6] 张先治.企业资本经营论[M].北京:中国财经出版社,2001.
[7] [美]迈克尔·波特.竞争论[M].北京:中信出版社,2003.
[8] 项有志.企业并购会计[M].上海:立信会计出版社,2000.
[9] 邵建云.上市公司资产重组实务[M].北京:中国发展出版社,2000.
[10] 于春晖.并购经济学[M].北京:清华大学出版社,2004.
[11] 范恒山.资本运营[M].北京:中国财政经济出版社,2000.
[12] 张朝孝.基于交易代理的信誉缺失根源与对策探析[J].商业研究,2006,(17).
[13] 李丽君.基于非对称信息理论的会计问题研究[J].东北大学学报(社会科学版),2004,(5).
[14] 明月.信息不对称、附随义务与缔约过失责任[J].河北法学,2005,(10).
[15] 王世定.企业内部控制制度设计[M].北京:企业管理出版社,2001.
[16] 王书力等.内部会计控制实务与案例[M].北京:中国物价出版社,2002.
[17] 夏恩·桑德.会计与控制理论[M].大连:东北财经大学出版社,2000.
[18] 席酉民.企业集团治理[M].北京:机械工业出版社,2002.
[19] 阎达五.内部控制框架的构建[J].会计研究,2004,(5).
[20] 吴水澎等.企业内部控制理论的发展与启示[J].会计研究,2005,(8).
[21] 唐予华.公司治理与内部会计控制[J].上海会计,2002,(7).
[22] 张俊民.企业内部会计控制目标构造及其分层设计[J].会计研究,2005,(5).
[23] 筱燕.会计控制论[M].北京:新华出版社,2002.

教学支持说明

▶▶课件申请

尊敬的老师：

您好！感谢您选用清华大学出版社的教材！为更好地服务教学，我们为采用本书作为教材的老师提供教学辅助资源。鉴于部分资源仅提供给授课教师使用，请您直接手机扫描下方二维码实时申请教学资源。

任课教师扫描二维码
可获取教学辅助资源

▶▶样书申请

为方便教师选用教材，我们为您提供免费赠送样书服务。授课教师扫描下方二维码即可获取清华大学出版社教材电子书目。在线填写个人信息，经审核认证后即可获取所选教材。我们会第一时间为您寄送样书。

任课教师扫描二维码
可获取教材电子书目

清华大学出版社

E-mail: tupfuwu@163.com　　网址：http://www.tup.com.cn/
电话：8610-62770175-4506/4340　　传真：8610-62775511
地址：北京市海淀区双清路学研大厦B座509室　　邮编：100084